W0066405

Das große Buch vom Skat
Wolfgang Poetsch

Das große Buch vom Skat

Wolfgang Poetsch

**Ein Lehrbuch für den Einheitsskat
mit Skatordnung und Turnierordnung
des Deutschen Skatverbandes e. V.**

Keysersche Verlagsbuchhandlung

CIP-Kurztitelaufnahme der Deutschen Bibliothek:
Poetsch, Wolfgang: Das große Buch vom Skat:
e. Lehrbuch für d. Einheitsskat mit Skatordnung u.
Turnierordnung d. Dt. Skatverb. e. V. / Wolfgang Poetsch. –
München: Keyser, 1981.
ISBN 3-87405-146-3

Inhalt

Inhalt

Quellenangaben
Informationen zur Geschichte des Deutschen Skatverbands e. V. wurden
der Jubiläumsausgabe des »Der Skatfreund« vom September 1974 in einer
Zusammenstellung von Georg Wilkening entnommen.
Informatorische Beratung in einzelnen Sachfragen erfolgte durch den
Skatfreund Norbert Liberski (Vizepräsident des DSkV).
Der Abdruck der Skatordnung und Skatwettspiel-Ordnung erfolgte mit
freundlicher Genehmigung des Deutschen Skatverbands.
Die hier abgebildeten Spielkarten sind nach Vorlagen der Firma F. X.
Schmid, München, reproduziert.

Geleitwort

Dieses Skatbuch wurde gleichermaßen für Anfänger und Fortgeschrittene geschrieben. Die Grundregeln des Skatspiels sind leicht faßlich erklärt, die perfekte Spielweise ausgiebig erläutert. Mit einfachen Worten stellt der Verfasser gekonnt dar, was oft mit vielen Fachwörtern nur noch unverständlicher gemacht wird. Die klare und übersichtliche Gliederung macht das Lesen zum Genuß.

Als der Verlag mich bat, ein Geleitwort für dieses Buch zu schreiben, habe ich gerne zugesagt – weil ich das Manuskript kannte.

In der fast zweihundertjährigen Geschichte des Skatspiels hat es nicht allzu viele gute Skat-Fachbücher gegeben. Legion sind die Geschichten und Anekdoten, die sich um das Skatspiel ranken. Künstler, Politiker und Prominente aus allen Bereichen des öffentlichen Lebens haben ihre Skaterlebnisse zu Papier gebracht. Wie aber das Spiel zu erlernen ist, oder wie man gar zu einem guten Skatspieler wird, darüber ist recht wenig veröffentlicht worden.

Das vorliegende Buch von Wolfgang Poetsch ist sowohl Lehr- als auch Fachbuch. Beginnend bei der Geschichte des beliebtesten deutschen Kartenspiels, führt es über die Grundregeln zur Spielpraxis. Anhand vieler praktischer Beispiele wird dem Leser vermittelt, worauf es beim Skatspielen ankommt.

Niemand wird erwarten können, nach Studium dieses Buches ein Meister des Skatspiels zu sein. Der beste Lehrmeister ist und bleibt das Spiel selbst.

Frei von allen Anhängseln und Abarten des Skatspiels folgt das Buch dem Aufbau der Skatordnung des Deutschen Skatverbandes e. V. Allen Skatfreunden, den Anfängern und den Könnern, möchte ich dieses Skatbuch empfehlen.

Hermann Münnich
Präsident
Deutscher Skatverband e. V.

Vorwort

Der zum Nationalspiel der Deutschen avancierte Skat beinhaltete von Anbeginn die Bestrebungen und Forderungen nach Vereinheitlichung. Das Spiel in seiner ihm eigenen Faszination erscheint besonders sinnvoll und interessant, wenn diesem grundlegenden Aspekt gefolgt wird.

Der Leser, der der Ansicht ist, daß der Erwerb dieses Buches und dessen Durcharbeitung ausreicht, aus ihm einen »perfekten Skatspieler« zu machen, unterliegt damit einem Trugschluß. Besitzt er entsprechende Anlagen, die das gepflegte Skatspiel als Voraussetzungen kennt, wird er eine zusätzliche Hilfe, verbunden mit zahlreichen Hinweisen, vorfinden. Ein wichtiges Element des guten Spielers – die Erfahrung – ist nur in der Praxis erreichbar. Dem Anfänger sind alle Grundkenntnisse dargelegt, und dem Fortgeschrittenen wird im Detail einiges Wissenswertes übermittelt. In einem Punkt soll es allen Skatern in ihren unterschiedlichen Entwicklungsphasen helfen, und zwar in dem, daß ihnen das bislang Vorhandene auf dem Wege zum Einheitsskat nahegebracht wird. Seine Vertretung nach den Richtlinien und Bestimmungen der Skatordnung ist der Grundgedanke dieses Buches. Die Vielzahl der angewandten Spielgebräuche und Spielgesetze verlangt unter den Spielern ständige Auseinandersetzungen über die anzuwendenden Regeln. Diese nehmen Zeit in Anspruch und bergen die Gefahr der Anfälligkeit für Streitfragen in sich. Das Spiel nach der Skatordnung macht das Vorgenannte überflüssig. Sie ist als Wahrerin des Einheitsskates von Abweichungen und Verfremdungen freigehalten und wird während der Deutschen Skatkongresse den Erfordernissen entsprechend ergänzt.

Das Nationalspiel der Deutschen ist augenblicklich 55% der Männer und 6% der Frauen bekannt. Damit ist seine Verbreitung nicht abgeschlossen. Ein Überangebot an Freizeit wird dem Skat immer neue Freunde zuführen. Unstreitig ist das Skatspiel kein Privileg der Männer. Das maßgeblich höhere Freizeitvolumen der Frauen im Zuge der modernen Technik hat viele das Skatspiel erlernen lassen.

Für beide Geschlechter, alle Altersstufen, Berufsgruppen und Bevölkerungsschichten hat das Skatspiel die gleiche

Faszination und entfesselt Leidenschaft. Der unerschöpfliche Reiz ist dem nunmehr 170 Jahre alten Spiel erhalten geblieben. Er ist in seinen vielen Spielmöglichkeiten, seiner unendlichen Zahl denkbarer Kartenkonstellationen, dem Erfordernis des logischen Denkens und des Kombinationsverlangens, dem Hineinfühlen in die Spielweise der Gegner und nicht zuletzt in seinem kommunikativen Charakter zu sehen. Es verlangt ständige Aufmerksamkeit und Konzentration. Es erfährt seine Belebung aus den Informationen des Reizens, der Spielweise der Partner und den Variationen der Kartenverteilungen. Der Ausdruck der unterschiedlichen Temperamente ist besonders am Skattisch bemerkbar. Die Frage nach dem perfekten Skat ist häufige Diskussionsgrundlage. Wenn man zwischen perfektem und fehlerfreiem Skat unterscheiden möchte, bieten sich zwei gleichermaßen akzeptable Antworten an.

Perfektes Skatspiel im Sinne des Absoluten wird es nicht geben. Durch die vielfältigen Kartenverteilungen können nicht alle notwendigen Überlegungen getroffen werden, die eine perfekte Festlegung für den Einzelfall ergeben würden. Die Frage nach dem fehlerfreien Spiel ist durchaus zu bejahen. Fehlerfreies Spiel würde bedeuten, daß Logik und Kombinationsergebnisse, die sich aus den erhaltenen Informationen ergaben, richtig waren. Bei mehreren Möglichkeiten, die sich als Folgerungen anboten, kann man nicht von einem Fehler sprechen, wenn der Erfolg nicht gegeben ist, weil eine Wahl zwischen verschiedenen gleichermaßen richtigen Möglichkeiten bestand.

Skat bleibt immer ein Spiel. Ein Spiel, das in seinen Eigenheiten und Vielfältigkeiten seit Generationen eine ganze Nation erobert hat. Trotz aller Bestimmungen und Spielgesetze bleibt es individuell und läßt genügend Raum für eigene Entschlüsse.

Gut Blatt!
Der Verfasser

I. Geschichte und Gegenwart

1. Die Geschichte der Spielkarte

Die Definition des Begriffs ist erläßlich. Eine Kurzfassung zur Entstehung der Spielkarte als Trägerin des Skatspiels erscheint dagegen notwendig.

Es gibt eine berechtigte Annahme, daß Spielkarten in frühester Zeit in China, dem schon vor unserer Zeitrechnung die Herstellung des Papiers bekannt war, gefertigt wurden.

In der Grundform waren Spielkarten immer viereckig. Runde oder ovale Formen hatten kein Durchsetzungsvermögen.

Die Spielkarten mögen über Indien, Persien und den Orient im 6. Jahrhundert nach Europa gekommen sein. Denn aus dieser Zeit ist bekannt, daß es bereits Weissagungen aus farbigen Karten gegeben hatte.

Näheres über Spielkarten wurde dann erst aus dem 14. Jahrhundert bekannt. Es gibt nur Hinweise auf die Existenz von Spielkarten, aber keine darauf, welche Art von Spielen mit ihnen durchgeführt wurde. Die in schriftlicher Form niedergelegten Hinweise beinhalteten nur pauschale Verbote zum Kartenspielen.

Die ersten Spielkarten des Abendlandes waren aus Leder, Holz oder Leinen. Nachdem gegen Ende des 14. Jahrhunderts auch hier die Herstellung des Papiers bekannt wurde, erlebte die Spielkartenfertigung eine Blütezeit. Die Kartenbilder wurden gezeichnet und mit Farben ausgemalt. Henseln von Wissenburg und Hanns von Nürnberg (um 1395) galten als berühmte Kartenmaler. Um 1400 gab es in Ulm bereits eine Zunft derselben.

Der Kauf von Spielkarten war infolge des hohen Preises ein Privileg des Adels und der reichen Bürger.

In der Erfindung des Holzschnittes will man einen Kartenmaler wissen. Damit war das erste Vervielfältigungsverfahren geboren und ein gestiegener Bedarf an Spielkarten konnte befriedigt werden. Sie wurden für alle Bevölkerungsschichten erschwinglich.

Auch aus dieser Zeit ist über die Art der Spiele nichts bekannt. Bis ins 16. Jahrhundert wurden die Farben mit

Wappen, Helmen, Tieren usw. symbolisiert. Darstellungen aus dem höfischen Leben und dem der Soldaten waren die vorrangigen Motive. Die Zählkarten von 1 bis 10 setzten sich zur gleichen Zeit durch. Die französischen Farbzeichen sind aus dem 17. Jahrhundert bekannt. Über ihren Ursprung und für ihre Bedeutung gibt es keine hinreichenden Erklärungen. Schon während des 30jährigen Krieges wurden Karten mit diesen Zeichen in Nord- und Westdeutschland benutzt. In Süddeutschland waren noch bis zum Ende des II. Weltkrieges die Karten mit den deutschen Farbzeichen Eicheln, Rot, Grün und Schellen beliebt.

Das Barock zeigte auch auf den Spielkarten üppige Bilder. Bade-, Liebes- und Prügelszenen wechselten mit kartenspielenden Soldaten und Musikanten. Seit dieser Zeit sind Karten bekannt, die ihre Rangzeichen am Rande trugen. Der freie Raum wurde für bildliche Darstellungen benutzt. Themen der Zeitgeschichte erhielten dabei den Vorzug. Später entstanden die belehrenden Karten mit philosophischer, astronomischer und geographischer Thematik.

Während des 17. und 18. Jahrhunderts wurden Spielarten auch namentlich bekannt. In ihrem Ursprung waren es zumeist französische Spiele, die im Zuge sprachlicher und gesellschaftlicher Einflüsse nach Deutschland kamen. Gegen Ende des 18. Jahrhunderts wurden die doppelköpfigen Karten hergestellt. Die Handhabung hinsichtlich des Sortierens war damit vereinfacht. Das Bedrucken der Rückseiten erfolgte erst im 19. Jahrhundert. Punkt- und Strichmuster wichen der heute noch gebrauchten schottischen Karierung bis zu den üblichen Werbeaufdrucken jeglicher Art.

Im Laufe der Zeit fanden die französischen Symbole als »allstaatliche« Zeichen ihre Anerkennung. Somit wird der Skat heute, als Nationalspiel der Deutschen, fast ausschließlich mit Karten französischer Art gespielt. Die Spielkarte hat über Jahrhunderte einen erstaunlichen Einfluß auf die Menschen ausgeübt. Ein Leben ohne sie ist heute kaum denkbar.

2. Die Geschichte des Skatspiels

Die »Skatforschung« besitzt aus frühester Zeit keine absoluten Quellen. Zuverlässiges über den unmittelbaren Ursprung des Skates war nie zu erfahren. Aus den ersten Jahren des Bestehens und Bekanntwerdens sind nur Mutmaßungen überliefert. Es gibt eine gewisse Anzahl von Entstehungsgeschichten, die alle die Gemeinsamkeit der Glaubwürdigkeit besitzen. Da weder die eine noch die andere belegt werden kann, ist auf deren Aufzeichnungen hier verzichtet. Die Fragen, wo der Skat herkommt und wer ihn erdacht hat, werden in sicherer Wahrscheinlichkeit unbeantwortet bleiben müssen.

In Altenburg erschien eine Wochenschrift »Osterländer Blätter«. In einer ihrer Ausgaben aus dem Jahre 1818 wurden die ersten niedergeschriebenen Hinweise auf das Skatspiel gefunden. Man kann annehmen, daß das Spiel schon einige Zeit praktiziert werden mußte, um in dieser damals sehr renommierten Zeitschrift seine Würdigung zu finden. Rechnet man eine Zeit des Aufbaues und der Verbreitung hinzu, kann man die Entstehung des Skates um 1810 ansetzen.

Konkrete Angaben über das Skatspiel liegen aus dem Jahre 1848 vor. Der Altenburger Gymnasialprofessor Hempel führte Notizen darüber, die insofern unvollständig blieben, als sie den Ursprung auch nur als Wiedergabe des Hörensagens beinhalteten und zudem die Angabe von Jahreszahlen fehlte.

Der ursprüngliche Name des Spiels dürfte »Erzgebirgischer Schafskopf« gewesen sein. Die spielfreudigen Altenburger hatten an dem neuen Spiel nicht gerade einen absoluten Genuß. Denn es wurde derart durchgeführt, daß der Kartengeber auch der jeweilige Alleinspieler war. Somit wurde die überwiegende Zahl der Spiele verloren und der Sinn eines Spiels nicht erfüllt.

Das Spiel verlangte nach gründlichem Überdenken und, damit verbunden, nach einer befriedigenderen Ausarbeitung.

Medizinalrat Dr. Karl Schuderoff, Professor Hempel, Hofadvokat Hempel (Schriftleiter der »Osterländer Blätter«), Ratsherr C. C. A. Neefe und Freiherr H. C. Leopold von der Gabelentz ersannen gemeinsam Verbesserungen. In ihnen sind die geistigen Väter des Skates zu sehen. Anleihen aus dem Wendischen Schafskopf, dem Deutsch Solo und dem

Tarock ergaben ein spielenswertes Produkt, das seinen Siegeszug durch Deutschland unternahm. Das Tarock diente dem Skat insofern, daß es außer einer Anleihe, bei dessen Benennung Pate war. Der Begriff ›escartere‹ (= weglegen) ist ein ureigener des Tarock.

Als markanter Wendepunkt im Spiel ist die Ermittlung des Alleinspielers und die Ansage des Trumpf nach erfolgtem Reizen zu sehen. Das Reizen wurde 1818 von Neefe entwickelt und stellte einen wesentlichen Bestandteil des Spiels dar.

Studenten und Soldaten waren die ersten Propagandisten des Spiels. Die damaligen Publikationsmöglichkeiten waren nicht geeignet, eine beschleunigte Verbreitung und Durchsetzung zu erreichen. Als naheliegendste Verbreitungsmöglichkeit blieb die nicht immer vorteilhafte von Mund zu Mund weitergegebene. Die Verkünder des Spiels waren nicht immer in allen Fällen regelkundig. Mit Sicherheit schufen sie auch eigene mit persönlicher Motivation, um einzelnen Situationen erfolgreich begegnen zu können. Örtlich ergaben sich somit unterschiedliche Spielgebräuche. Das fehlende fachliche Schrifttum trug dazu bei, daß regional überall verschiedene Spielauffassungen vertreten wurden. Eine einheitliche Linie war nicht mehr erkennbar.

Das entstandene Regelwirrwarr stellte das Spiel mit den damit verbundenen Auseinandersetzungen in ein Zwielicht. Zu seiner Rettung mußte eine einheitliche und verbindliche Regelung durchgesetzt werden.

Freiherr von Hirschfeld (Pseudonym: Hertefeld) unternahm den Versuch, das Spiel zu vereinheitlichen. Sein 1884 herausgegebenes »Illustrirtes Scat-Buch« gilt als erstes Modell der Skatordnung. Für die Weiterorientierung wurde es später von Karl Buhle bearbeitet, der einige Widersprüche beseitigte und es von seinem Ballast befreite.

(Seit frühester Zeit besaß das Skatspiel einen derartigen Anklang, dem sich selbst bedeutende Persönlichkeiten aus dem kulturellen und politischen Bereich nicht verschließen konnten. Gerade diese wurden zu erklärten Befürwortern und Verfechtern des Skates.

Richard Strauss bekundete mit »Intermezzo« seine Skatverbundenheit.)

3. Chronologie der Skatkongresse als Spiegel der Entwicklung im Skat

Die Einberufung des I. Deutschen Skatkongresses nach Altenburg war keine Sache der Personen, denen man naturgemäß den Anspruch darauf zugestanden hätte. Bei dieser Berufung war zunächst auch nicht dem Skatspiel die vorrangige Bedeutung beigemessen. Initiator des ersten Skatkongresses war ein unbekannt gebliebenes Mitglied des Vorbereitungsausschusses für die Industrieausstellung in Altenburg. Ohne Zweifel war dieser Person nicht verborgen geblieben, daß zu diesem Zeitpunkt die Skatspieler eine schon beachtliche Gemeinde darstellten. Die Überlegung, diesen Leuten einen Kongreß zu schaffen, war mit Sicherheit auf ein rein kommerzielles Denken zurückzuführen. Ein zusätzliches Besucheraufkommen würde zwangsläufig der Industrieausstellung zugute kommen. Wichtig ist jedenfalls allein die Tatsache, daß durch eine wenn auch ursprünglich zweckentfremdende Initiative der erste Skatkongreß realisiert werden konnte.

Es bildete sich ein diesbezüglicher Arbeitsausschuß, der das Programm des I. Deutschen Skatkongresses ausarbeitete. Schon in ihm, wie auch in allen folgenden, war die Vereinheitlichung des Skats ein grundlegendes Ziel. Eine Basis war durch das Regelwerk des Juristen Karl Theodor Buhle geschaffen. Er war es dann auch, der erkannte, daß die Behandlung der Theorie des Skatspiels nur eine Minderheit der Skatspieler zur Teilnahme bewegen kann. Die Verbindung von Theorie und Praxis wurde notwendig. Ein den Kongreß beschließendes öffentliches Skatturnier war dazu angetan, dann auch seine Ergebnisse in der Praxis zu erproben.

Unter Zugrundelegung des Lehrbuches von Buhle wurde durch den Arbeitsausschuß die »Allgemeine Deutsche Skatordnung« entworfen. Diese fand die absolute Zustimmung der über 1000 Kongreßteilnehmer. Karl Theodor Buhle besaß keine Veranlassung, aufgrund des Erfolges des I. Deutschen Skatkongresses zu ruhen. Er sah ein Nahziel in der Forderung nach Gründung des Deutschen Skatverbandes. Die von ihm angeregte Gründung konnte er nicht mehr verwirklicht erleben; er starb kurz zuvor.

1886 erschien die erste einschlägige spezielle Publikation. In Dresden wurde die »Skat- und Keglerzeitung« herausgegeben; ihr Erscheinen nach zwei Jahren jedoch wieder eingestellt. Der Verleger Robert Fuchs erkannte 1897 die Lücke des Fehlens eines Fachblattes für Skatspieler. Er und andere Förderer des Skates gaben gemeinsam die »Deutsche Skatzeitung« heraus. Zu diesem Zeitpunkt sicher ein Wagnis. In ihr wurde dann wieder der Ruf nach einer Spitzenorganisation diskutiert, zumal derzeit bekannt wurde, daß amerikanische Skatspieler deutscher Herkunft in dieser Beziehung bereits beispielgebend waren. Sie hatten sich – und hier ist noch kein Traditionsdenken angebracht – eher in fortschrittlicher Weise trotz ihrer Minderzahl gegenüber den Skatspielern in ihrem Heimatland eine Spitzenorganisation geschaffen und hielten Kongresse ab. Dies ist bis heute dort in der »Nordamerikanischen Skatliga« beibehalten. Sie zählt heute ca. 300 Mitglieder und hat in Herrn Wergin ihren Vorsitzenden.

Louis Sterz forderte 1898 in der »Deutschen Skatzeitung«, daß einem ersten Kongreß zwangsläufig auch ein zweiter folgen müsse. Ihm und vielen anderen war entgangen, daß dieses bereits geschehen war.

II. Deutscher Skatkongreß

Dieser hatte bereits 1887 in Leipzig stattgefunden. Er blieb so unbedeutend und ergebnislos, daß er keine besondere Erwähnung fand. Für seine Bedeutungslosigkeit war keine ausreichende Erklärung zu erhalten, obwohl er in seiner Tagesordnung die seit langem bestehende Forderung nach Gründung des Deutschen Skatverbandes beinhaltete.

Mehr als ein Jahrzehnt blieb es in der Öffentlichkeit in Sachen Skat ruhig. In einigen Städten gab es »skatspielfreudige Vereinigungen«. Die Vertreterversammlung aus ihnen beschloß einen Termin für einen Skatkongreß.

III. Deutscher Skatkongreß am 12. März 1899

Als Tagungsort wurde Halle/Saale gewählt. Das Stattfinden des Kongresses stand unter ungünsten Vorzeichen. Derzeit wurden zwei Arten des Reizens praktiziert; das Farben- und das Zahlenreizen. Unter den Befürwortern beider Arten entstanden heftige Debatten. In der »Allgemeinen Deutschen Skatordnung« war hinsichtlich des Reizens keine einheitliche Lösung angeboten. Zunächst, und um den Kongreß nicht zu gefährden, blieb es dabei, daß für das Kongreßwettspiel in Halle nach Farben gereizt wurde. Die Zahlenreizer mußten sich für diese Teilnahme umstellen und sich die Farben und Spiele einprägen.

Weniger kompliziert war dann der Beschluß zur Gründung des Deutschen Skatverbandes. Altenburg wurde zu seinem

Sitz und die »Deutsche Skatzeitung« zum offiziellen Verbandsblatt erhoben.

Als Vorstandsmitglieder wurden der Altenburger Fuchs und die Leipziger Wolf und Sterz gewählt.

In Artur Schubert war seinerzeit einer der bedeutendsten Vertreter des Skats neben Karl Theodor Buhle zu sehen. Er besaß ein fundamentales Wissen und die schriftstellerische Veranlagung, es den anderen mitzuteilen. Im besonderen setzte er sich für eine gerechte Bewertung und Einstufung der Null- und Großspiele ein. Ihm ist es zu verdanken, daß schon in frühester Zeit alle entbehrlichen Fremdworte aus dem Skat verbannt wurden.

IV. Deutscher Skatkongreß am 28. April 1901

An diesem 28. April wurde in Magdeburg Robert Fuchs zum Vorsitzenden des Verbandes gewählt. Ein Mann mit dem Talent, gegensätzliche Meinungen zu vereinigen. Er war ein bedeutender Verfechter der Vereinheitlichung von Spielbräuchen und Berechnungen.

Artur Schubert hatte zu diesem Kongreß eine Satzung für den Deutschen Skatverband entworfen. Diese wurde als verbindlich angenommen.

Die Anhänger der französischen Spielkarte hatten bei diesem Kongreß noch keine Gelegenheit, mit ihrem gewohnten Kartenbild zu spielen.

V. Deutscher Skatkongreß vom 9. März 1902

Am 9. März 1902 wurde in Leipzig die Neufassung der »Allgemeinen Deutschen Skatordnung« von 1886, in wesentlicher Veränderung durch Artur Schubert, vom Kongreß angenommen. Sie war konkret im Ausdruck und allgemein verständlich.

VI. Deutscher Skatkongreß vom 26. und 27. September 1903

Der VI. Deutsche Skatkongreß in Altenburg beinhaltete vordergründig die Festsetzung der Nullwerte.

Anläßlich dieses Kongresses wurde der durch den Apotheker Albert Steudemann gestiftete und von dem Münchener Professor Pfeiffer entworfene Skatbrunnen eingeweiht. Vier rangelnde Buben sind Symbole des Brunnens. Mit dessen Besuch erhofften sich viele Skatspieler die Gunst Fortunas.

VII. Deutscher Skatkongreß vom 7. und 8. April 1906

Dieser Kongreß in Dresden erklärte die »Neue Allgemeine Deutsche Skatordnung« für gültig. Das einheitliche Reizen war noch immer nicht realisiert. Die Verwirrung der Farben- und Zahlenreizer schien die Ziele des Deutschen Skatverbandes in der Verwirklichung der Vereinheitlichung in Frage zu stellen.

VIII. Deutscher Skatkongreß vom 6., 9. und 13. Januar 1907

Der VIII. Deutsche Skatkongreß in Halle/Saale versuchte die Vereinheitlichung zu erreichen, indem der »Altenburger Skat« des Farbenreizens verteidigt wurde. Die Freunde des »Leipziger Skats«, des Zahlenreizens, gewannen immer mehr Befürworter ihrer Praktik.

IX. Deutscher Skatkongreß vom 8. bis 10. Juni 1908 X. Deutscher Skatkongreß vom 31. Januar, 7. und 21. Februar 1909

In beiden Kongressen gab es keine Annäherung in bezug auf die Vereinheitlichung des Reizens. Die Terminierung des X. Deutschen Skatkongresses war nicht glücklich gewählt. Sie war nicht dazu angetan, eine gewisse Gleichgültigkeit der Skatspieler gegenüber ihrer Spitzenorganisation zu beseitigen.

Bei der Forderung nach der Gründung des Deutschen Skatverbandes, die offenbar zu voreilig erfolgte, ist außer Acht gelassen worden, daß zum Aufbau einer Spitzenorganisation das Fundament fehlte. Dieses Fehlen der kleinen Skatvereinigungen war nicht geeignet, die Interessen der Skatspieler mit den Zielen des Verbandes zu koordinieren. Gegen Ende des Jahres 1909 mußte die »Deutsche Skatzeitung« ihr Erscheinen einstellen. Ihr Fehlen und damit die mangelnde Publikation trugen dazu bei, daß der XI. Deutsche Skatkongreß, der in Dresden vorgesehen war, nicht stattfand.

Robert Fuchs sicherte sich von der Altenburger Spielkartenfabrik die Zusage, daß ihr seit 1900 erscheinender »Altenburger Skatkalender« künftig mit dem Untertitel »Jahrbuch des Deutschen Skatverbandes« erscheinen werde. Der mangelnde Anklang des Jahrbuches unter den Skatspielern war darauf zurückzuführen, daß in seinen Ausgaben ausschließlich das vom Verbandsvorstand verteidigte Farbenreizen propagiert wurde.

Unter den Soldaten des 1. Weltkrieges hatte sich das Zahlenreizen durchgesetzt. Sie waren es, die dann zur Verbreitung dieses Reizens beitrugen.

Der Deutsche Skatverband beauftragte Artur Schubert mit der Ausarbeitung der Vorschriften für das Zahlenwertreizen. Der DSkV konnte sich der zunehmenden Verbreitung des Zahlenreizens nicht mehr verschließen. Diese erste Skatordnung für den Leipziger Skat, mit dem Zahlenwertreizen, erschien 1923.

Ab März 1926 erschien in Altenburg die Monatsschrift für Kartenspieler »Der Alte«. Die immer noch bestehenden Verbandsziele wurden in ihr wieder aufgegriffen und in Erinnerung gebracht.

Die Ausschreibung zum XI. Deutschen Skatkongreß sollte nach fast 20jähriger Pause an die Tradition anknüpfen.

XI. Deutscher Skatkongreß vom 10. bis 12. Juni 1927

Der XI. Deutsche Skatkongreß in Altenburg gilt als der bedeutendste seit 1896.

Artur Schubert fungierte bei diesem Kongreß als Ratgeber. Es war seine Idee, diesen Skatkongreß mit der ersten Deutschen Meisterschaft zu verbinden. Den Kongreß selbst erlebte er nicht mehr; er starb am 17. Mai 1927. Seine erarbeitete Leipziger Skatordnung, wie auch seine Wettspielordnung, wurden vom Kongreß angenommen. Das bis heute gebräuchliche Zahlenreizen war unstreitig festgelegt. Die ersten Voraussetzungen für den Einheitsskat waren geschaffen.

Während des Kongresses schloß sich der Skatverband »Mosel und Saar« unter der Leitung von Matthias Buschmann dem Deutschen Skatverband an. Mit der Monatsschrift »Der Alte« besaß der DSkV wieder die Möglichkeit der gezielten Publikation.

Der für diesen Kongreß eingesetzte Arbeitsausschuß legte den Antrag für ein Skatgericht vor. Der Antrag wurde angenommen. Das dreiköpfige Skatgericht erhielt den Auftrag »Urteile in spieltechnischen Streitfragen unter Zugrundelegung der Bestimmungen der Skatordnung zu fällen«. Das Skatgericht kann sich bis zum heutigen Tage nicht über mangelnde Auslastung beklagen. Obwohl für die immer wiederkehrenden Streitfragen die Benutzung eines Archivs zur Verfügung steht, tauchen auch völlig neue Streitfragen auf, die dann in einer Grundsatzentscheidung geschlichtet werden.

Anläßlich des XI. Deutschen Skatkongresses wurde eigens für diesen das von Otto Pech geschaffene Volksstück »Skat« im Landestheater Altenburg aufgeführt.

Der Kongreß setzte einen Skatordnungsausschuß ein, dem auferlegt wurde, Schuberts Skatordnung gründlich zu überprüfen und Unzulänglichkeiten zu beseitigen. Das Ergebnis der Überprüfung ergab eine Vorlage von drei Neufassungen. Dem XII. Deutschen Skatkongreß sollte die Version des Oberlehrers Richard Burkhardt als Diskussionsgrundlage empfohlen werden.

In der Absicht der Gründung des »Allgemeinen Deutschen Skatverbandes« durch ein Bonner Mitglied des Skatordnungsausschusses erfuhr die Arbeit des DSkV eine Störung. Die Absicht scheiterte an der Verbandstreue der Skatfreunde. Auch die zu diesem Zwecke herausgegebene »Allgemeine Deutsche Skatzeitung – Verbandsblatt des Allgemeinen Deutschen Skatverbandes, Bonn am Rhein« mußte nach wenigen Ausgaben ihr Erscheinen wieder einstellen.

XII. Deutscher Skatkongreß vom 26. bis 29. Juli 1928

Diesem in Altenburg einberufenen Kongreß ging der überschwengliche Ruf »Skatolympiade in Altenburg« voraus. Erstmals waren viele amerikanische Skatfreunde der Einladung zu den Wettspielen gefolgt. Der Kongreß erfreute sich eines außergewöhnlich hohen Zuspruchs.

Es erfolgte eine Abänderung der bestehenden Skatordnung aufgrund der Vorschläge von Richard Burkhardt. Der Begriff »Neue Deutsche Skatordnung« wurde geprägt.

XIII. Deutscher Skatkongreß vom 4. bis 6. November 1932

Während dieses Kongresses in Altenburg wurde die Bewertung der Nullspiele in ihrer heutigen Gültigkeit festgesetzt. Endlich hatte man die harmonische Einreihung der Nullspiele in das Spielsystem erreicht. Die Nullspiele blieben bis dato immer ein strittiger Faktor. Sie waren dem ursprünglichen Spiel nicht eigen und wurden erst später eingefügt.

Es ist auch das Verdienst dieses Kongresses, daß das Mißverhältnis zwischen dem Grand und Null ouvert mit der Erhöhung des Grundwertes des Grand auf 24 beseitigt wurde. Daß verlorene Handspiele nicht doppelt berechnet werden und der Alleinspieler bei allen offenen Spielen verpflichtet ist, die Karten vor dem ersten Ausspielen aufzulegen, waren weitere Ergebnisse dieses Kongresses.

Die Zielsetzung des Verbandes hinsichtlich der einheitlichen Spielbestimmungen erfuhr eine außerordentliche Belebung durch die Annahme der von Richard Burkhardt entworfenen »Neuen Deutschen Skatordnung«, die den Einheitsskat schuf. Die darauf abgestimmte »Skatwettspielordnung« gehörte zum Gesamtkomplex. Die NeDeSka war damit das verbindliche Regelwerk. Es erfolgte der Aufruf an alle Verbandsmitglieder, sich für die Verbreitung des Einheitsskats ein- und sich mit ihm durchzusetzen.

Am 1. September 1934 wurde der Skat erstmals für würdig befunden, in einem Rundfunkprogramm Einzug zu halten. Es handelte sich um ein Skathörspiel mit dem Titel: »Vier Jungen und sechs Augen« des Reichssenders Hamburg.

Dem Skatverband fehlte es derzeit an einem festen Gefüge. Ein Vorstandsbeschluß vom 13. Oktober 1934 beinhaltete mit Wirkung vom 1. Januar 1935, den Verbandsbereich in 16 Bezirke zu gliedern und diese in Ortsgruppen aufzuteilen. Die 16 Bezirke waren: Ostpreußen, Pommern, Brandenburg, Schlesien, Sachsen, Mitte, Nordmark, Niedersachsen, Westfalen, Niederrhein, Mittelrhein, Nordhessen, Südwest, Baden, Württemberg und Bayern. Einzelmitglieder und Skatklubs vereinigten sich zu Ortsgruppen und schlossen sich, je nach geographischer Lage, in einem der 16 vorgenannten Bezirke zusammen.

Am 10. März 1935 wurde vom Sender Leipzig eine Sitzung des Skatgerichts übertragen. Damit verbunden wurde die erste Funkskataufgabe. Sie erhielt beachtliche 5200 Zuschriften, von denen allerdings nur 7% richtig waren. Die von Richard Burkhardt gestellte Aufgabe lautete: Hinterhand spielt Pik ohne sechs mit nur vier Trümpfen und gewinnt in der Gewinnstufe Schneider. Die Gegner spielten fehlerfrei. Vorhand hat $^2/_3$ der Augenzahl von Mittelhand. Wie waren die Karten verteilt? (Lösung s. Seite 187)

Zur Vollständigkeit der Geschichte des Skats ist es unerläßlich festzustellen, daß das damals herrschende Gewaltsystem in seinen Gliederungen das gesellschaftliche Leben, selbst das des Skatspielens, nicht aus seinem Einflußbereich ausklammerte. Vielen Skatfreunden blieb die Teilnahme an Skatturnieren versagt, weil sie nicht zur »arischen Rasse« zählten.

XIV. Deutscher Skatkongreß vom 24. bis 26. September 1937

Dieser Kongreß in Altenburg war in seiner Prägung in einen der Obrigkeit genehmen Rahmen gepreßt. Die mit ihm verbundene deutsche Skatmeisterschaft, an der sich erstmals Damen beteiligten, war den »arischen Skatern« vorbehalten. Das Reichsministerium für Volksaufklärung und Propaganda war durch seinen Leiter der Landesstelle Thüringen vertreten.

Während dieses Kongresses wurden die auch heute wenig praktizierten offenen Farbhandspiele als weitere logische Feinheit im Spielprogramm aufgenommen. Ihre Gebrauchsfähigkeit ist umstritten, da in fast allen Fällen ein lukrativerer Grand gespielt werden kann.

Kenner der Materie suchten nach einem Weg zur gerechten Bewertung der Leistung eines Spielers. Spielpunkte plus Wertungsprämien sollten das Übergewicht weniger großer Spiele (Spiele mit hohem Spielwert) gegenüber vielen kleinen Spielen (Spiele mit geringem Spielwert) aufheben. Das von dem Berliner Otto Seeger entwickelte Leistungsbewertungssystem entsprach den Anforderungen. Seine Aufnahme in die NeDeSka wurde während dieses Kongresses beschlossen.

Am 8. und 9. Oktober 1938 wurden in Berlin die Deutschen Skatmeisterschaften unter der Leitung von Otto Seeger ausgetragen. Die vorangegangenen Meisterschaften wurden mit gelegten Karten ausgetragen. Das spielerische Moment blieb dabei fast unberücksichtigt. Die Aufgabe war mehr in der Problemlösung zu sehen.

Diese Meisterschaft wurde unter Anwendung der Seeger Leistungsbewertung ausgetragen, mit den Konkurrenzen: Mannschaften, Damen und Herren. Zu diesem Zeitpunkt war nicht mit Sicherheit vorauszusehen, daß diese Deutschen Meisterschaften für lange Zeit die letzten bleiben sollten. Die für Oktober 1939 vorgesehenen Skatmeisterschaften fielen dem Kriegsausbruch vom 1. September 1939 zum Opfer.

Im Herbst 1939 wurden die Vereine vom zuständigen Gauamt für Propaganda und Volksaufklärung erfaßt. Ein Zweckverband übernahm ihre Aufgaben unter der Führung politisch geschulter Vereinsleiter. Auch in Skatklubs fand das »Führerprinzip« seinen Eingang.

Die Einziehung zum Wehrmachtsdienst raubte den Vereinen das Spielerpotential. Der Verbandsleitung mußte nach und nach über Einstellung des Spielbetriebs »bis auf weiteres« berichtet werden.

Darüber hinaus fielen auch die Symbole des Skatbrunnens in Altenburg, die vier rangelnden Bronzebuben, der von der Obrigkeit diktierten Anordnung zum Opfer. 1942 wurden die 56 Zentner schweren Figuren einberufen. Die Symbole konnten nur auf Kartenblättern gedruckt über Sieg und Niederlage entscheiden. Den Einschmelzern war diese Tatsache unbekannt.

1943 stellte die Verbandszeitschrift »Der Alte« ihr Erscheinen ein. Das Verbandsleben war eingeschlafen und die Leser, soweit nicht in alle Welt verstreut, mit anderen Problemen beschäftigt.

Der Krieg, der seine verheerenden Folgen in allen Bereichen hinterlassen hatte, verlangte auch in Sachen Skat seinen Tribut. Es war traditionsbewußten Skatfreunden zu verdanken, die sich alsbald zur Aktivität ermuntert sahen, an das Skatgeschehen der vergangenen Zeit anzuknüpfen. Die Chronik berichtet, daß der Bremer Skatfreund Franz Laudan, der bereits 1936 der Verbandsleitung angehörte, einer der Männer war, die als Initiatoren für einen neuen Anfang anzusehen sind. Er dürfte der Geburtshelfer des ersten Deutschen Skatkongresses nach dem Kriege gewesen sein.

XV. Deutscher Skatkongreß vom 3. bis 5. November 1950

Die Vorbereitungen für diesen Kongreß in Bielefeld oblagen dem Skatfreund Otto Hild. Der Kongreß demonstrierte das Vorhandensein des Deutschen Skatverbandes.
Erich Fuchs aus Altenburg leitete diesen Kongreß. Sein Lob der Initiative von damals zeigt, daß aus westlicher Richtung die ersten Gedanken zum neuen Beginn konkretisiert wurden.
Der Gedanke des Erich Fuchs, daß der Skat keine Grenzen kennen sollte, blieb leider nur der Wunsch desselben.
Erich Fuchs wurde zum Verbandsvorsitzenden gewählt. Im Zuge einer Neuformierung wurden die Landesverbände Nord, mit dem Vorsitzenden Franz Laudan, und West mit P. A. Höfges gegründet. Die Verbandsgeschicke waren von Altenburg aus zu steuern und die Gründungen der Landesverbände Süd, Ost und Berlin sollten forciert werden. Die Gründung des Landesverbandes Ost blieb in seiner Planung.
Die Situation des geteilten Deutschlands ließ die Vorstellungen der Verbandsführung aus Altenburg scheitern. Erich Fuchs verließ seine Heimatstadt und führte den Verband ab Januar 1953 von Bielefeld aus.
Die Landesverbände wurden am 31. Dezember 1953 aufgelöst. Die neue Gliederung erfolgte in Verbandsgruppen. Neuer Sitz des DSkV wurde Bielefeld. Derzeit besaß der DSkV einen kommissarischen Vorstand mit so profilierten Leuten wie Erich Fuchs, P. A. Höfges, Otto Hild, Dietrich Hillmann, Hubert Kannegießer, Hermann Helmken und Johannes Fabian.
1952 starb Richard Burkhardt. Ihm folgten ein Jahr später Rudolf Portal, der Ehrenvorsitzende des DSkV, und Willi Frenzel, der Vorsitzende der Verbandsgruppe Leipzig, die vor dem Krieg eine der größten des Verbandes war.

XVI. Deutscher Skatkongreß vom 4. September 1954

Mit diesem Kongreß in Bielefeld beginnnt eigentlich die Geschichte der Gegenwart des DSkV. Der Kongreß wählte einen handlungsfähigen Vorstand mit dem Vorsitzenden Fuchs. Otto Hild, P. A. Höfges, Hubert Kannegießer und Johannes Fabian waren die weiteren Vorstandsmitglieder.

Der Auftrag des Kongresses lautete, eine Satzung auszuarbeiten, an die Herausgabe einer Verbandsschrift zu denken und die Eintragung in das Vereinsregister vorzubereiten.

Mit diesem Kongreß verbanden sich Deutsche Meisterschaften.

Im Dezember 1954 wurde erstmalig die neue Verbandsnadel herausgegeben.

Am 27. November 1955 konnte als dankende Anerkennung für die traditionsbewußten Altenburger die Wiedereinweihung des Skatbrunnens vorgenommen werden. Die Gestalt der Figuren blieb erhalten; ein Material aus Leichtmetall trat an die Stelle des so zweckentfremdet verarbeiteten ursprünglichen Materials.

Am 1. Mai 1955 referierten P. A. Höfges und Johannes Fabian in Düsseldorf über ihre Vorstellungen, wie eine Deutsche Skateinzelmeisterschaft durchzuführen sei. Aus ihren Ideen und deren weiterer Ausarbeitung entwickelte sich der heute bekannte und praktizierte Austragungsmodus. Der beste Skatspieler wird ermittelt, indem der Bewerber in einer großen Spielzahl gegen weitere qualifizierte Gegner anzutreten hat.

In Anerkennung seiner Verdienste wurde P. A. Höfges 1954 zum Ehrenmitglied ernannt und mit der goldenen Ehrennadel des DSkV ausgezeichnet.

1955 wurden erstmals die Spielkarten mit dem Emblem des DSkV gedruckt. Damit wurde zusätzlich erreicht, daß sich die Aufmerksamkeit auf den bundesweiten Skatverband richtete. Der Beginn der Ausstellungen von Grand ouvert-Urkunden fällt in diese Zeit.

Ein Kongreßbeschluß lautete, daß künftig die Teilnahme an Deutschen Skatmeisterschaften an die Mitgliedschaft im DSkV gebunden sei.

Anfang 1956 erschien die erste Ausgabe der neuen Verbandszeitung »der skatfreund«, heute ein nicht mehr wegzudenkendes Organ des DSkV, das allen Mitgliedern zur Äußerung ihrer Meinung offensteht. Der Informationscharakter dieses Blattes ist beispielhaft und auch Nichtmitgliedern eine stets willkommene Lektüre.

In Reihenfolge wurde die Schriftleitung des »der skatfreund« von Erich Fuchs (Dez. 58), Manfred Weigelt (April 60) und Johannes Fabian übernommen. Herbert Drewenstedt redigierte vom Mai 1967 bis April 1969 die Verbandszeitschrift. Die Schriftleitung obliegt dem Skatfreund Georg Wilkening bereits seit zehn Jahren. Georg Wilkening war es auch, der die Jubiläumsausgabe zum 75jährigen Bestehen des DSkV vom September 1974 zusammenstellte. Dieser Ausgabe sind die hier verarbeiteten Informationen zur Geschichte des Deutschen Skatverbandes entnommen. Georg Wilkening hat mit seiner gewiß mühevollen Kleinarbeit der Zusammenstellung dazu beigetragen, daß in die Geschichte des Skatverbandes viele vergessene Einzelheiten aufgenommen wurden.

Johannes Fabian hatte zwischenzeitlich die Satzung für den DSkV erarbeitet, die die Zustimmung des Verbandsvorstandes fand. (Johannes Fabian verstarb am 13. 6. 1981. Der DSkV verlor mit ihm eine der profiliertesten Persönlichkeiten.)

Am 13. Juni 1958 wurde der DSkV beim Registergericht in Bielefeld eingetragen.

XVII. Deutscher Skatkongreß vom 11. Oktober 1958

Dieser Kongreß in Bielefeld ergab hinsichtlich des Vorstandes erhebliche Veränderungen. Der Kongreß beschloß eine der wesentlichsten Änderungen insofern, daß die bis dahin oft üblichen »vorherigen Vereinbarungen« und »Ortsgebräuche« beseitigt wurden. Landläufig entstand die volksmundliche Formulierung, daß nur noch »scharf« gespielt werde. Aus Alters- und Gesundheitsgründen kandidierten Erich Fuchs, P. A. Höfges und Hubert Kannegießer nicht mehr. Otto Hild, Johannes Fabian, Hermann Münnich, Horst Drechsler und Fred Siegener lenkten von nun an die Geschicke des Verbandes.

In bezug auf das Spiel beschloß der Kongreß, daß bei allen offenen Spielen die Karten übersichtlich geordnet aufgelegt werden müssen. Das Auflegen vor dem ersten Ausspielen bedeutet offenes Spiel, sofern keine einschränkende Erklärung, wie die des Sichlegens, abgegeben wurde.

Der von Otto Seeger entwickelten folgte die erweiterte Leistungsbewertung von Johannes Fabian. In ihr sollte ein gutes Gegenspiel belohnt, und die Unsitte des Abreizens auf ein Minimum zurückgedrängt werden.

Die über ihren Wert gereizten Spiele werden meistens verloren. Durch das Abreizen wird der Alleinspieler in seinem Gesamtstand zwar zurückgeworfen, aber die anderen Mitspieler um Spiel- und Wertungspunkte gebracht. Diesem Mißstand wurde durch die »Fabian-Punkte« teilweise Abhilfe geschaffen. Die Gegenspieler erhalten je verlorenes Spiel des Alleinspielers 30 Wertungspunkte, bzw. am Dreiertisch 40 Punkte gutgeschrieben. Darin ist ein gewisser Ersatz für entgangene Spiele und ein zusätzlicher Ansporn zum aufmerksamen Gegenspiel gegeben.

XVIII. Deutscher Skatkongreß vom 1. September 1962

Während dieses Kongresses in Bielefeld wurde die Skatwettspielordnung dahingehend geändert, daß die Seeger-Fabian-Leistungsbewertung in ihr Aufnahme fand. Die zugrundeliegende Wertungsformel lautet: Spielpunkte plus (gewonnene – verlorene Spiele) Spielzahl plus verlorene Spiele der Mitspieler = Leistung. Seit diesem Zeitpunkt findet diese Formel bei Turnieren ihre Anwendung zur Bestimmung der erreichten Plätze der Teilnehmer.

Die Neuwahl des Verbandsvorstandes ergab teilweise durch überirdische Abberufung personellen Wechsel.

Otto Hild war am 6. April 1962 verstorben. Bereits am 20. April 1960 verlor der DSkV in Hermann Helmken und am 4. April 1962 in Hubert Kannegießer aus dem gleichen traurigen Anlaß zwei wertvolle Mitarbeiter.

Johannes Fabian wurde die Leitung des Verbandes übertragen. Herbert Drewenstedt, Herrmann Münnich, Fred Siegener und Werner Lüdemann bildeten den weiteren Vorstand.

Während dieses Kongresses wurde erstmals der Einsatz vorgebildeter Schiedsrichter bei Meisterschaftsveranstaltungen gefordert. Entsprechende Lehrgänge wurden in Aussicht gestellt.

Zu Beginn 1963 wurden Aktivitäten in Sachen Skat aus dem anderen Teil Deutschlands bekannt. Der Rat der Stadt Altenburg hatte ein Skataktiv gegründet und ein Skatgericht eingerichtet. Für das am 29. September 1963 in Altenburg geplante Skatturnier erhielt der DSkV eine Einladung. Eine vierköpfige Delegation wurde gebildet, die der Einladung aus sachlichen Gründen folgte. Unter der hohen Beteiligung von 2350 Personen blieb die Delegation des DSkV Teilnehmer. Dem herzlichen Empfang der DSkV-Delegation durch das Skataktiv ist entsprechende Bedeutung beizumessen. Das wieder tätige Altenburger Skatgericht übernahm die regeländernden Kongreßbeschlüsse nach 1950. Damit war die einheitliche Entscheidung der Skatgerichte gewährleistet.

Verkleinertes Muster (Maßstab ca. 1:2) einer Spielliste, entwickelt aus der Seeger-Fabian-Leistungsbewertung, wie sie heute bei Skat-Turnieren verwendet wird (ausgefülltes Muster s. S. 28).

Serie — Tisch Nr.

Spiel- DSkV Liste

Lfd. Nr. der Spiele	9 10 11 12 23 24 36 Grundwerte	Buben / Spitzen	Gewinnstufen							Spielwerte		Name (Listenführ.) Start Nr. Platz 1			Name Start Nr. Platz 2			Name Start Nr. Platz 3			Name Start Nr. Platz 4			eingepaßte Spiele
		mit / ohne	Handspiel	Schneider	Schneid. ang.	Schwarz	Schwarz ang.	offen		+	−	Platz 1	gew.	verl.	Platz 2	gew.	verl.	Platz 3	gew.	verl.	Platz 4	gew.	verl.	
1																								
2																								
3																								
4																								
5																								
6																								
7																								
8																								
9																								
10																								
11																								
12																								
13																								
14																								
15																								
16																								
17																								
18																								
19																								
20																								
21																								
22																								
23																								
24																								
25																								
26																								
27																								
28																								
29																								
30																								
31																								
32																								
33																								
34																								
35																								
36																								
37																								
38																								
39																								
40																								
41																								
42																								
43																								
44																								
45																								
46																								
47																								
48																								

Ergebnis:		
+ gewonnene Spiele x 50		
Zwischensumme:		
− verlorene Spiele x 50		
ergeben:		
+ verlorene Spiele der Gegenspieler x 40 am Dreiertisch, 30 am Vierertisch		
Endergebnis		
Datum:		
Unterschriften:		
Abrechnung:		

27

Spiel- [DSkV] Liste   Serie — Tisch Nr.   1. — 1

Name (Listenführ.): *77* — Start Nr. 1   Name: *B* — Start Nr. 2   Name: *S* — Start Nr. 3   Name: *D* — Start Nr. 4

Lfd. Nr. der Spiele	Grundwerte (9/10/11/12/23/24/36)	mit	ohne	Handspiel	Schneider	Schneid. ang.	Schwarz	Schwarz ang.	offen	+	−	Platz 1	gew.	verl.	Platz 2	gew.	verl.	Platz 3	gew.	verl.	Platz 4	gew.	verl.	eingepaßte Spiele
1	24	3		x	x					144					144	1								
2	12	2			x					48		48	1											
3	12		2								72										−72		1	
4	23									23					167	2								
5	9		1	x							27							−27		1				
6	24	4		x	x					168								141	1					
7	9		2							27		75	2											
8	24	2								72		147	3											
9	24		3							96								237	2					
10	10		4	x						60											−12	1		
11	9	2		x	x		x			54											42	2		
12	11	1								22		169	4											
13	12	3								48								285	3					
14	9	4			x					54								339	4					
15	24	2		x						96					263	3								
16	12	1									48				215		1							
17	10	1									40				175		2							
18	23			x				x			59										−17		2	
19	24		2							72											55	3		
20	24	4								120					295	4								
21	23			x					x	59								398	5					
22	10		4	x						60											115	4		
23	23									23		192	5											
24	12		1							24		216	6											
25	9		1	x						27								425	6					
26	24	2		x						96								521	7					
27	11	3		x	x					66					361	5								
28	9	1		x						27					388	6								
29	23			x				x		59								580	8					
30	12		1	x						36		252	7											
31	24		2								144										−29		3	
32	24	2								72					460	7								
33	10	4				x				60								640	9					
34	24	2				x				96		348	8											
35	10		4	x						60		408	9											
36	11	3								44					504	8								
37	10	3								40					544	9								
38	11		1	x						33		441	10											
39	9	4								45					589	10								
40	9	3								36		477	11											
41	23									23					612	11								
42	10	2		x						40								680	10					
43	23									23											−6	5		
44	23			x						35		512	12											
45	9		3								72										−78		4	
46	24	4		x						144											66	6		
47	24		1							96											−30		5	
48	12	1								24					636	12								

	Platz 1	gew.	verl.	Platz 2	gew.	verl.	Platz 3	gew.	verl.	Platz 4	gew.	verl.
Ergebnis:	512	12	−	636	12	2	680	10	1	−30	6	5
+ gewonnene Spiele x 50	600			600			500			300		
Zwischensumme:	1112			1236			1180			270		
− verlorene Spiele x 50	—			100			50			250		
ergeben:	1112			1136			1130			20		
+ verlorene Spiele der Gegenspieler x 40 am Dreiertisch, 30 am Vierertisch	240			180			210			90		
Endergebnis	1352			1316			1340			110		

Datum:

Unterschriften: *(Signaturen)* P1   B   C   D

Abrechnung:

XIX. Deutscher Skatkongreß vom 17. September 1966

Der Vorstand des Deutschen Skatverbandes erfuhr während des Kongresses in Bielefeld den absoluten Vertrauensbeweis seiner Mitglieder, indem die gesamte Führungsspitze wiedergewählt wurde.

Der Kongreß rückte in den Blickpunkt der Öffentlichkeit, da bekannt wurde, daß die Tagesordnung die Bekämpfung von Kontra und Re beinhaltete. Seit dieser Zeit werden Kontra und Re nicht mehr im Anhang der Skatordnung geführt. Das Skatgericht lehnt Entscheidungen, die mit dieser Abart in Verbindung stehen, grundsätzlich ab.

1968 wurde die Klubmeisternadel als sichtbares Zeichen für das Verdienst der entsprechenden Anstrengungen der jeweiligen auf Anregung des Bremer Skatfreunds Heinz Reinermann eingeführt.

XX. Deutscher Skatkongreß vom 19. September 1970

In der auf diesem Bielefelder Kongreß verabschiedeten Satzung war eine Ergänzung zum Aufbau des DSkV durch Landesverbände und Verbandsgruppen enthalten. Unter Zugrundelegung einstelliger Postleitzahlen der in Frage kommenden Regionen war die Basis der Landesverbände gegeben, deren acht die entsprechenden laufenden Nummern tragen. Innerhalb der Landesverbände wurden dann die Verbandsgruppen als untergeordnete Gliederungen geschaffen. (Diese Einteilung ist auf Hermann Münnich – Präsident des DSkV – zurückzuführen.)

Aus gesundheitlichen Gründen schied Herbert Drewenstedt aus dem Verbandsvorstand. Mit dem Bielefelder Rudi Schütt hatte der DSkV einen neuen Mann in seinem Präsidium.

XXI. Deutscher Skatkongreß vom 14. September 1974

Seit dem XVI. Kongreß 1954 wurde der vierjährige Turnus eingehalten, den jeweils folgenden Skatkongreß einzuberufen.

Für den XXI. Skatkongreß in Bad Oeynhausen lag zusätzlich zu den üblichen Aufgaben eines solchen ein besonderer Anlaß vor. Es war das Jahr des 75jährigen Jubiläums des Bestehens des DSkV.

Ausgerechnet die Wahlen und Beschlüsse aus diesem Kongreß erforderten eine Revision. Das Reglement sieht vor, daß im Falle der Nichtbeachtung von Formvorschriften, Kongreßbeschlüsse hinfällig werden. Offenbar war anläßlich des XXI. Skatkongresses eine Formvorschrift verletzt worden. Denn der Forderung nach einem außergewöhnlichen Kongreß wurde stattgegeben, um eventuellen Anfechtungen vorbeugend begegnen zu können. Dieser Kongreß fand am 22. Februar in Köln statt.

Die wesentlichen personellen Veränderungen waren in dem neuen Präsidenten Hermann Münnich und als neuen Mann im DSkV, in dem Berliner Skatfreund Norbert Liberski, zu sehen.

Aus diesem Kongreß ging der regeländernde Beschluß hervor, daß benannte Spiele nicht mehr erhöht werden dürfen. Eine Aussage – in diesen Fällen: Ansage – ist verbindlich.

XXII. Deutscher Skatkongreß vom 28. Oktober 1978

Dieser Bonner Kongreß ergab die Wiederwahl des Präsidenten Hermann Münnich; Norbert Liberski wurde Vizepräsident. Mit Erwin Hübner und einer erstmals gewählten Repräsentantin der Damen im DSkV, Skatfreundin Hoffmann, sind zwei neue Namen im Verbandsvorstand vertreten.

Aus spieltechnischer Sicht erging als Regeländerung der Beschluß, daß sofortiges Passen von Vorhand unstatthaft ist.

Mit einem Treuebekenntnis der Delegierten wurde an die Pflicht aller Mitglieder des DSkV erinnert, gemeinschaftlich als einheitliches Ziel das Skatspiel im Sinne der Skatordnung zu pflegen und zu verbreiten.

Anläßlich dieses Kongresses wurde erstmals das Turnier um den Deutschland-Pokal ausgetragen. Es sollte an die Tradition der früheren Verbandsmeisterschaften anknüpfen. Mit fast 1800 Teilnehmern in der Bonner Beethovenhalle ein gewiß repräsentativer Abschluß für einen Skatkongreß.

4. Der Deutsche Skatverband e. V. in seiner Entwicklung und Gliederung

Die Entwicklung hinsichtlich seiner Mitgliederzahlen zeigt über fast drei Jahrzehnte einen kontinuierlichen Aufwärtstrend.

Aus einigen wenigen Mitgliedern im Jahre 1950 wurde bis 1963 die stattliche Zahl von 5000 erreicht. 1965 waren es über 6000 und bis 1969 wuchs die Mitgliederzahl auf 10000. Im Jubiläumsjahr des DSkV 1974 besaß er bereits 15000 Mitglieder. Mit Sicherheit kann gesagt werden, daß der Deutsche Skatverband zum Jahresbeginn 1979 ca. 22000 Mitglieder zählte.

Diese wahrhaft stattliche Mitgliederzahl verteilt sich in acht Landesverbände, und diese sind in 56 Verbandsgruppen unterteilt. Ihnen unterstehen bundesweit über 1250 Klubs. Die erhebliche Dunkelziffer der nicht dem DSkV angeschlossenen Klubs bleibt davon unberührt.

Es ist nicht die Absicht des Deutschen Skatverbandes, alle Skatspieler zu organisieren. Dem Beitritt von Mitgliedern steht er jedoch stets aufgeschlossen gegenüber. Seine Präsenz ist in allen Teilen der Bundesrepublik festzustellen. Dem Skatinteressierten bleibt es selbst überlassen, ob er aus eigener Entscheidung einem Klub beitritt, der ihm neben seinem geliebten Spiel zusätzliche Kommunikation bieten kann.

In der Geschichte der Spielkarte, des Skates und der Chronologie der Deutschen Skatkongresse sind nur einige Fakten und Namen genannt. Eine Vollständig- und -zähligkeit der Themen sowie der Namen war nicht beabsichtigt. Der Versuch, eine lückenlose Skatgeschichte anzustreben, wäre allein daran gescheitert, daß es nur ungenügende Aufzeichnungen aus dem Beginn des Spiels gibt. Die Historie des Skates ist nicht festgehalten, weil niemand die enorme Verbreitung und Beliebtheit dieses Spiels rechtzeitig erkannt hatte.

Eine weitere Zahl der Namen der Personen, die sich um den Skat und später den Einheitsskat verdient machten, ließe sich anführen. Den Ungenannten gebührt die gleiche Anerkennung für ihre ideelle Motivation, dem Einheitsskat in seiner Zielsetzung zu Impulsen verholfen zu haben. Ihnen allen ist es zu verdanken, daß sich neben 11000000 bis 12000000 Skatspielern (unter ihnen 22000 DSkV-Mitglieder), immer neue Freunde dem Skat als Volkssport, unterhaltsame Freizeitgestaltung und nicht zuletzt als Teilnehmer in fairen Wettkämpfen zuwenden.

(Die angegebene Zahl kann nur angenommen werden. Statistische Erhebungen – im Sinne des Verbindlichen – sind bislang nicht gemacht worden. Optimistische einzelne Schätzer nennen noch erheblich höhere Zahlen. Konkrete Zahlenangaben sind nicht zu belegen, mit Ausnahme der DSkV-Mitglieder. Der Verfasser neigt auch dazu, eine höhere Zahl anzunehmen. Im Rahmen seiner privaten Umfrage 1978, die zu verschiedenen Anlässen und an verschiedenen Orten innerhalb Berlins erfolgte, ergab sich, daß von 1000 befragten erwachsenen Personen, die Frage nach Beherrschung des Skatspiels, in 603 Fällen positiv beantwortet wurde.)

5. Entwicklung des Skatspiels im Ausland

Als das Nationalspiel der Deutschen ist der Skat zum Begriff geworden und es bis heute geblieben. In anderen Nationen gibt es zwar leidenschaftliche Anhänger, aber im Grunde in unbedeutender Minderheit. Deshalb ist der kurze Abriß der Entwicklung im Ausland auch nur als Randbemerkung anzusehen. Auch hier war keine Vollständigkeit beabsichtigt.

In den an Deutschland grenzenden Staaten erfreut sich das Skatspiel einer gewissen zunehmenden Beliebtheit. Skatfreunde aus Österreich, Holland, Luxemburg, der Schweiz, Frankreich u. a. sind häufige und gerngesehene Teilnehmer an Turnieren in der Bundesrepublik. Darüber hinaus ist bekannt, daß in Italien, Jugoslawien, Polen, Ungarn, der Tschechoslowakei, Brasilien, Australien und den USA Skat gespielt wird.

Daß dem Skat in der DDR eine besondere Bedeutung beizumessen ist, bedarf nicht der ausdrücklichen Erwähnung. Für die Bürger der DDR ist der Skat wie für die der Bundesrepublik gleichermaßen das Nationalspiel.

Die frühere Verbreitung des Skatspiels außerhalb der Grenzen Deutschlands ist durch Auswanderer geschehen. Für ein Skatspiel im Gepäck war immer Platz; niemand wollte auf dieses faszinierende Spiel verzichten. Heute trägt der internationale Tourismus zur Verbreitung bei.

In den USA erfolgte die Gründung eines Skatverbandes vor

seiner Realisierung in Deutschland. Er umfaßt heute ca. 300 Mitglieder. In einigen Punkten weicht das Spiel von der hierzulande gebräuchlichen Form ab. Skatspieler aus den USA waren oft Gäste bei hiesigen Turnieren.

Seit über 100 Jahren wird in Polen der Skat praktiziert. Doch erst im März 1956 fanden sich dort Skatfreunde in einem Klub zu einer festen Gemeinschaft.

In Holland werden Turniere ausgetragen und Meisterschaften durchgeführt. Im April 1978 fand in Brasilien ein nationales Skatturnier mit 435 Teilnehmern statt. Die Gründung eines Skatverbandes nach DSkV-Vorbild ist dort in naher Zukunft zu erwarten.

6. Kritische Betrachtungen

Die an dieser Stelle vom Autor ursprünglich geplante Kritik an der seit dem 1. Januar 1879 auf jedes verkaufte Kartenspiel erhobenen Spielkartensteuer wurde inzwischen gegenstandslos, da mit Wirkung vom 1. 1. 1981 diese indirekte Steuer nicht mehr erhoben wird. Der DSkV kann wohl für sich beanspruchen, hieran nicht unbeteiligt gewesen zu sein.

Im Rahmen der Kritik darf man nicht unterlassen, davor zu warnen, daß die Popularität unseres geliebten Spiels nicht der Ausnutzung von Geschäftemachern zum Opfer fällt. Eine konkrete Angabe von Beispielen kann an dieser Stelle unterbleiben. Die Angesprochenen wissen ohnehin, an welche Adresse diese Bemerkung gerichtet ist. Einer mißbräuchlichen Benutzung des Spiels, d. h. wenn es als Vorwand für die Verfolgung anderer Ziele genommen wird, sollte vorgebeugt werden, indem dem Aufruf zur Teilnahme an einer solchen Veranstaltung nicht gefolgt wird.

Demgegenüber macht sich als erfreuliche Tendenz bemerkbar – wenige schwarze Schafe ausgenommen –, daß immer mehr Veranstalter von Skatturnieren in den Richtlinien des DSkV ihre Orientierung suchen.

In der Öffentlichkeit sind die Gaststätten die Orte, die sich in der Praktizierung des Spiels als dominierende Plätze erwiesen haben. Gastwirte treten als Veranstalter auf. Der Gastronomie ist in diesen Fällen der kommerzielle Gedanke nicht abzusprechen. Wenn nicht ausschließlich dieser Zweck verfolgt wird, kann jeder Gastwirt, der sich mit der

Ausrichtung von Preisskaten befaßt, ein direkter Befürworter des Einheitsskates werden. Mit Sicherheit kann er davon ausgehen, daß der DSkV und seine Gliederungen in Fragen der sachbezogenen Beratung keine ablehnenden Positionen einnehmen werden. Dem Gastwirt obliegt es, seine Veranstaltungen nach der Skatordnung durchzuführen. Nach deren Regeln, Gesichtspunkten und einsatzgerechter Preisgestaltung werden alle Beteiligten, unter denen auch die DSkV-Mitglieder zu finden sind, die sich der Verbreitung und Förderung des Einheitsskates verschrieben haben, zufrieden sein.

II. Einführung in das Skatspiel

1. Die Skatkarte

Das Spiel wird mit einem Blatt, so lautet die Bezeichnung für ein Kartenspiel, von 32 Einzelkarten gespielt. Wenn auch das Skatspiel mit an Sicherheit grenzender Wahrscheinlichkeit in seinem Ursprung mit einer Deutschen Karte gespielt wurde, soll hier das französische Blatt zugrundegelegt werden. Dieses wird heute fast ausschließlich zum Skat verwandt, wenn man von kleineren traditionsbewußten Regionen absieht. Schon bei der oberflächlichen Betrachtung eines Skatspiels fällt auf, daß auf den einzelnen Kartenblättern vier verschiedene Zeichen immer wiederkehren. Diese vier Zeichen sind auf Gruppen von je acht Karten anzutreffen. Sie werden auch Farbe genannt und heißen in der Reihenfolge ihres Wertes Kreuz, Pik, Herz und Karo.

Daß die Farbzeichen in der Reihenfolge ihres Wertes genannt sind, sollte man sich grundlegend merken.

Die vier Farben werden stilisiert mit ihren Zeichen wie folgt dargestellt:

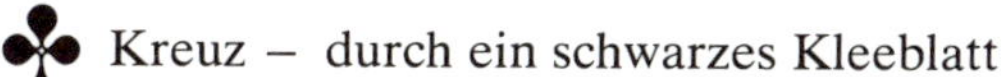

♣ Kreuz – durch ein schwarzes Kleeblatt

♠ Pik – durch eine schwarze Lanzenspitze

♥ Herz – durch ein rotes Herz

Abb. 1 ♦ Karo – durch ein rotes Viereck

Jede dieser Farben besitzt acht Karten von unterschiedlichem Wert. Die acht Karten mit der niedrigsten beginnend heißen in der Reihenfolge: Sieben, Acht, Neun, Zehn, Bube, Dame, König und As.

Vier der Karten sind Zahlenkarten; zu erkennen an den aufgedruckten Zahlen an den vier Ecken und an den in gleicher Anzahl vorhandenen Farbzeichen. Die Sieben besitzt sieben Kartenzeichen, die Acht deren acht usw. Die vier weiteren Karten sind Bilderkarten und stellen außer dem As Personen dar: den Buben, die Dame und den König.

Neben den dargestellten Figuren sind sie an den an allen vier Ecken aufgedruckten Buchstaben zu erkennen: B für Bube, D für Dame und K für König. Das As ist in der Mitte durch ein Farbzeichen und an den vier Ecken durch ein A gekennzeichnet.

Jede dieser Karten hat einen bestimmten Wert, der als wesentlicher Bestandteil des Skatspiels einzuordnen ist und deshalb ist es unerläßlich, daß man ihn sich unbedingt einprägt.

Die Karten Sieben, Acht und Neun sind Leerkarten und haben als solche keinen Zählwert. Die Zehn besitzt einen Zählwert von 10 Augen (Auge ist im Skatspiel ein Begriff, der mit Punkt gleichzusetzen ist. Der Begriff ist andererseits so eigenständig, daß es keinem Skatspieler einfallen würde zu sagen, er hätte sein Spiel mit soundsoviel Punkten gewonnen oder verloren. Der Begriff Punkt ist an anderer Stelle dem Skatspiel zuzuordnen. Er gewinnt bei der Spielbewertung im Sinne des Wortes seine Bedeutung.).

Der Bube zählt 2 Augen, die Dame 3, der König 4 und das As 11. Diese Zählwerte oder Augen sind in allen vier Farben gleich. Eine komplette Farbe besitzt also 30 Augen. Da jede Karte viermal vertreten ist, besitzt das Skatspiel 120 Augen.

Mittels folgender Tabelle ist das Gesagte noch einmal veranschaulicht:

Karte	*Zählwert*
Sieben	0 Augen
Acht	0 Augen
Neun	0 Augen
Zehn	10 Augen
Bube	2 Augen
Dame	3 Augen
König	4 Augen
As	11 Augen

Somit 30 Augen mal vier Farben = 120 Augen.

2. Das Verteilen der Karten

Der fehlende dritte Mann ist fast zu einem Schlagwort geworden. Damit will man zu verstehen geben, daß Skat zu dritt gespielt wird. Konkret heißt, es in der Tat, daß das Spiel nur mit mindestens drei Teilnehmern realisiert werden kann. Die Praxis beweist jedoch, daß der Idealfall in vier Mitspielern zu sehen ist, das heißt, der vierte »sitzt« und nimmt am Spiel nicht unmittelbar teil. Bei Skatturnieren und Veranstaltungen wird zu viert gespielt. Nur wenn aus organisatorischen Gründen nicht alle Tische mit vier Personen zu besetzen sind, wird man Dreiertische akzeptieren müssen.

Die Sitzordnung ist bei Skatturnieren durch Auslosung geregelt. Als empfehlenswert würde es sich durchaus erweisen, wenn man auch in privater Runde so verfahren wollte. Für eine derartige Auslosung gibt es verschiedene Praktiken. Es würde zu weit führen, sie zu beschreiben. Jedenfalls erfüllt sie immer ihren Zweck, wenn die Objektivität garantiert ist.

Der Mitspieler, der zuerst von der Wahl des Platzes Gebrauch machen darf, ist auch der erste Kartengeber. Es sei denn, eine Auslosung bestimmte ihn dazu, auf Platz 1 zu sitzen; dadurch ist der 1. Kartengeber in jedem Fall unstreitig festgelegt.

Die Karten werden gründlich gemischt. Dabei gibt es verschiedene Methoden, die jeder seiner Geschicklichkeit entsprechend unter Beibehaltung der Gründlichkeit handhaben sollte. Dabei ist im besonderen zu berücksichtigen, daß keiner der Mitspieler Gelegenheit hat, in die Bildseiten der Karten einzusehen. Nach dem Mischen werden die Karten verdeckt dem rechten Nachbarn zum Abheben vorgelegt. Das Abheben ist eine Verpflichtung. Das sogenannte »Klopfen« ist unstatthaft und der Unsitte beizuordnen.

Der Sinn und Zweck des Abhebens ist darin zu sehen, daß die Karten aus der beim Mischen erhaltenen Lage gebracht werden und um zu verhindern, dem Kartengeber durch das Mischen bestimmter Karten unter oder auf das Spiel, eine Manipulationsmöglichkeit zu verschaffen.

Es wird einmalig abgehoben. Die damit entstehenden beiden Kartenpäckchen werden so zusammengelegt, daß die ursprüngliche Lage verändert ist. Mehrmaliges Abheben in kleinen Kartenpäckchen ist unstatthaft. Das Abheben hat so zu erfolgen, daß mindestens vier Karten abgehoben werden oder liegenbleiben.

Für die Kartenverteilung gibt es eine eindeutige Regelung. Der links neben dem Kartengeber sitzende Mitspieler erhält drei Karten; die beiden weiteren Mitspieler im Uhrzeigersinn die gleiche Anzahl. Nachdem jeder der Mitspieler zunächst drei Karten erhalten hat, werden zwei Karten verdeckt – der Skat –, der später in jedem Fall dem Alleinspieler gehört, auf den Tisch gelegt. Im zweiten Gang des Kartenverteilens erhält jeder Mitspieler vier Karten und im letzten, dem dritten Gang, werden noch einmal drei Karten an die Mitspieler verteilt.

Man sollte vom Verteilen der Karten einzeln absehen und das Verteilen von fünf Karten, Skat und weiteren fünf ablehnen.

Bei drei Mitspielern (Teilnehmern) erhält der Kartengeber die letzten Karten. Bei vier Teilnehmern erhält der Kartengeber keine Karten. Bei fünf und mehr Teilnehmern werden die Karten an die beiden linken Nachbarn und den rechten des Kartengebers verteilt.

Das Verteilen der Karten sowie die Ablage des Skates haben so zu erfolgen, daß keinem der Mitspieler die Einsicht ermöglicht ist. Jeder Spieler ist verpflichtet, seine Karten nach dem Geben dahingehend zu überprüfen, ob er die ordnungsgemäße Anzahl erhalten hat. Bei regelgerechter Kartenverteilung muß ein Spiel zustandekommen.

Wurden die Karten der Anzahl nach oder aus anderen Gesichtspunkten falsch verteilt, wird von demselben Kartengeber noch einmal gegeben. Wird beim Kartengeben die Bildseite einer Karte sichtbar, dabei ist es nicht von Bedeutung ob Schuld oder Mitschuld vorliegen, muß ebenfalls erneut gegeben werden. Es versteht sich von selbst, wenn ein zwangsläufiges erneutes Kartengeben erforderlich wird, daß die Karten noch einmal gemischt und in beschriebener Weise abgehoben werden.

Ein Spiel ist ungültig, wenn nachträglich festgestellt wird, daß die Karten ihrer Anzahl nach unrichtig verteilt waren. Das gleiche gilt, wenn die Karten von einem Mitspieler verteilt wurden, der dazu unter Einhaltung der Reihenfolge, nicht ausersehen war. Auch dann, wenn ein Spiel bereits zu Ende gespielt wurde, findet diese Regelung Anwendung.

Der Spieler, der die ersten Karten erhalten hat, trägt die Bezeichnung Vorhand, der nächste Mittelhand und der letzte Hinterhand. Aus Gründen der Vereinfachung werden die Abkürzungen V für Vorhand, M für Mittelhand und H für Hinterhand gebraucht.

Es gibt immer der Karten, der im letzten Spiel in der Position Vorhand saß. Vorhand spielt auch grundsätzlich aus.

Jeder Spieler sollte nach Empfang und Aufnahme seiner Karten dieselben so halten, daß eventuelle Einblicke kein Erkennen ermöglichen. Der faire Skatspieler unternimmt keinen diesbezüglichen Versuch und wird den Mitspieler im Falle einer Unachtsamkeit von selbst ermuntern, seine Karten sorgfältiger zu verdecken.

Äußerungen, die Bemerkungen über die mögliche Kartenverteilung beinhalten, haben zu unterbleiben. Der nicht unmittelbar teilnehmende Spieler, der Kartengeber, sollte wissen, daß die Einsichtnahme in den Skat lediglich der Befriedigung seiner Neugier dienen kann. Und wer möchte sich dieses Lasters bloßgestellt wissen?

3. Die Spielarten

An Spielarten sind drei Gattungen zu unterscheiden.

Die Farbspiele, die hinsichtlich ihrer Häufigkeit, die dominierende Rolle einnehmen: die Grands oder Großspiele und als dritte Spielart die Nullspiele.

In jeder Spielart gibt es zwei Parteien (Gegner); die eine stellt der Alleinspieler und die andere ergibt sich aus den beiden Gegenspielern. Auf welche Art zu ermitteln ist, wer Alleinspieler und wer Gegenspieler wird, entscheidet das Reizen (unter diesem Thema beschrieben).

Jede einzelne Partei versucht möglichst viele Augen, die Zählwerte der Karten, für sich zu erhalten. Skat ist in seinen beiden erstgenannten Gattungen ein Augenspiel. Die Ausnahme machen die Nullspiele. Im Skat als Augenspiel entscheidet die Anzahl der Augen über Sieg und Niederlage; ein Unentschieden gibt es nicht. Der Alleinspieler benötigt 61 Augen zum Gewinn. Die Gegenspieler gewinnen mit 60 Augen. Die zum Gewinn erforderlichen Augen werden durch Stiche erreicht.

Ein Stich ist daran zu erkennen, daß von jedem Spieler, beginnend mit Vorhand, eine Karte auf den Tisch gebracht wird. Mittelhand und Hinterhand geben in Reihenfolge ihrer Positionen eine Karte hinzu. Diese drei Karten ergeben einen Stich. Ein Stich wird von einem Spieler vereinnahmt. Der Spieler, der den Stich an sich brachte, spielt zu dem folgenden aus. Dadurch erfolgt während eines Spiels oftmals ein Positionswechsel; denn wer zum Ausspielen verpflichtet ist, ist Vorhand. Lediglich zum ersten Ausspielen ist Vorhand festgelegt. Da 30 Karten im Spiel sind, bedeutet das, daß zehn Stiche gemacht werden.

Wichtig ist festzustellen, mit welcher Berechtigung ein Spieler einen Stich vereinnahmen darf (ausführlich unter Bedienen). Innerhalb einer Farbe gehört der Stich dem Spieler, der die Karte mit dem höchsten Zählwert ausspielte. Bei den Karten ohne Zählwert ist die Neun höher als die Acht und die Acht höher als die Sieben.

Außer den Karten einer Farbe gibt es Trumpfkarten; die triumphierenden, das heißt, die übrigen Farben stechenden Farben. Sie sind den übrigen Farben überlegen und genießen Sonderrechte. Als ständige Trumpfkarten sind bei Farb- und Großspielen die Buben in der Reihenfolge Kreuz, Pik, Herz und Karo zu nennen. Daran anschließend folgen die sieben Karten der Farbe, die von dem Alleinspieler zur Trumpffarbe bestimmt wurde und zwar in der Reihenfolge ihres Zählwertes As, Zehn, König, Dame, Neun, Acht und Sieben. Die anderen Farben stehen untereinander im Rang gleich.

Bei den Großspielen sind nur die Buben in der Reihenfolge ihrer Kartenzeichen Trumpf.

Bei den Nullspielen gibt es keinen Trumpf. Auch die Buben gelten als Farbe. Der Zählwert der Karten ist bei dieser Spielart bedeutungslos. In der Rangfolge der Karten steht die Zehn nicht unter dem As. Sie ist zwischen dem Buben und der Neun einzuordnen.

4. Die Trumpfkarten beim Farbspiel

Dabei ist zunächst festzustellen, wieviel Trumpfkarten und Farbkarten ein Farbspiel besitzt. Es sind die vier Buben und die verbleibenden sieben Karten der Trumpffarbe – also 11 Trumpfkarten.

Die 11 Trumpfkarten plus die 3 mal sieben (21) restlichen Farbkarten ergeben somit das komplette Kartenspiel (32 Karten). Jede einzelne Farbe besitzt nur noch sieben Karten, da der Bube einer jeden Farbe den Trumpfkarten beigeordnet ist.

Zum besseren Verständnis sind die Trumpfkarten noch

einmal in ihrer Rangfolge genannt, beginnend mit der
höchsten Trumpfkarte:

> Kreuz-Bube
> Pik-Bube
> Herz-Bube
> Karo-Bube
> As der Trumpffarbe
> Zehn der Trumpffarbe
> König der Trumpffarbe
> Dame der Trumpffarbe
> Neun der Trumpffarbe
> Acht der Trumpffarbe
> Sieben der Trumpffarbe

Mit jedem höheren Trumpf kann eine niedrige Trumpfkarte
übernommen werden. Aber selbst die niedrigste Trumpfkarte ist im Range höher als die Asse der Farbkarten.
Praktisch gesehen kann die Trumpf-Sieben, als Karte ohne
jeglichen Zählwert (nur in höherer Rangordnung), einen
Stich mit Farbkarten mit hohem Zählwert, wie As und
Zehn, vereinnahmen, wenn die Bedienungsvorschrift eingehalten ist.

5. Das Reizen

Jedes Spiel gliedert sich in zwei wesentliche Abschnitte: das
Reizen und die Spieldurchführung. Nach dem Verteilen der
Karten entscheidet das Reizen über die Spielparteien; es
entscheidet, wer Alleinspieler wird und welche die Gegen-
spieler sind. Der Einheitsskat wird nach Spielwerten (Punk-
ten) gereizt. Hier ist der Gebrauch von Punkten unerläßlich.
Das Reizen ist mit einer Auktion vergleichbar; das Höchst-
gebot erhält den Zuschlag. Im Spiel muß es heißen: das
Höchstgebot erhält die zwei Karten, die während des
Kartengebens als Skat abgelegt wurden, und wird damit
Alleinspieler.
Das Reizen erscheint dem am Skatspiel interessierten
Personenkreis oft derart problematisch, daß schon viele
Versuche, das Skatspiel zu erlernen, hieran schon geschei-
tert sind.
Das Reizen geschieht durch Zurufen bestimmter Zahlen.
Jedoch nicht in willkürlicher Manier. Auch das Reizen ist in

einer bestimmten Reihenfolge geregelt. Vorhand, die als erste ausspielt, »hört« auch als erste und zwar von Mittelhand. Nachdem einer der beiden gepaßt hat, das heißt, dem Reizgebot des anderen nicht mehr folgen kann, setzt Hinterhand das Reizen gegen den Übriggebliebenen fort.

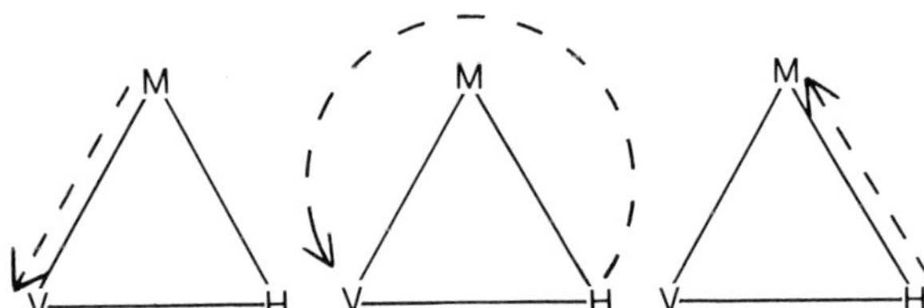

Abb. 2

Alle Spieler sind berechtigt, sich als Alleinspieler zu bewerben. Passen ist eine Verzichterklärung. Alle Gebote und Verzichterklärungen sind unwiderruflich und somit verbindlich. Der Alleinspieler ist dann ermittelt, wenn die anderen beiden Spieler durch Passen ihre Verzichterklärung gegeben haben.

Der Skat gehört grundsätzlich dem Alleinspieler. Passen M und H sofort, hat V die Möglichkeit, den Skat aufzunehmen, wenn sie Alleinspieler werden will. Paßt auch Vorhand, wird vom nächsten Kartengeber – in einem solchen Fall, wie bereits beschrieben, daß grundsätzlich der der nächste Kartengeber ist, der im letzten Spiel in Vorhand saß – also von ihr zum neuen Spiel gegeben. Somit ist dieses als eingepaßtes Spiel zu vermerken. Es besitzt Gültigkeit und ist nicht zu wiederholen.

V kann nur hören; M kann sowohl reizen als auch hören; H kann nur reizen. Der Spieler, der hört, hält (bestätigt) nur die ihm genannten Zahlenwerte oder er äußert sich gegenteilig, indem er paßt (er verzichtet). V kann bei jedem Reizwert, der ihr von M genannt wird, passen. Daraus folgt: M muß stets einen höheren Reizwert nennen als V hält, wenn sie Alleinspieler werden will; dasselbe gilt für H, wenn V oder M gepaßt haben. Vorhand hat demzufolge die günstigste Position. Da sie neben dem ersten Ausspielen den Vorteil besitzt, billiger Alleinspieler werden zu können als Mittelhand und diese wiederum billiger als Hinterhand, sollten immer volle Runden gespielt werden, um diese Vorteile gleichermaßen allen Spielern zu ermöglichen.

Alle Zahlen, ausgenommen die Spielwerte für Nullspiele, die beim Reizen genannt werden, sind Produkte zweier

Abb. 3: Beispiel
für das Spiel mit
vier Trumpfspitzen

Zahlen; also, Reizgebote sind Spielwerte, die errechnet
werden müssen.
Die Errechnung der Spielwerte wird durch den

$$\text{Reizfaktor mal Grundwert} = \text{Spielwert}$$

vorgenommen. Was sind Reizfaktoren und Grundwerte?
Grundlegend für den Reizfaktor sind die Trumpfkarten in
der ununterbrochenen Reihenfolge vom höchsten Buben
an, die man in seinen erhaltenen Karten besitzt oder die bis
zur höchsten Trumpfkarte – einschließlich dieser – fehlen.
Die ununterbrochene Reihenfolge der Trümpfe sind Spitzen. Zum Reizen ist es wesentlich, daß zunächst festgestellt

Abb. 4: Beispiel für das Spiel ohne vier Trumpfspitzen

wird, mit wievielen Spitzen oder ohne wieviel Spitzen das Spiel berechnet werden muß. Die Schlüsselkarte für jede Berechnung dieser Art ist der Kreuz-Bube. Besitzt man ihn und will auf Grund der übrigen Karten ein Spiel machen, hat man ein Spiel mit Spitzen. Bei fehlendem Kreuz-Buben ist nur ein Spiel ohne Spitzen möglich.

· Abb. 3–22 Aus den nachfolgenden Abbildungen ist an einigen Beispielen zu ersehen, mit oder ohne wieviele Spitzen gereizt werden kann. Theoretisch ist es möglich, mit oder ohne elf Spitzen zu spielen; wobei mit elf der elfte Trumpf im Skat liegen muß und bei ohne elf auch im Skat kein Trumpf liegen darf.

Abb. 5: Beispiel für das Spiel mit drei Trumpfspitzen

Der Entschluß, am Reizen teilzunehmen, ist freiwillig. Es gibt kein Zwangsspiel. Der Spieler, der sich entschließt, am Reizen teilzunehmen, weil seine Karten ihm geeignet erscheinen, bekundet damit seine Absicht, ein Spiel zu gewinnen. Er will es in der ersten Gewinnstufe gewinnen. Die Betonung liegt auf erster Gewinnstufe – also deren gibt es mehrere, die zunächst unberücksichtigt bleiben sollen. Der Spieler will als Minimum die erste Gewinnstufe erreichen. In der ersten Gewinnstufe werden zweifellos die meisten Spiele entschieden. Sie ist abhängig von der erreichten Augenzahl. Beim Alleinspieler sind es 61 bis 89 Augen, bei den Gegenspielern sind es 60 bis 89 Augen.

Abb. 6: Beispiel
für das Spiel ohne
drei Trumpfspitzen

Zu den Spitzen muß in diesem Fall die erste Gewinnstufe hinzugerechnet werden. Daraus ergibt sich

Spitzen plus (1 für) erste Gewinnstufe = Reizfaktor.

Da die Errechnung des Spielwertes, wie bereits beschrieben, durch zwei Faktoren erfolgt und die Feststellung des einen, des Reizfaktors, geschehen ist, geht es im weiteren um den Grundwert.
Im Gegensatz zum Reizfaktor, der berechnet werden muß, sind die Grundwerte für Farbspiele, feste genau einzuprägende Zahlen.

Abb. 7: Beispiel für das Spiel mit zwei Trumpfspitzen

Der Grundwert für ein Karo-Farbspiel beträgt 9,
der Grundwert für ein Herz-Farbspiel beträgt 10,
der Grundwert für ein Pik-Farbspiel beträgt 11,
der Grundwert für ein Kreuz-Farbspiel beträgt 12.

Der Reizfaktor, ermittelt aus Spitzen und Gewinnstufe, wird mit dem Grundwert der Farbe multipliziert, die von dem Spieler als Trumpffarbe vorgesehen ist.

Abb. 8: Beispiel
für das Spiel ohne
zwei Trumpfspitzen

Einige Beispiele zur Errechnung des Spielwertes bei Farbspielen:

1. Mit einer (ohne eine) Spitze plus 1. Gewinnstufe für Spiel einfach gewonnen (Spiel einfach gewonnen oder verloren, so lautet die korrekte Bezeichnung für die 1. Gewinnstufe.)

> 1 plus 1 = 2 (Reizfaktor)
> Grundwert für Karo 9
> Reizfaktor mal Grundwert = Spielwert
> (2 mal 9 = 18)

Abb. 9: Beispiel für das Spiel mit zwei Trumpfspitzen

Der schon geübte Skatspieler benutzt für dieses, die folgenden Beispiele, und alle anderen Berechnungen auf dieser Basis, in der Praxis eine Kurzform:

Mit (oder ohne) einem(n), Spiel 2 mal Karo = 18.

2. Mit (ohne) drei Spitzen plus 1. Gewinnstufe

3 plus 1 = 4 (Reizfaktor)

Grundwert für Herz 10

Reizfaktor mal Grundwert = Spielwert

(4 mal 10 = 40)

Mit (oder ohne) drei(en), Spiel 4 mal Herz = 40

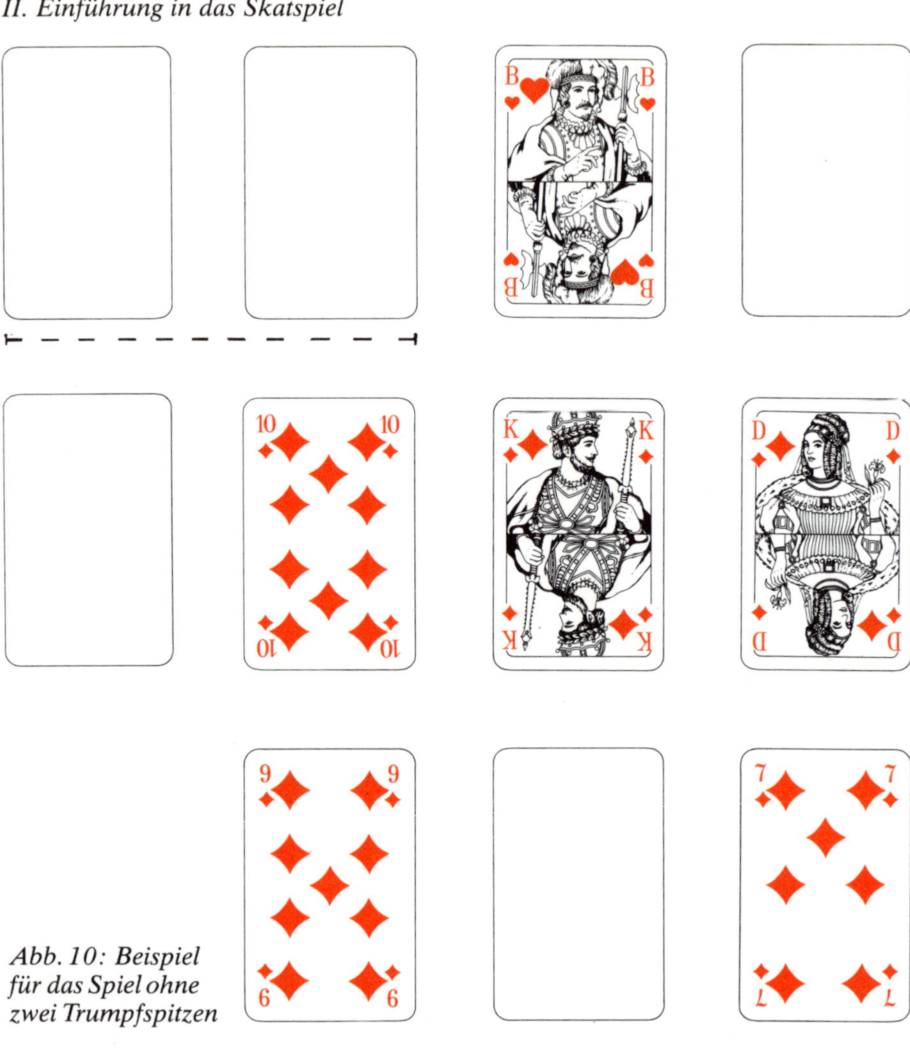

Abb. 10: Beispiel
für das Spiel ohne
zwei Trumpfspitzen

3. Mit (ohne) vier Spitzen plus 1. Gewinnstufe

    4 plus 1 = 5 (Reizfaktor)

    Grundwert für Pik 11

    Reizfaktor mal Grundwert = Spielwert

    (5 mal 11 = 55)

    Mit (oder ohne) vier(en), Spiel 5 mal Pik = 55

4. Mit (ohne) sechs Spitzen plus 1. Gewinnstufe

    6 plus 1 = 7 (Reizfaktor)

    Grundwert für Kreuz 12

    Reizfaktor mal Grundwert = Spielwert

    (7 mal 12 = 84)

    Mit (oder ohne) sechs(en), Spiel 7 mal Kreuz = 84

Abb. 11: Beispiel für das Spiel mit einer Trumpfspitze

Jeder Spieler hat das Bestreben, das Spiel mit dem geringsten Gebot zu bekommen. Er nennt nicht sofort sein höchstes Gebot, sondern beginnt mit dem niedrigsten und steigert sich. Somit ist auch der Begriff Reizen erklärt und in seiner Bezeichnung symptomatisch. Der Spieler beginnt dem Hörenden Zahlen (Reizgebote) zu nennen, die mit 18 beginnen und bis zu seinem höchsten Spielwert gehen können.

Ein Farbspiel, ob mit oder ohne Spitzen, hat immer denselben Spielwert. Es besteht keine Verpflichtung, ein Spiel auszureizen, das heißt, das Spiel bis zum errechneten Spielwert anzusagen. Während des Reizens mögen dem

Abb. 12: Beispiel für das Spiel mit einer Trumpfspitze

Spieler auch Bedenken über die Gewinnaussicht seines Spiels kommen. Er wird es dann vorziehen, »unterwegs« zu passen. Der Spieler, der sich keine Gewinnmöglichkeit errechnen kann, wird nicht am Reizen teilnehmen. Es kann sofort gepaßt werden. Das gilt nicht für Vorhand, die erst die Verzichterklärungen von Mittel- und Hinterhand abzuwarten hat.

Das Reizen gibt dem erfahrenen Skatspieler durch Logik und Kombinationsgabe eventuelle Hinweise auf eine mögliche Kartenverteilung.

Der Spieler, der durch das höchste Reizgebot zum Alleinspieler wurde, ist verpflichtet, ein Spiel anzusagen. Dieses

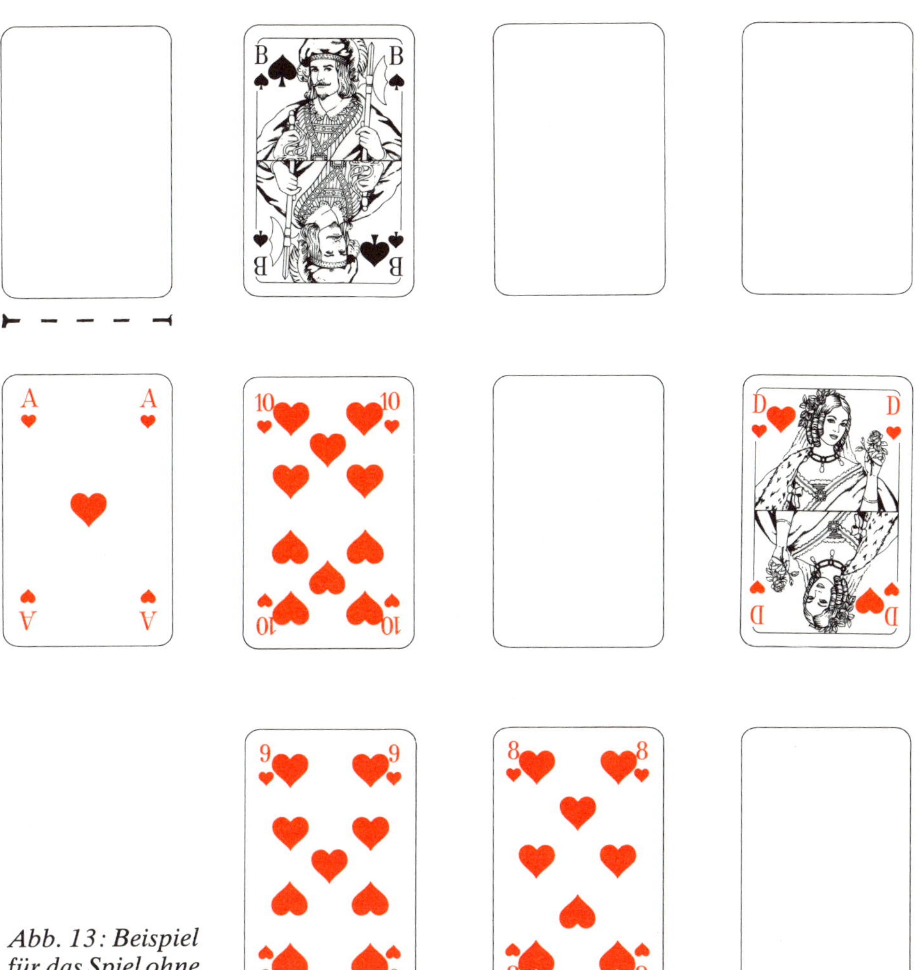

Abb. 13: Beispiel für das Spiel ohne eine Trumpfspitze

Spiel muß mindestens den beim Reizen genannten Spielwert haben. Auch aus diesem Grunde ist es wichtig, ein Spiel mit einem billigen Reizgebot zu erhalten. Die im Skat liegenden Karten sind nur sehr selten zu berechnen. Sie können sowohl Verlust des Spiels bedeuten (siehe Überreizen) als auch ein Spiel mit größerer Gewinnaussicht oder höherem Spielwert offenbaren.

Spätestens an dieser Stelle wird es einige Zweifler an der Logik des Skatspiels geben. Denn naturgemäß wird der Gedanke vorrangig, daß ein Spiel mit mehreren Spitzen leichter zu gewinnen ist als ein solches ohne diese Spitzen, zudem beide Spiele noch den gleichen Spielwert besitzen.

Abb. 14: Beispiel für das Spiel mit einer Trumpfspitze

Dabei kann man als Überlegung voraussetzen, daß ein Spiel mit starken Trumpfkarten und schwachem Beiblatt ebenso gewonnen werden kann wie ein Spiel, das schwache Trumpfkarten, aber ein starkes Beiblatt besitzt. Der Spieler mit dem starken Beiblatt darf nicht um die Möglichkeit gebracht werden, auch mit seinen schwachen Trümpfen ein Spiel wagen zu können (Beiblatt nennt man alle Karten, die keine Trümpfe sind).

Abb. 15: Beispiel für das Spiel mit fünf Trumpfspitzen

Abb. 16: Beispiel für das Spiel ohne fünf Trumpfspitzen

Abb. 17: Beispiel für das Spiel ohne acht Trumpfspitzen

Abb. 18: Beispiel für das Spiel ohne sechs Trumpfspitzen

Abb. 19: Beispiel für das Spiel ohne eine Trumpfspitze

Abb. 20: Beispiel für das Spiel ohne eine Trumpfspitze

Abb. 21: Beispiel für das Spiel ohne elf Trumpfspitzen

Abb. 22: Beispiel für das Spiel mit elf Trumpfspitzen

6. Der Grand

Der Grand ist, wie jedes Farbspiel, ein Augenspiel. In der 1. Gewinnstufe benötigt man zum Gewinn eines Grands die gleiche Augenzahl wie die der Farbspiele in dieser Gewinnstufe, nämlich zwischen 61 und 89 Augen. Der Grand unterscheidet sich vom Farbspiel darin, daß er nur vier Trumpfkarten besitzt: die Buben in der Rangfolge Kreuz, Pik, Herz und Karo. Der Reizfaktor kann im Höchstfalle mit oder ohne vier plus Gewinnstufe sein. Der Grundwert für einen Grand beträgt 24. Durch diese hohe Bewertung trägt er zurecht seinen Namen.
Alle Farbkarten sind gleichberechtigt.

7. Die Nullspiele

Die Nullspiele nehmen eine Sonderstellung ein. Für sie gilt nicht, was bisher über die Spielarten geschrieben wurde. Skat paradox wäre sicherlich eine treffende Definition. Die Wesensmerkmale der Nullspiele lauten:

1. Der Alleinspieler darf keinen Stich erhalten. Im anderen Falle ist das Spiel verloren.
2. Alle Nullspiele sind reine Stichspiele.
3. Es gibt keine Trumpfkarten.
4. Für Nullspiele besteht eine veränderte Rangfolge der Karten. Sie lautet von unten nach oben: Sieben, Acht, Neun, Zehn, Bube, Dame, König und As.
5. Die Spielwerte für Nullspiele können nicht errechnet werden. Es fehlt der Reizfaktor, da es keine Trümpfe gibt. Deshalb wurden für die Nullspiele feststehende Spielwerte (Reizwerte) geschaffen. Es gibt vier verschiedene Spielmöglichkeiten für Nullspiele von unterschiedlichem Spielwert:

Null mit Skateinsicht	Spielwert 23
Null aus der Hand (also ohne Skateinsicht)	Spielwert 35
Null ouvert (offen) mit Skateinsicht	Spielwert 46
Null ouvert aus der Hand	Spielwert 59

s. Kap. III   Im praktischen Spielbereich sind die Nullspiele näher erläutert.

8. Das Bedienen

Das Bedienen ist mithin eine äußerst wichtige Regel des Skatspiels. Zum Bedienen besteht eine Verpflichtung.
Bedienen heißt, daß eine Karte der ausgespielten Farbe zugegeben werden muß. Das gleiche gilt, wenn eine Trumpfkarte ausgespielt wurde, daß auch dann mit einer Trumpfkarte bedient (bekannt) werden muß. Eine Ausnahme ist dann gegeben, wenn die Bedienungsmöglichkeit nicht oder nicht mehr vorhanden ist. In diesem Fall kann jede beliebige Karte hinzugegeben werden. Dem Spieler ist es selbst überlassen, ob er eine höhere oder niedrigere Karte der verlangten Farbe oder Trumpfkarte (falls diese verlangt) hinzugibt. Es besteht somit auch kein Zwang zur Übernahme eines Stiches oder zum Stechen. Stechen bedeutet, eine Fehlfarbe – also eine Farbe, die man nicht in seinen Karten führt, mittels einer Trumpfkarte zu übernehmen.
Die Bedienungsregeln wurden verletzt, wenn die verlangte Farbe oder der verlangte Trumpf, trotz der vorhandenen Möglichkeit, verleugnet wurden. Damit wurde der Fehler des falschen Bedienens begangen. Alle Fehler, die als Verstöße gegen die Regelungen anzusehen sind, führen zu Konsequenzen.
In dem vorangegangenen Text sind einige noch nicht definierte Begriffe genannt. Soweit sie noch nicht oder nur oberflächlich erklärt sind, sollen die nachfolgenden Beispiele die erforderliche Klarheit über Abwerfen, Stechen und Übernehmen schaffen. Zur Erläuterung der Beispiele sei gesagt, daß neben den Buben, als ständige Trumpfkarten, die Farbe Herz zum Trumpf gewählt wurde. In den Beispielen sind die Spielkartenabbildungen in der Reihenfolge der Spielerpositionen vorgenommen: Vorhand, Mittelhand und Hinterhand.

<table>
<tr><td>s. Abb. 23</td><td>1. Beispiel: Das von Vorhand ausgespielte Kreuz-As wird von beiden Mitspielern bedient (Mittelhand Kreuz-Dame, Hinterhand Kreuz-Acht).
Der Stich wird von Vorhand aufgenommen und zählt 14 Augen.</td></tr>
</table>

Abb. 23

2. Beispiel: Die von V ausgespielte Trumpf-Sieben wird von
   M (Karo-Bube) übernommen, und H gibt eine Trumpfkarte (Dame) zu.
   Der Stich wird von Mittelhand aufgenommen und zählt
   5 Augen.

Abb. 24

3. Beispiel: Die von V ausgespielte Pik-Acht wird von
   M (Pik-Zehn) übernommen und H sticht mit einer
   Trumpfkarte (As).
   Der Stich wird von Hinterhand aufgenommen und zählt
   21 Augen.

Abb. 25

4. Beispiel: Die von V ausgespielte Pik-Dame wird von M (Herz-König) gestochen und von H (Herz-Bube) überstochen.

Der Stich wird von Hinterhand aufgenommen und zählt 9 Augen.

Abb. 26

5. Beispiel: Die von V ausgespielte Karo-Sieben wird zunächst von M (Karo-König) und dann von H (Karo-As) übernommen.

Der Stich wird von Hinterhand aufgenommen und zählt 15 Augen.

  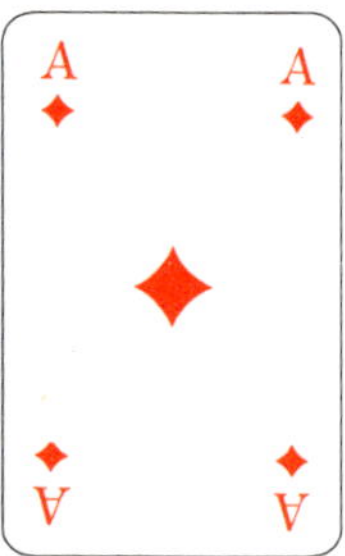

Abb. 27

s. Abb. 28

6. Beispiel: Die von V ausgespielte Kreuz-Sieben wird von M (Kreuz-König) übernommen und H (Karo-Zehn) wirft ab.

Der Stich wird von Mittelhand aufgenommen und zählt 14 Augen.

66

Abb. 28

7. Beispiel: Die von V ausgespielte Pik-Neun wird von M (Herz-Acht) gestochen und von H (Pik-Sieben) bedient.

Der Stich wird von Mittelhand aufgenommen und hat keinen Zählwert, da es sich um drei Leerkarten handelt.

Abb. 29

8. Beispiel: Der von V ausgespielte Pik-Bube wird von M (Herz-Neun) bedient und H (Pik-König) wirft ab.

Der Stich wird von Vorhand aufgenommen und zählt 6 Augen.

Abb. 30

9. Beispiel: Auf die von V ausgespielte Kreuz-Neun wird
   von M (Pik-As) und H (Karo-Dame) abgeworfen.
   Der Stich wird von Vorhand aufgenommen und zählt 14
   Augen.

Abb. 31

Daraus ergibt sich, daß die Stiche wie folgt gemacht werden:

a) Bei drei Karten einer Farbe erhält die Karte mit dem
   höchsten Zählwert den Stich (Beispiele 1 und 5).

b) Bei drei Trumpfkarten erhält die ranghöchste Trumpfkarte den Stich (Beispiel 2).

c) Bei zwei Farbkarten (gleicher oder verschiedener Farben) und einer Trumpfkarte erhält die Trumpfkarte den
   Stich (Beispiele 3 und 7).

d) Bei einer Farbkarte und zwei Trumpfkarten erhält die
   höhere Trumpfkarte den Stich (Beispiele 4 und 8).

e) Bei drei Karten verschiedener Farben erhält die zuerst
   ausgespielte Karte den Stich (Beispiel 9).

f) Bei zwei Karten gleicher Farbe und einer Karte einer
   anderen Farbe erhält die höhere Karte der zweimal
   vertretenen Farbe den Stich, sofern eine dieser Karten
   ausgespielt war. Dabei ist ohne jede Bedeutung, ob der
   Zählwert der einzelnen Farbkarte erheblich höher ist
   (Beispiel 6).

Alle Stiche werden unvermischt abgelegt, um eventuellen
Reklamationen begegnen zu können. Jegliches Nachsehen
und Nachzählen der Stiche während des Spiels ist unstatt-
haft. Dabei ist jedoch zu bemerken, daß jeder einzelne
Mitspieler ausreichend Gelegenheit haben muß, sich den
Inhalt der einzelnen Stiche anzusehen. Hierbei handelt es
sich um ein Fairneßgebot. Andererseits gibt es durchaus
Möglichkeiten, nach denen das Vorzeigen eines abgelegten
Stiches verlangt werden kann.

9. Die Gewinnstufen, die Handspiele und offenen Spiele

Die 1. Gewinnstufe ist im Thema Reizen beschrieben unter Hinweis, daß es deren mehrere gibt. Die 1. Gewinnstufe war zum Reizen unerläßlich; außerdem bot sie sich vorab zur Beschreibung an, da in ihr die meisten Spiele entschieden werden. Das Wissen um die weiteren Gewinnstufen ist insofern von Bedeutung, um das erhaltene Blatt auch optimal nutzen zu können. Die Gewinnstufen sind in zwei Klassen unterteilt. Damit sind in der Klasse 1 die Spiele mit Skataufnahme und in der Klasse 2 die Spiele gemeint, die ohne Einsicht in den Skat vorgenommen (durchgeführt) werden – kurz gesagt: die Handspiele.

Für die Klasse 1 gibt es drei Gewinnstufen. Sie werden
Spiel einfach gewonnen oder verloren (Stufe 1)
Schneider   gewonnen oder verloren (Stufe 2)
Schwarz   gewonnen oder verloren (Stufe 3) genannt.
Für die 1. Gewinnstufe ist ein Ergebnis von 61 bis 89 Augen für den Alleinspieler erforderlich.
Hat der Alleinspieler 90 und mehr Augen erhalten, gilt die 2. Gewinnstufe als erfüllt. Er hat die Gegenspieler Schneider gespielt.
Werden vom Alleinspieler alle Stiche gemacht, wird die 3. Gewinnstufe erreicht. Er hat die Gegenspieler Schwarz gespielt.
Wenn der einzelne Spieler feststellt, daß sein erhaltenes Blatt das Erreichen einer höheren Gewinnstufe als nur der einfachen zuläßt, wird er diese höhere Gewinnstufe beim Reizen in Erwägung ziehen (kalkulieren). Denn: Spitzen plus Gewinnstufen ergeben den Spielwert.
Mit/ohne einem(n), Spiel 2, Schneider 3 mal Grundwert = Spielwert oder mit/ohne einem(n), Spiel 2, Schneider 3, Schwarz 4 mal Grundwert = Spielwert. In diesen Gewinnstufen kann natürlich auch jedes Spiel verloren werden. Ein Spiel ist immer dann verloren, wenn die erforderliche Gewinnstufe (aus dem Reizen resultierend) nicht erreicht wurde. Wenn ein Spiel über die einfache Gewinnstufe gereizt wurde und die somit erforderlich gewordene höhere Gewinnstufe nicht erreicht wurde, spricht man von einem überreizten Spiel.
Schneider wurde die Partei, die nur 30 oder weniger Augen erreichen konnte.

Schwarz wurde die Partei, die keinen Stich für sich buchen konnte. Dabei entscheiden ausschließlich die Stiche; die gedrückten (abgelegten) Karten des Alleinspielers bleiben unberücksichtigt – also auch der Alleinspieler kann Schwarz werden.

Es ist durchaus möglich, daß der Alleinspieler in einer von ihm angestrebten (oder höheren) Gewinnstufe sein Spiel verliert, z.B. er wollte Schneider spielen, aber er selbst wurde von seinen Gegenspielern Schneider gehalten, bzw. Schwarz.

Die Berechnung erfolgt stets nach der erreichten Gewinn-(Verlust)stufe. Alle Spiele in dieser Klasse – also Spiele mit Skataufnahme, werden im Verlustfalle mit der doppelten Punktzahl (Minuspunkte) bestraft. Für die Klasse 2 – also die Handspiele – sind sieben Gewinnstufen vorhanden. Dabei ist zunächst festzuhalten, daß das Spiel aus der Hand schon von vornherein eine Gewinnstufe beinhaltet; die Gewinnstufe: Hand.

Die Gewinnstufen sind:

(Handspiel)	(Stufe 1)
Spiel einfach	gewonnen oder verloren (Stufe 2)
Schneider	gewonnen oder verloren (Stufe 3)
Schneider angesagt	gewonnen oder verloren (Stufe 4)
Schwarz	gewonnen oder verloren (Stufe 5)
Schwarz angesagt	gewonnen oder verloren (Stufe 6)
Offen	gewonnen oder verloren (Stufe 7)

Zur 1. Gewinnstufe ist bereits gesagt, daß sie beim Handspiel von vornherein zur Anwendung kommt.

Für die 2. Gewinnstufe gilt die Erfüllung der 1. Gewinnstufe der Klasse 1. Für die 3. Gewinnstufe gilt die Erfüllung der 2. Gewinnstufe der Klasse 1. Für die 4. Gewinnstufe gilt, daß der Alleinspieler die zu erreichende Gewinnstufe vorher anmeldet. Dieses Anmelden der Gewinnstufe ist nur bei Handspielen möglich, das heißt, nur bei Spielen der Klasse 2 kann diese Voranmeldung mit einer höheren, zusätzlichen Gewinnstufe belohnt (berechnet) werden.

Für die 5. Gewinnstufe gilt die Erfüllung der 3. Gewinnstufe der Klasse 1. Für die 6. Gewinnstufe gilt das gleiche, wie unter der 4. Gewinnstufe beschrieben.

Für die 7. Gewinnstufe gilt, daß zunächst alle vorangegangenen Gewinnstufen erfüllt und die Karten vor dem ersten Ausspielen offen auf den Tisch gelegt werden müssen.

Zwei Spielarten, die Grands und die Farbspiele, können

offen gespielt werden. In der dritten Spielart, den Nullspielen, ist in zwei Fällen das Offenspielen unerläßlich und zwar: beim Null ouvert (offen) und Null ouvert (offen) Hand. Diese Art der offenen Spiele unterliegt nicht den Richtlinien der Gewinnstufen. Sie haben keinen Grundwert, sondern einen konstanten Spielwert.

Für das Reizen in der Handspielklasse ergeben sich folgende Formeln: Mit/ohne einem(n), Spiel 2, Hand 3 mal Grundwert = Spielwert;

mit/ohne einem(en), Spiel 2, Hand 3, Schneider 4 mal Grundwert = Spielwert;

mit/ohne einem(en), Spiel 2, Hand 3, Schneider 4, Schneider angesagt 5 mal Grundwert = Spielwert;

mit/ohne einem(en), Spiel 2, Hand 3, Schneider 4, Schneider angesagt 5, Schwarz 6 mal Grundwert = Spielwert;

mit/ohne einem(en), Spiel 2, Hand 3, Schneider 4, Schneider angesagt 5, Schwarz 6, Schwarz angesagt 7 mal Grundwert = Spielwert;

mit/ohne einem(en), Spiel 2, Hand 3, Schneider 4, Schneider angesagt 5, Schwarz 6, Schwarz angesagt 7, Offen 8 mal Grundwert = Spielwert.

Es ist gesagt, daß der Skat grundsätzlich dem Alleinspieler gehört. Gleiches gilt natürlich auch für die Handspiele. Sobald die zehn Stiche eines Spiels durchgeführt sind oder das Spiel aus einem anderen Grunde vorzeitig beendet wurde, hat der Alleinspieler die Berechtigung, sich die beiden Karten des Skates anzusehen und deren Augen seinen in den Stichen erreichten Augen hinzuzuzählen.

Es gibt drei wesentliche Gründe zur Veranlassung eines Handspiels:

1. Die Erhöhung des Spielwertes mit der sich daraus ergebenden Möglichkeit höher reizen zu können.

2. Wenn das erhaltene Blatt erkennen läßt, daß der Gewinn des Spiels auch ohne Skataufnahme relativ sicher erscheint und keine große Aussicht besteht, durch die Aufnahme des Skates ein Spiel mit höherem Grundwert zu erhalten.

3. Alle Handspiele werden im Verlustfalle nicht mit doppelter Punktzahl bestraft.

Das Skatspiel besitzt 664 Spielmöglichkeiten. Viele dieser Möglichkeiten werden nur Theorie bleiben.
Die Möglichkeiten der Kartenverteilungen sind errechnet worden. Die Errechnung ergab eine 16stellige Zahl, nämlich: 2753294408504640. Somit ist die Wahrscheinlichkeit, daß sich eine gleiche Kartenverteilung wiederholt, äußerst gering.
In der Einführung zum Skatspiel sind alle elementaren Begriffe behandelt. Das Fundament, der Grundstein, ist gelegt, um den Einblick in die Spielpraxis zu erhalten.
Der Anfänger weiß, wie die Skatkarte aussieht, wie die Karten verteilt werden, was ein Stich und was Trumpf bedeuten. Ihm ist erklärt, welche Spielarten es gibt, welche Gewinnstufen zur Anwendung gelangen, er hat das Reizen gelernt und weiß, daß das Bedienen eine Verpflichtung darstellt. Er ist in der Lage, den Spielwert auszurechnen; kurzum: das praktische Spiel könnte beginnen.
In einigen Fällen ist in der Einführung auf die Regeln der Skatordnung hingewiesen. Regeln, Bestimmungen und Spielgesetze müssen sein, wenn man ein Spiel einheitlich durchführen möchte. Das geschaffene Regelwerk – die Skatordnung – beinhaltet in seiner Zielsetzung den Einheitsskat. Man will dieses Spiel nicht der Verfremdung und Verzerrung ausgesetzt wissen. Das Skatspiel wäre nicht das beliebte Spiel, wenn es nur nach Regeln abliefe. Es läßt genügend Raum für eigene Entschlüsse und besitzt in seiner trotz allen Grundgesetzen erhaltenen Individualität, den Charakter eines überaus interessanten und variablen Spiels.
Die Fähigkeit, logische Folgerungen zu ziehen und eine fundamentale Kombinationsgabe sind die auszeichnenden Eigenschaften des guten Skatspielers.

Berechnungstabelle für sämtliche im Skat möglichen Spiele

Grundwerte	9	10	11	12	24	36
Gewinn-stufen	Karo	Herz	Pik	Kreuz	Grand	Grand ouvert
2	18	20	22	24	48	
3	27	30	33	36	72	
4	36	40	44	48	96	
5	45	50	55	60	120	
6	54	60	66	72	144	
7	63	70	77	84	168	252
8	72	80	88	96	192	288
9	81	90	99	108	216	324
10	90	100	110	120	240	360
11	99	110	121	132		
12	108	120	132	144		
13	117	130	143	156		
14	126	140	154	168		
15	135	150	165	180		
16	144	160	176	192		
17	153	170	187	204		
18	162	180	198	216		

	Null	Null Hand	Null ouvert	Null ouvert Hand
	23	35	46	59

III. Die Spielpraxis

1. Die Beurteilung der Karten

Dem erfahrenen Skatspieler bereitet die Beurteilung seiner Karten keine Schwierigkeit. Er gewann im Laufe seiner Praxis eine derartige Routine, daß ihm die augenblickliche Betrachtung seiner Karten genügt, um festzustellen, »was sich aus seinem Blatt machen läßt«. An dieser Stelle sei einmal an die geübten Skatspieler appelliert, nicht ihren Unmut kundzutun, wenn bei dem Anfänger oder dem weniger Erfahrenen eine längere Zeit des Überlegens notwendig wird. Andererseits darf nicht vergessen werden, daß auch der Erfahrene sich gelegentlich vor Probleme gestellt sieht, und er dann gewiß dankbar ist, nicht unter Zeitdruck oder Unwillensbekundungen der Mitspieler eine voreilige Spielansage tun zu müssen.

Da unmittelbar nach dem Kartengeben mit dem Reizen begonnen wird, sollte zunächst festgestellt werden, ob sich die Karten überhaupt für ein Spiel eignen. Im konkreten Fall, für welche Spielart und in welcher Gewinnstufe. Das Abschätzen der Gewinnaussichten ist ohne Zweifel ein so hoher Erfahrungswert, daß der Spieler mit langer Spielpraxis einen gewissen Vorteil haben muß.

Der glückliche Umstand, ein sogenanntes todsicheres Spiel zu erhalten, trifft leider nicht so oft ein, wie insgeheim gewünscht. Wieviele der sicheren Spiele sind auch schon verloren worden! Trotz vieler Berechenbarkeit bleiben genügend Unsicherheitsfaktoren bestehen, die nicht kalkulierbar sind. Dies ist es wohl auch, das zusätzlich den Reiz dieses Spiels erhöht. Wieviel Freude kann man empfinden im richtigen Moment, in richtiger Reihenfolge, die richtigen Gegebenheiten berechnet und durchdacht zu haben!

Die Übersicht innerhalb der Karten erhält man durch das Ordnen. Es ist zu empfehlen, nicht immer die gleiche Anordnung zu wählen. Dem aufmerksamen Mitspieler wird so etwas nicht entgehen. Er wird seine Schlüsse daraus ziehen können, wenn die Buben oder sonstige markante Karten konstant an der gleichen Stelle untergebracht werden. Es gibt einige Spieler mit einer derart guten Übersicht, daß sie sich mit dem Ordnen ihrer Karten überhaupt nicht befassen. Diese Praktik sollten wirklich nur die ausüben, die sie tatsächlich beherrschen; denn naturgemäß unterliegen die ungeordneten Karten leichter einer Fehlbeurteilung und dem Verwerfen wird sicher Vorschub geleistet. Damit sollte man auch nicht dem Zuschauer eine Demonstration bieten wollen. Überheblichkeit hat sich in der Praxis nie bewährt.

Das Spiel wird in Gewinnpunkten entschieden, deren man soviele als möglich erreichen sollte. Es ist falsch, ein gutes Spiel auszulassen, es ist aber auch falsch, ein schlechtes leichtsinnig zu reizen.

Oft hat man die Qual der Wahl. Die Entscheidung für ein Spiel, wenn mehrere spielbar erscheinen, ist nicht immer leicht zu treffen. In jedem Fall sollte man das sicherste ansagen, wenn es auch einen geringeren Spielwert besitzt. Ein gewonnenes Spiel mit wenigen Punkten ist erstrebenswerter als ein riskantes, das wohl im Gewinnfalle eine höhere Bewertung verdient, im umgekehrten Fall aber auch eine hohe Verlustquote beinhaltet. Diese Bemerkung schließt taktische Überlegungen dahingehend ein, daß für den Fall des Spielens mit Gewalt auch daran gedacht werden muß, daß den Mitspielern ein gutes Spiel genommen (abgereizt) werden kann, was zumindest ein Verstoß gegen das Fairneßgebot ist, dessenungeachtet die Skatordnung in bestimmten Fällen auch auf Regelverstoß erkennen kann. Bei zwei gleichstarken Spielen sollte man sich für das mit dem höheren Spielwert entscheiden. Bei geringen Gewinnaussichten aller vorhandenen Spiele dann auch das mit dem geringsten Spielwert zu spielen oder überhaupt von vornherein zu passen. Diese Überlegung ist jedoch nicht in Maßstäbe zu setzen, da in einem solchen Fall die Wahl des Spiels durch den Umstand des Glücks begünstigt wird.

Im einzelnen gibt es keine schlechten Karten. Alle Karten sind von Fall zu Fall von Bedeutung. Nur die Kartenverteilung im Gesamtbild offenbart leider zu oft eine ungünstige Konstellation.

Wieviel wäre dem Reiz des Spiels genommen, wenn es nur Gewinnspiele gäbe. Wie oft tritt im praktischen Spiel der Fall ein, daß eine scheinbar unwesentliche Karte, wie die Pik-Acht, durch ihr Vorhandensein oder Fehlen darüber entscheidet, ob ein Grand Hand gespielt werden kann oder auch nicht?

Bei Farbspielen sind neben den Trumpfkarten die Beikarten von wesentlicher Bedeutung für den Ausgang des Spiels.

Eine starke Trumpfkarte mit einem schwachen Beiblatt kann gleichermaßen Gewinnaussichten bieten wie eine schwache Trumpfkarte mit starkem Beiblatt. Zwei Beispiele sollen diese Behauptung untermauern:

Abb. 32

Pik-Bube, Herz-Bube, Karo-Bube, Pik-As, -König, -Neun, -Acht, -Sieben, Herz-Sieben und Karo-Neun. Dieses Beispiel zeigt ein Pik-Spiel ohne einen, welches auch mit diesem schwachen Beiblatt (Herz-Sieben und Karo-Neun) eine reelle Gewinnaussicht verspricht. Dabei bleibt es dahingestellt, ob man das Spiel – auch in der Gewinnstufe Hand gereizt – überhaupt erhalten wird.

Im ungünstigsten Falle der Kartenverteilung, wenn die drei fehlenden Trümpfe in einer Hand liegen, und die beiden Karten des Beiblattes mit jeweils 21 Augen abgegeben werden müssen, ist dieses Spiel in Vorhand beim Ausspielen eines Buben nicht zu verlieren. Der Verlauf wäre: Ausspielen eines Buben, Übernahme mit dem Kreuz-Buben und Wimmeln des Kreuz-Asses (15 Augen). Somit können nur noch die beiden Beikarten mit Stichen von jeweils 21 Augen (As und Zehn) abgegeben werden. Demnach können die Gegenspieler maximal 57 Augen erhalten.

Kreuz-König, -Neun, -Acht, -Sieben, Pik-As und -Zehn, Herz-As und -Zehn, Karo-As und -Neun. Dieses Kreuz-

Abb. 33

Spiel ohne sechs besitzt mit diesen schwachen Trümpfen auf Grund seines starken Beiblattes eine Gewinnaussicht.

Die Vorausberechnung ist in diesem Beispiel, bei nur vier Trumpfkarten, kaum möglich. Die fehlenden sieben Trumpfkarten können so unterschiedlich verteilt sein, daß lediglich die Reizwerte Hinweise auf eine mögliche Kartenverteilung geben können. Mit diesem Spiel – ohne sechs – kann man sehr hoch reizen. Es wäre aber zu überlegen, ob man das Wagnis des völligen Ausreizens eingehen sollte (ohne sechs, Spiel 7 mal Kreuz = 84). Beim hohen Reizen besteht nicht nur die Möglichkeit, daß ein Bube im Skat liegen kann, sondern auch, daß die fehlenden Spitzen auf einer Hand stehen. Das absolute Gegenspiel zu diesem Beispiel kann durchaus vorhanden sein. Dieses Beiblatt ist in der Tat nur bei verteilten Trumpfkarten wirklich stark; denn je mehr Trümpfe einer der Gegenspieler besitzt, je weniger Farbkarten hält er in seinem Blatt. Damit sind dann nicht mehr die Aussichten vorhanden, daß die Asse und Zehnen des Beiblattes Stiche machen, um die zum Gewinn notwendigen Augen einzubringen.

Bei allen Überlegungen, welche Stiche eingebracht werden können und welchen Verlauf ein Spiel nehmen wird, ist zu bedenken, daß dabei immer Vorhand die günstigste Ausgangsposition hat. Vorhand ist ein nicht zu unterschätzender Vorteil. Sie hat die Möglichkeit, schon mit dem ersten Ausspielen das Spiel in eine Bahn zu lenken, die über Gewinn und Verlust entscheiden kann. Es gibt für Vorhand verschiedene Spielmöglichkeiten, die in Mittel- oder Hinterhand unweigerlich den Verlust des gleichen Spiels bedeuten würden.

Vor- und Nachteile sind in den einzelnen Positionen nicht gleichmäßig verteilt. In der Rangfolge ist festzuhalten, daß der Spieler in Vorhand – einige Sonderfälle ausgenommen – den günstigsten Platz besitzt. Der zweitbeste Platz ist der von Hinterhand und der schlechteste Platz wird von Mittelhand besetzt. Praktisch ist das Gesagte so zu verdeutlichen, daß Vorhand zunächst bestimmend für den Ablauf des Spieles anzusehen ist. Mittelhand bekommt schon mit dem ersten Ausspielen den Spielverlauf aufgezwungen. Mittelhand hat wenig Möglichkeiten Schlüsse zu ziehen, welche Reaktionen von Hinterhand zu erwarten sind. Daraus resultiert eine sehr wichtige Regel zum Spielablauf, die besagt, daß es für die Gegenspieler von Vorteil ist, wenn es ihnen gelingt, den Alleinspieler, sooft es geht, in

Mittelhand zu bringen. Mittelhand konnte bekanntlich nicht den vorangegangenen Stich machen, und wenige Stiche bedeuten zwangsläufig das Einbringen weniger Augen. Hinterhand hat hinsichtlich des Zugebens einer Karte die günstigste Position. Hinterhand weiß, wer den Stich erhalten wird und kann sich die vorteilhafteste Möglichkeit unter Einhaltung der Bedienungsvorschriften aussuchen. Damit ist auch in dieser Position der Spielablauf zu beeinflussen. Damit soll nicht gesagt sein, daß Mittelhand keine Möglichkeit zur Spielbeeinflussung besitzt. Vorhand zwingt Mittelhand, die mehr taktische Überlegung ins Spiel bringen muß. Hinterhand analysiert die Überlegungen von Vor- und Mittelhand und besitzt somit die Voraussetzungen zur Konsequenz. Die Vorteile, eine höhere Gewinnstufe, wie Schneider oder Schwarz zu erreichen, können je nach Kartenverteilung in Vor- und Hinterhand gleich sein.

Einer der Sonderfälle, in denen Hinterhand oft den klaren Vorteil besitzt, ist in den Nullspielen gegeben. Bei der Beurteilung für ein Nullspiel ist zu überlegen, ob allen Stichen ausgewichen werden kann. Naturgemäß ist diese Überlegung von Hinterhand leichter zu treffen. Bei allen Spielarten sind Farbfolgen von hohen Karten vorteilhaft. Bei den Nullspielen ist es umgekehrt. Dort sollten die Farbfolgen mit der Sieben beginnen. Also statt der hohen Karten in den anderen Spielarten werden für diese Spielart die niedrigen benötigt.

Bei den Nullspielen müssen die Gegenspieler alle Stiche bekommen. Es gibt keinerlei Einschränkungen; zumal alle Nullspiele auch nur eine Gewinnstufe besitzen. Als Alleinspieler besteht nur einmal die Möglichkeit des Ausspielens und zwar: in Vorhand zum ersten Ausspielen. Es gilt, daß im folgenden, bei allen ausgespielten Karten, mit der unmittelbar darunterliegenden ausgewichen werden soll. Bei lückenhaften Farbfolgen sind die Nullspiele immer dann sicher, wenn die Lücke nur aus dem Fehlen einer Karte besteht, unter der Voraussetzung, daß nicht mit einer Lücke, dem Fehlen einer Sieben, begonnen wird. Dieses gilt nicht, wenn der Alleinspieler in Vorhand ist. Das eine oder andere Nullspiel ist schon verloren worden, weil der Alleinspieler als erster Ausspieler Karten besaß, die etwa wie folgt aussahen:

s. Abb. 34 Karo-Sieben, -Neun, -Bube, -Dame, -König, -As, Kreuz-Sieben, -Neun, -Bube und -Dame.

Dieses Nullspiel ist immer dann verloren, wenn die restli-

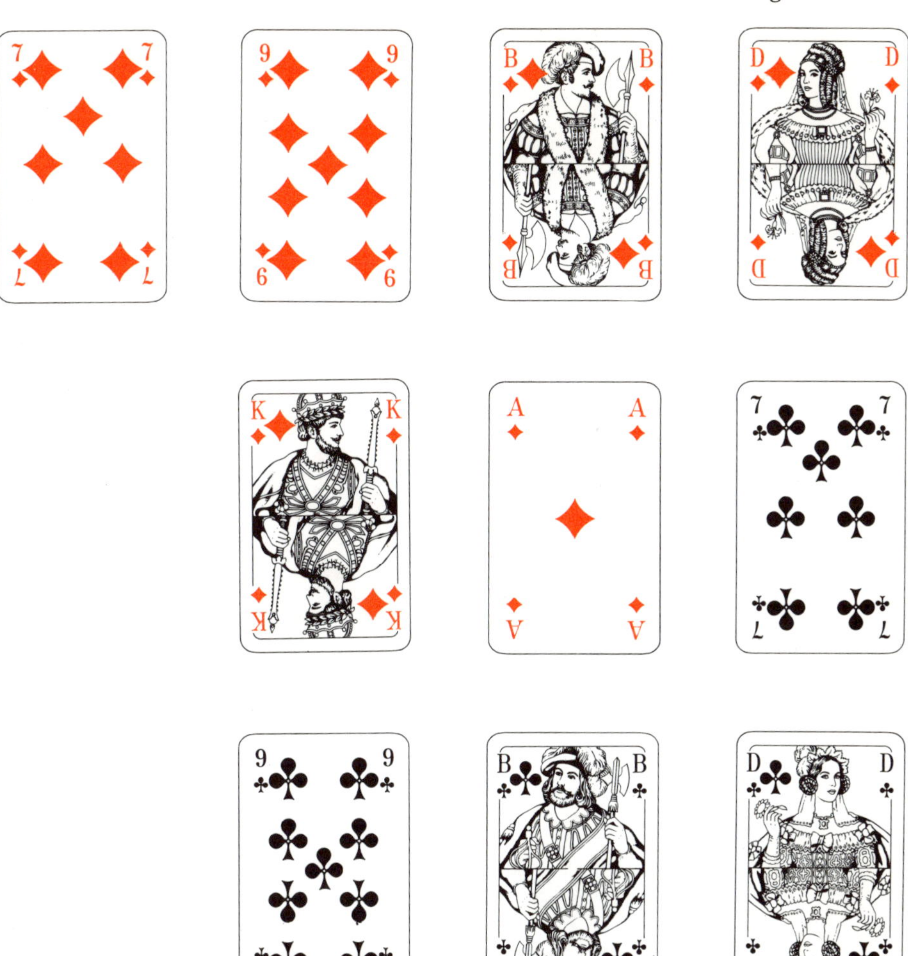

Abb. 34

chen Karten der ausgespielten Farbe auf einer Hand sitzen. Diese Kartenverteilung ist in Mittel- und Hinterhand absolut sicher. Für Vorhand gilt, daß zum ersten Ausspielen eine sichere Farbfolge (Sieben, Acht, Neun) oder eine blanke Sieben vorhanden sein sollte. Im Verlauf der Spielpraxis sind die Nullspiele noch eingehend beschrieben. Für einen Grand ist die Beikarte wesentlicher als bei den Farbspielen. Es sind nur vier Trumpfkarten vorhanden, also müssen andere starke Karten die Einbringung der zum Gewinn notwendigen Stiche und Augen garantieren. Besteht das Blatt aus mehreren Assen und Zehnen oder einer langen Farbe, genügen oftmals zwei Buben zum Gewinn des

Abb. 35

Grands. Auch eine lange Farbfolge mit fehlendem As, beim Vorhandensein von drei Buben, verspricht als Grand eine gute Gewinnaussicht. Bei allen Assen und einigen Zehnen (mindestens jedoch einer) wird bei nicht zu hohem Reizgebot auch ein Grand ohne vier gewonnen werden können. Welche Spiele mit welchem Blatt gespielt werden können, sollen die nachfolgenden Beispiele aufzeigen:

s. Abb. 35 Herz-Bube, Karo-Bube, Herz-As, -König, -Dame, -Acht, Kreuz-As, -Dame, Karo-As und -Acht.
Dieses Blatt besitzt als Herz ohne zwei – auch als Handspiel – eine gute Gewinnaussicht. Der Reizwert würde demnach 40 betragen.

Abb. 36

Kreuz-Bube, Pik-Bube, Karo-Bube, Herz-Neun, -Acht,
-Sieben, Kreuz-As, -König, Pik-Zehn und Karo-Acht.
Dieses Blatt wäre als Herz mit zweien zu reizen. Mit diesem
Beiblatt ist es jedoch kein Handspiel. Die Buben lassen
darauf schließen, daß man mit ihnen die zählenden Trumpfkarten der Gegenspieler erhalten wird. Der Reizwert
beträgt in diesem Fall 30.

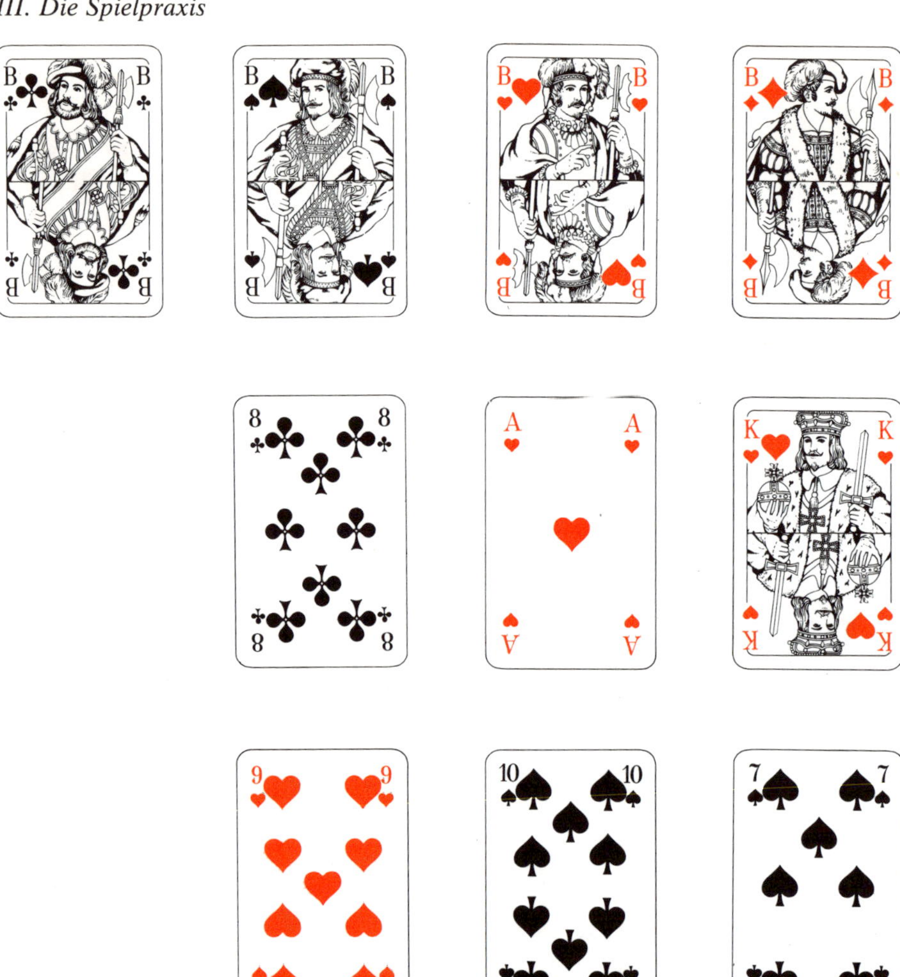

Abb. 37

Kreuz-Bube, Pik-Bube, Herz-Bube, Karo-Bube, Kreuz-Acht, Herz-As, -König, -Neun, Pik-Zehn, -Sieben.
Die vier Buben garantieren in jeder Position ein Spiel. Herz oder Pik als Farbspiele bieten gute Gewinnmöglichkeiten. Bei geeigneten Karten im Skat wird auch ein Grand möglich. Dieses Spiel wird man mit geringem Reizgebot erhalten.

Abb. 38

Kreuz-Bube, -Zehn, -Acht, -Sieben, Herz-As, -Zehn, -Dame, -Neun, -Acht, -Sieben.
In allen Positionen kann Null ouvert Hand (59) gereizt werden. Er ist absolut sicher.

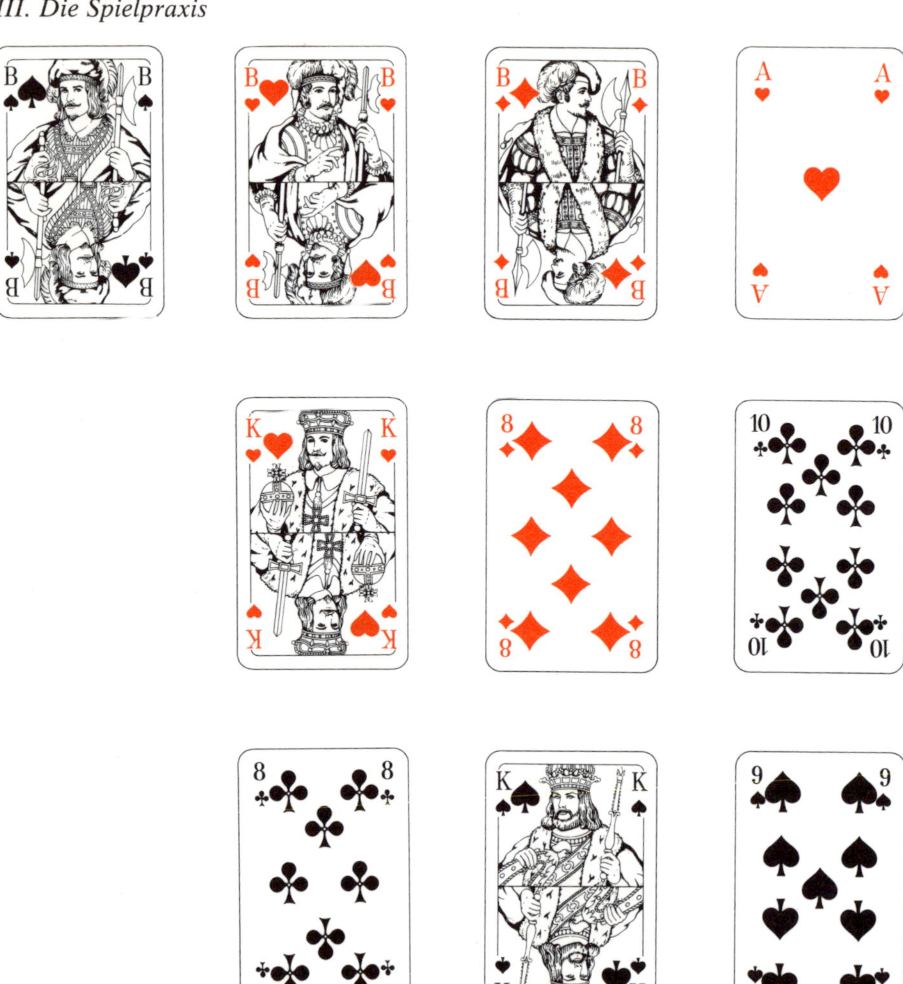

Abb. 39

Pik-Bube, Herz-Bube, Karo-Bube, Herz-As, -König, Karo-Acht, Kreuz-Zehn, -Acht, Pik-König und -Neun.

Dieses Blatt bietet trotz der drei Buben nur geringe Gewinnaussichten. Ein Kreuz- oder Pik-Spiel wäre möglich. Eines der beiden Spiele auszureizen wäre auf Grund des schlechten Beiblattes ein Wagnis.

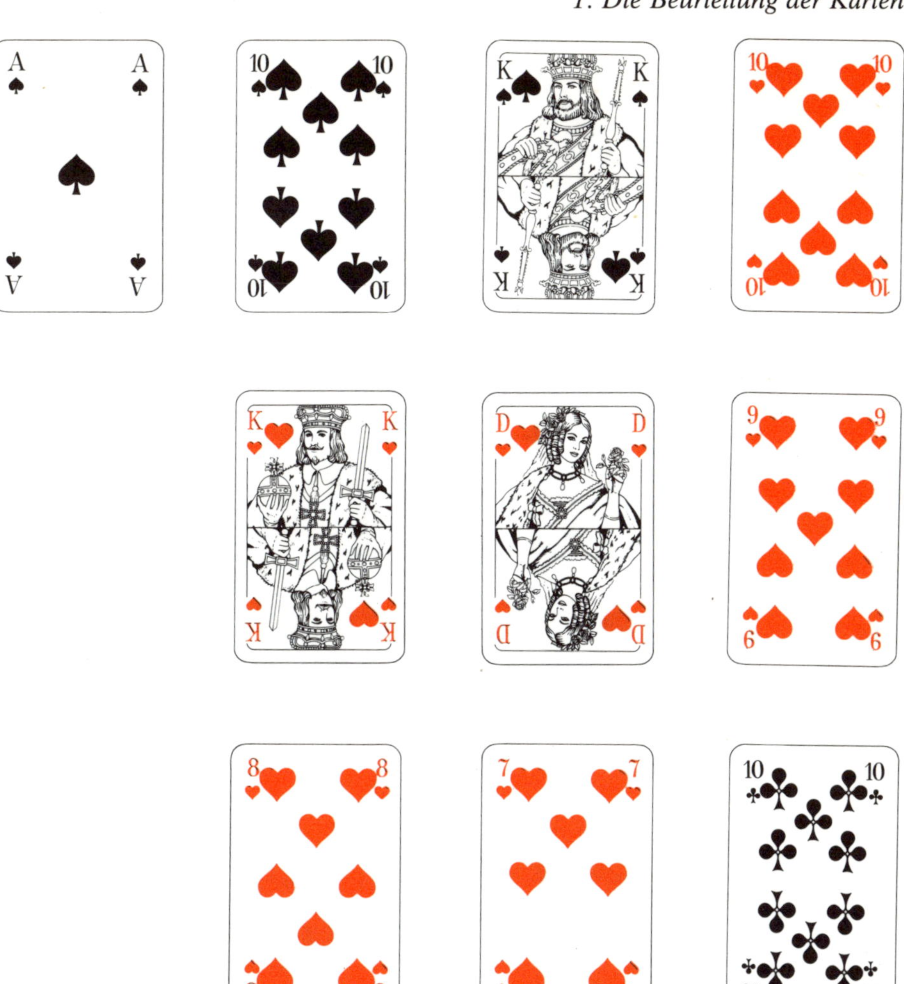

Abb. 40

Pik-As, -Zehn, -König, Herz-Zehn, -König, -Dame, -Neun,
-Acht, -Sieben und Kreuz-Zehn.
In jeder Position wäre ein Herz-Spiel ohne fünf spielbar.
Das Reizgebot würde dann bei maximal 60 liegen. Es ist
allerdings Vorsicht geboten; ein Bube im Skat würde dieses
Spiel zunichte machen.

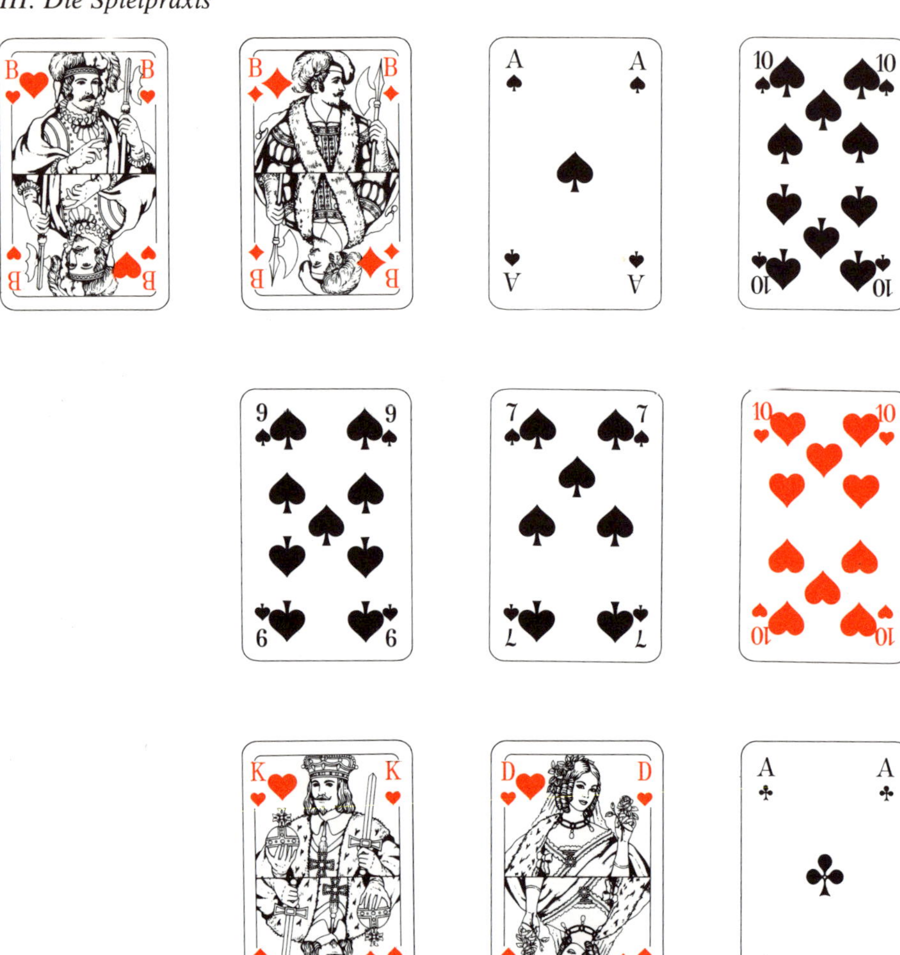

Abb. 41

Herz-Bube, Karo-Bube, Pik-As, -Zehn, -Neun, -Sieben, Herz-Zehn, -König, -Dame, Kreuz-As.
Dieses Pik-Spiel ohne zwei wird gewonnen werden, da Herz eine geschlossene Farbe darstellt. Hier ist das Handspiel zu empfehlen, denn das Blatt ist so gut, daß eine Verbesserung durch den Skat kaum erwartet werden kann.

Abb. 42

Kreuz-Bube, -König, -Acht, -Sieben, Herz-Neun, -Acht, Karo-Acht, -Sieben, Pik-Neun und -Acht.
Typisches Blatt für einen Null (23) oder Null Hand (35). Ein Null ouvert läßt sich nur dann spielen, wenn eine Sieben im Skat gefunden wird. Es ist auch nicht sicher, ob man das Spiel mit dem Reizgebot 23 oder 35 erhalten wird, da die hohen Karten und Buben fehlen.

Abb. 43

Kreuz-Bube, Pik-Bube, Karo-Bube, Kreuz-As, -Neun, -Acht, Herz-As, -König, -Neun und Pik-As.

In Vorhand ist ein Grand oder Grand Hand zu spielen. Im schlimmsten Falle werden vier Stiche (Kreuz-Neun, -Acht, Herz-König und -Neun) abgegeben. Da der Spieler selbst nur vier Augen abgibt, ist dieser Grand in Vorhand nicht gewagt. In Mittelhand ist er unsicher und in Hinterhand wieder etwas sicherer durch die Möglichkeiten des Abwerfens. Vorsichtige Spieler werden in Mittel- oder Hinterhand ein Kreuz- oder Herz-Farbspiel wählen.

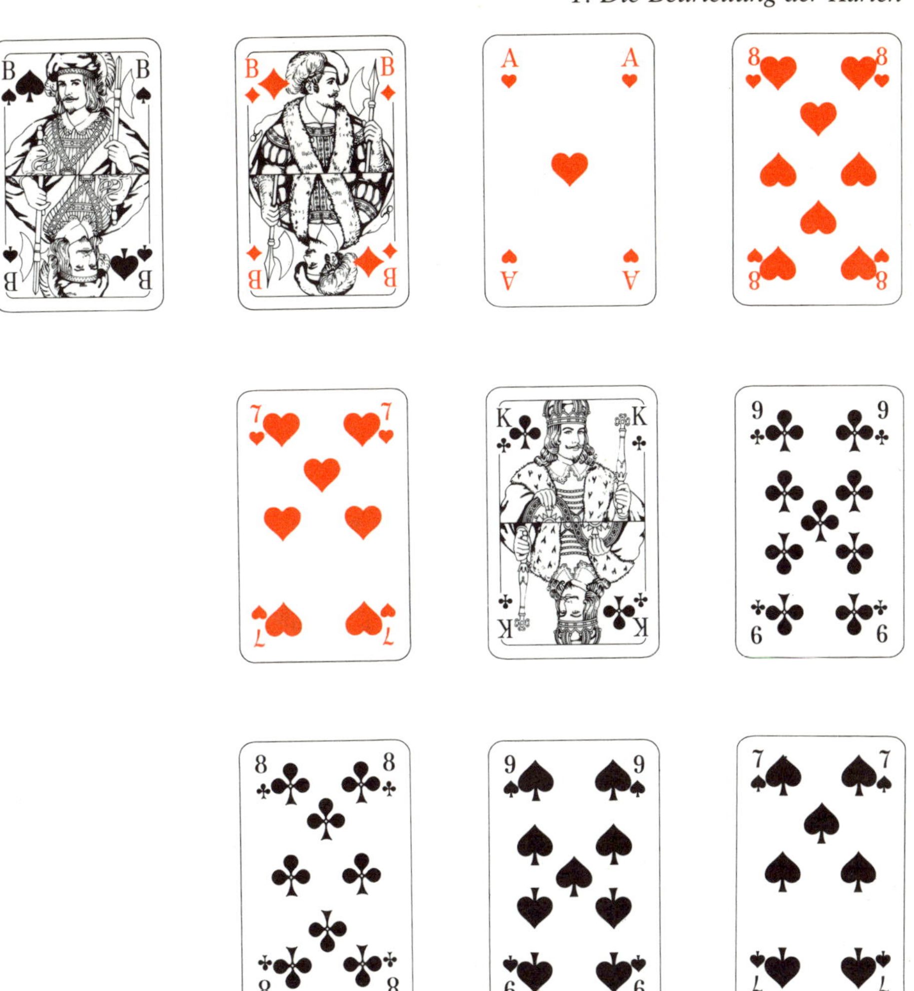

Abb. 44

Pik-Bube, Karo-Bube, Herz-As, -Acht, -Sieben, Kreuz-König, -Neun, -Acht, Pik-Neun und -Sieben.
Ein Blatt zum Passen. Es ist ohne jede Gewinnaussicht.

Eine gute Beurteilung der Karten ist eine der Voraussetzungen des Skatspiels. Sie ist keine Garantie dafür, daß ein Spiel nach erfolgter positiver Einschätzung auch gewonnen wird. Dem erfahrenen Spieler werden jedoch weniger Fehlbeurteilungen unterlaufen als dem Anfänger. Die Beurteilung der Karten dient in erster Linie dazu, nicht die von vornherein aussichtslosen Spiele zu reizen. Eine hohe

Anzahl verlorener Spiele bedeutet für keinen der Beteiligten eine Befriedigung. Denn in einigen verlorenen Spielen wird mit Sicherheit zu erkennen sein, daß dem einen oder anderen Mitspieler ein Spiel abgereizt worden ist. Die Skatturnierordnung sieht vor, daß Spieler, die oftmals ein Spiel abreizen, bestraft werden können. Eine perfekte Kartenbeurteilung ist nie möglich, sofern man nicht ein optimales Blatt in der Hand hält und die Beurteilung damit erläßlich ist. Denn dazu müßte man die Blätter der Gegenspieler und die zwei Skatkarten kennen. Diese Kenntnisse sind bei normalem Spielverlauf nicht zu erwerben. Vielmehr wird der Spieler zunächst aus den Reizgeboten seine Folgerungen ableiten und später, im Verlauf der ersten Stiche, seine Überlegungen fortsetzen.

In der Beurteilung obliegt es dem Spieler, die Entscheidung zu treffen, ob sein Blatt ein Spiel hergibt. Die vielen Unsicherheitsfaktoren über glücklichen oder unglücklichen Kartensitz sind nicht vorauszuberechnen. Damit soll gesagt sein, daß mit dem Skatspiel auch ein Quantum Glück verbunden ist. Skat ist keinesfalls ein Glücksspiel. Es gibt leider einige Skatspieler, die es durch unvernünftiges Reizen zu einem solchen deklarieren möchten. Ihnen sei gesagt, daß die erwarteten Karten nur in den seltensten Fällen gefunden werden. Das Glück beim Skatspiel sollte darin bestehen bleiben, daß es sich zwar tatsächlich auf den Skatinhalt beschränkt unter der Voraussetzung, daß ein Spiel bereits in seinem Fundament in der Hand zu erkennen ist. Nicht immer ist eine totale Verbesserung des Blattes durch den Skat zu erreichen. Glücklich der, der ein mathematisches – ein sogenanntes unverlierbares Spiel erhält.

Die Skatordnung beinhaltet zwar, daß im Skat jedes Spiel sowohl gewonnen als auch verloren werden kann. Diese absolut sicheren Spiele können dann nur mittels Verwerfen verloren werden. Ein durch Verwerfen errungener Sieg kann nicht befriedigen. Besonders unbefriedigend muß es sein, wenn ein Spieler in einer durchaus begreiflichen Erregung über ein außerordentlich gutes Blatt, seine tatsächliche Position mit der der Vorhand verwechselt. Daß eine entsprechende Regelung geschaffen werden mußte und sie auch zwangsläufig notwendig ist, wird dem turniererfahrenen Spieler durchaus einleuchten.

2. Der Alleinspieler und das Drücken

Alle angeführten Beispiele sollen praxisnah sein. Doch bei der Vielfalt und der großen Anzahl von Möglichkeiten, kann diesem auch nur in bescheidenem Umfang nachgekommen werden. Mit Beispielen kann der gesamte Komplex »Skat« ohnehin nur am Rande berührt werden. Das Gesagte gilt auch für alle folgenden Beispiele.

In der Beurteilung der Karten ist auf das Beiblatt, seine Qualität und seine untergeordnete Bedeutung bei starken, auch in der Anzahl hohen Trumpfkarten hingewiesen. Beikarten können als gut bezeichnet werden, wenn sie eine

Abb. 45

s. Abb. 45

Folge darstellen mit einem As beginnend oder günstig, bei einer längeren geschlossenen Folge; dann auch ohne As. Bei gleichlangen Farben wird man die zum Trumpf bestimmen, die die schwächeren Karten besitzt. Zum Beispiel: Herz-Bube, Karo-Bube, Kreuz-As, -Zehn, -König, -Sieben, Karo-Zehn, -König, -Dame und -Acht.

Mit diesen Karten wird man ein Karo-Spiel ansagen, sofern es dem Reizgebot genügt, da in Kreuz eine sehr gute Beikarte vorhanden ist. Die verhältnismäßig niedrigen Trumpfkarten fordern die hohen Trumpfkarten der Gegenspieler und können deren hohe Farbkarten stechen. Außerdem kann der Alleinspieler mit seinem guten Beiblatt die Gegenspieler zum Stechen zwingen. Sollten die Gegenspieler nicht die Möglichkeit des Stechens haben oder davon keinen Gebrauch machen wollen, bleiben die hohen Farbkarten als gute Zählwerte erhalten. Für den Gewinn eines Spieles ist die erreichte Augenzahl maßgebend – nicht die Anzahl der eingebrachten Stiche. Handspiele, die ohne Spitzen gereizt werden, beinhalten einen zusätzlichen Unsicherheitsfaktor (siehe Überreizen), da eine der fehlenden Spitzen im Skat liegen kann und die erreichte Gewinnstufe nicht ausreicht, das Reizgebot zu egalisieren. In einem Handspiel kann keine Säuberung des Blattes mittels Drükken (so lautet der Ausdruck für die Ablage der zwei Skatkarten) vorgenommen werden. Somit sollten sie eine gute Basis haben. Es ist nicht selten, daß ein Handspiel mit acht Trümpfen verloren wird, weil die beiden abzugebenden Beikarten hohe Zählwerte besitzen. Ein Handspiel mit sieben Trumpfkarten und drei Beikarten verschiedener Farbe – von denen keine ein As ist, birgt ein hohes Risiko. Die Risiken der Handspiele sind in der Skatordnung anerkannt. In ihr ist unstreitig festgelegt, daß verlorene Handspiele nicht mit doppelten Minuspunkten abgeschrieben werden dürfen.

Bei Handspielen ist es besonders wichtig, daran zu denken, in welcher Position man sitzt. Denn auch den Gegenspielern ist es völlig klar, daß die Verbesserung des Blattes durch Skataufnahme nicht erfolgt ist. Unsichere Handspiele in Mittelhand sollte man nicht erwägen.

s. Abb. 46–48

Nachfolgendes Beispiel zeigt in einer Kartenverteilung drei Handspiele, die bei diesem Kartensitz alle verloren werden:

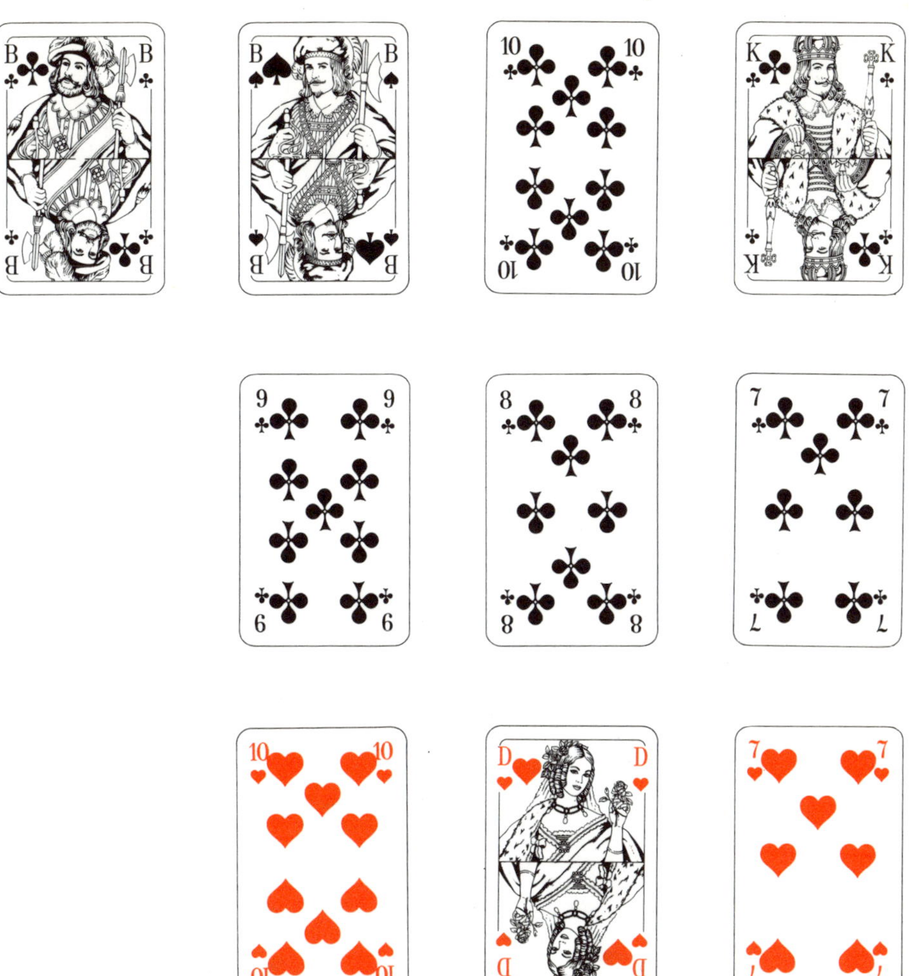

Abb. 46

Vorhand: Kreuz-Bube, Pik-Bube, Kreuz-Zehn, -König, -Neun, -Acht, -Sieben, Herz-Zehn, -Dame und -Sieben.

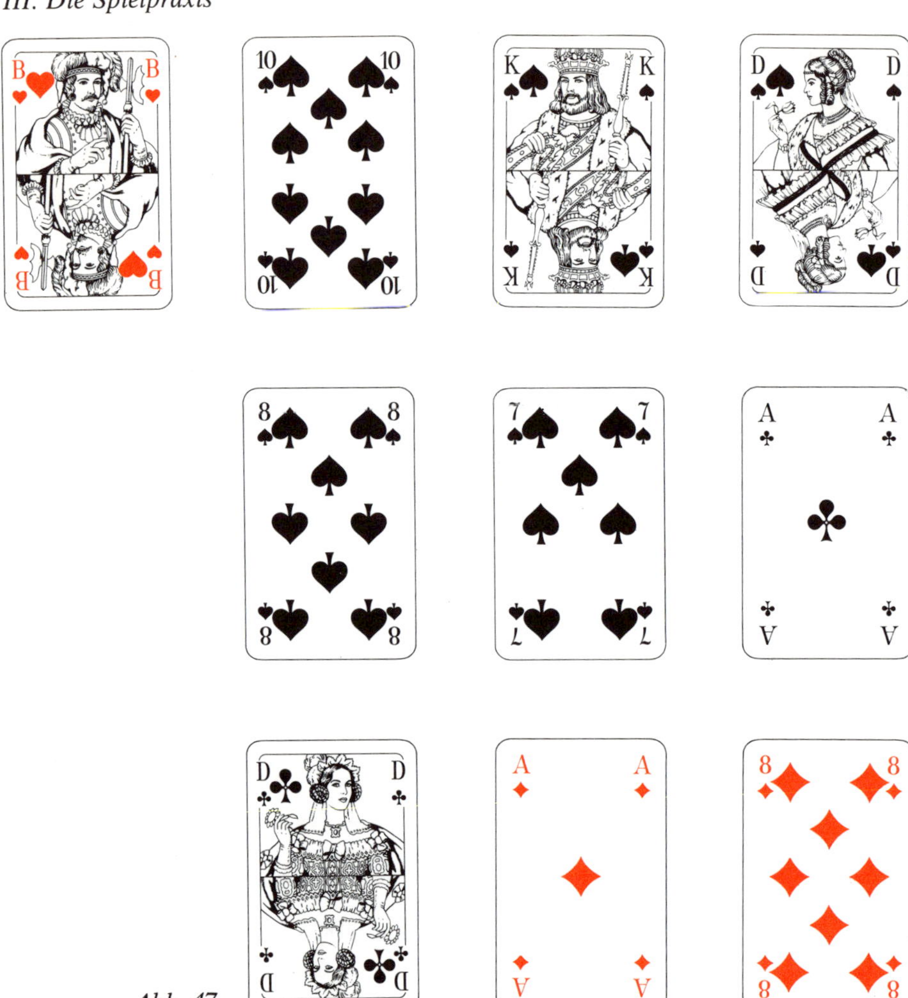

Abb. 47

Mittelhand: Herz-Bube, Pik-Zehn, -König, -Dame, -Acht, -Sieben, Kreuz-As, -Dame, Karo-As und -Acht.

Mittelhand reizt Pik Hand ohne zwei bis 44; Hinterhand überbietet dieses Reizgebot um einen Zähler für Karo Hand ohne drei auf 45. Vorhand hält auch das letzte Reizgebot

Abb. 48

Hinterhand: Karo-Bube, -Zehn, -König, -Neun, -Sieben,
Pik-As, Herz-As, -König, -Neun, -Acht

Im Skat liegen:
Pik-Neun
und Karo-Dame.

und sagt Kreuz Hand an. Folgender Spielverlauf bietet sich an:

(Vorhand = A, Mittelhand = B, Hinterhand = C)

1. Stich: A spielt den Pik-Buben aus, B bedient mit Kreuz-Dame und C mit Karo-Bube.

Abb. 49

Der Stich gehört A (Alleinspieler) und zählt 7 Augen.

2. Stich: A spielt den Kreuz-Buben aus, B bedient mit dem Herz-Buben und C wirft Karo-Sieben ab.

Abb. 50

Der Stich gehört A und zählt 4 Augen.

3. Stich: A spielt die Kreuz-Sieben aus, B übernimmt mit Kreuz-As und C wirft Pik-As ab.

Abb. 51

Der Stich gehört B und zählt 22 Augen.

98

4. Stich: B spielt Karo-Acht aus, C übernimmt mit Karo-König und A wirft Herz-Sieben ab.

Abb. 52

Der Stich gehört C und zählt 4 Augen.

5. Stich: C spielt Karo-Neun aus, A wirft Herz-Dame ab und B übernimmt mit Karo-As.

Abb. 53

Der Stich gehört B und zählt 14 Augen.

6. Stich: B spielt Pik-Zehn aus, C wirft Herz-Neun ab und A muß Herz-Zehn zugeben.

Abb. 54

Der Stich gehört B und zählt 20 Augen.

Die folgenden vier Stiche gehen an A. Dieser Verlust mit 60 Augen wäre für A noch der günstigste Spielverlauf. In den übrigen Varianten wird das Spiel höher verloren.

Auch die anderen beiden Spiele, in der Handspielklasse gespielt, werden in ähnlicher Weise verloren.

Würden Mittel- und Hinterhand die Kreuz-Dame und das Herz-As austauschen, würden die Handspiele in Vor- und Mittelhand gewonnen; wobei Vorhand ihr Spiel sogar in der Gewinnstufe Schneider gewinnt. Vorhand gibt dann keinen Trumpfstich ab. Die Herz-Sieben wird mit Herz-As und Herz-Acht abgegeben, und die Herz-Dame mit Karo-As und Herz-König. Somit haben die Gegenspieler nur 29 Augen erhalten.

Damit ist in einigen Details umrissen, welche Gefahren die Handspiele in sich bergen. Ohne Zweifel wird in den meisten Fällen die Aufnahme des Skates erfolgversprechender für den Ausgang des Spiels sein. Aber auch Gegenteiliges ist an der Tagesordnung. Man beabsichtigt, zwei unbrauchbare Karten zu drücken und stellt mit Erstaunen fest, daß einem durch den Skat zwei weitere solcher Karten offenbart werden.

Wenn die Beurteilung der Karten als eine wichtige Voraussetzung zum Skatspiel betrachtet wurde, ist das Drücken nicht minder wichtig. Es müssen überhaupt zum guten Skatspiel alle das Spiel betreffenden Gegebenheiten als Voraussetzungen angesehen werden, und alle verlangen ihre optimale Erfüllung. Jeder einzelne sollte bestrebt sein, in keiner Phase des Spiels Schwächen aufzuzeigen. Es wird keinen perfekten Skatspieler geben; doch gibt es einige, die jede Phase des Spiels beherrschen. Es sind die fehlerfreien Spieler; fehlerfrei aus ihrer Sicht, ihrem Überlegen –, ihren logischen Kombinationen folgend. Denn sind mehrere Möglichkeiten vorhanden und die Logik läßt diese auch zu, kann man keinem Spieler einen Vorwurf des Fehlers machen, auch wenn er sich für die Möglichkeit entschieden hat, die nicht zum erklärten Ziele führte. Nur sollte dann auch der Mitspieler versuchen, die entsprechende Einsicht zu gewinnen.

Wenn man nach dem Reizen zum Alleinspieler geworden ist, wird bei den Spielen mit Skataufnahme das Drücken verlangt. Hat man ein sicheres Spiel gereizt, so hängt der Gewinn nicht unbedingt vom Drücken ab; denn in einem solchen Fall will man durch geschicktes Drücken womöglich eine höhere Gewinnstufe erreichen. Doch zunächst geht es darum, zwei unbequeme Karten loszuwerden.

Zum Drücken gilt es als wesentliche Erkenntnis, die Verhaltensweisen und Eigenheiten in den Spielauffassungen der Gegenspieler beachtet zu haben. Die Auswahl der zu drückenden Karten unterliegt unterschiedlichen Gesichtspunkten. Es ist gleichermaßen wichtig, ob man mit oder ohne Spitzen spielt oder welche Position man innehat. Besitzt man die Möglichkeiten, zum Spielbeginn die Trumpfkarten der Gegenspieler herauszuholen? Kann man aus dem Reizen schließen, welche Farben für das Ausspielen in Frage kommen? Muß eine höhere Gewinnstufe erreicht werden? Muß man unbedingt eine bestimmte Zehn zum Gewinn einbringen? Alle diese Faktoren beanspruchen in ihrer Nennung keine Vollständigkeit. Sie sollen unbewegt verarbeitet werden. Es ist nicht richtig, unschlüssig zu drücken und wieder umzudrücken. Es bleibt den Gegenspielern gewiß nicht verborgen, daß eine Unsicherheit vorliegen muß. Wichtig ist es, Fehlfarben zu bekommen, um die hohen Farbkarten der Gegenspieler stechen zu können. Oftmals ist es vorteilhafter, hohe Zählkarten zu drücken. Dabei gibt es Situationen, in denen Trumpfkarten mit hohen Zählwerten davon nicht ausgenommen werden können. Nur der Spielverlauf kann Auskunft darüber geben, ob das Drücken richtig war. Wenn der Spielverlauf die Richtigkeit der Überlegungen bestätigt, besagt das nicht, daß es grundsätzlich richtig war. Schon im nächsten Spiel mit anderem Spielverlauf kann sich herausstellen, daß in diesem Falle die Überlegungen völlig falsch waren.

Das richtige Drücken ist auch ein Erfahrungswert, den man in langer Spielpraxis erhalten wird. Mit dem Drücken kann der Alleinspieler auch eine gehörige Portion Spiellist an den Tag legen. Die Raffinessen während eines Spiels sind mit Sicherheit die Ergebnisse langer Spielpraxis. Einige sind überliefert, die eine oder andere mag durch die Findigkeit der Spieler geboren werden; denn auch in diesen Belangen ist das Skatspiel bei weitem nicht erschöpft.

Die gebräuchlichsten Spiellisten sind beim Drücken zu beobachten. Beispielsweise wurde durch die Skataufnahme ein gereiztes Nullspiel nicht verbessert. Eine Finte beim Drücken ist es, statt mehrere anfällige Farben zu behalten, sich für eine Farbe zu entschließen. In der Praxis wird es so aussehen können, daß der Alleinspieler zum Nullspiel eine Sieben ausspielt und in dieser Farbe noch das As besitzt. Er geht davon aus – wenn nur noch die eine Karte dieser Farbe fehlt – die von ihm verlangte Farbe nicht nachgespielt wird und er im Laufe des Spiels Gelegenheit bekommt, diese Karte auf eine Fehlfarbe abzuwerfen.

Gelegentlich kommt es vor, daß ein Spieler bei einem Grand eine blanke Zehn behält (blank ist eine Karte, wenn man keine weitere dieser Farbe besitzt), sofern diese die einzige Karte wäre, die er abgeben muß. Mit Sicherheit würde er durch das Behalten einer anderen kleinen Karte die Gewinnstufe Schneider erreichen. Mit dieser Zehn, die von seinen Gegenspielern nicht bei ihm vermutet wird, spekuliert er auf die Gewinnstufe Schwarz; riskiert aber auch dabei, im ungünstigen Fall, nicht einmal die des Schneiders zu erreichen.

Mitunter erhält man ein derart schlechtes Farbspiel, daß nur dann eine Gewinnaussicht besteht, wenn eine blanke Zehn einen Stich machen kann. In diesem Fall auch davon ausgehend, daß die Gegenspieler die Zehn als gedrückt vermuten müssen. Dieses hat jedoch nur in wirklich schwachen Farbspielen eine gewisse Berechtigung. Der Erfolg ist auch nur dann gesichert, wenn es dem Spieler gelingt, in Hinterhand zu kommen, wenn seine blanke Zehn einen Stich gemacht haben sollte.

Bei Spielen ohne vier oder ohne fünf wird es im Einzelfall notwendig, daß hohe Trumpfzählkarten gedrückt werden müssen. Wenn das Beiblatt nur drei bis vier gute Stiche verspricht und man verhindern muß, daß mit den Spitzentrümpfen die zählenden Trumpfkarten abgeholt werden können, erscheint diese Art des Drückens zweckmäßig.

Ungeachtet der vorhandenen Trümpfe, sollen an dieser Stelle einige Anregungen für das Drücken gegeben werden.

Beispiele Besitzt man das As und eine Karte ohne Zählwert, bzw. die Dame einer Farbe, werden die kleinen Karten gedrückt, denn das As verspricht einen Stich zu machen. Bei As und König einer Farbe, wird man diese Kombination in der Hand behalten; beide Karten sind in der Lage, Stiche einzubringen. Bei zwei Zehnen, die nur mit einer kleinen Karte besetzt sind, sollte man die Zehnen für das Drücken vorsehen. Bei Zehn, Dame und Sieben einer Farbe, bieten sich die beiden zählenden Karten an. Bei As, Zehn, König und Dame sind die beiden hohen Karten zu drücken. Diese Augen sind dann schon sicher und König oder Dame kommen in Frage, einen Stich zu machen. Besitzt man As, Zehn, König und eine Leerkarte einer Farbe und soll diese Farbe mit einer Karte in das Drücken einbezogen werden, empfiehlt es sich, die Zehn zu drücken. Ein gedrücktes As verrät den Gegenspielern möglicherweise schon vorzeitig dieses Geheimnis. Wobei der Stich, mit dem As vereinnahmt, die Gegenspieler im unklaren läßt, das heißt, sie können sogar davon ausgehen, daß man die Zehn in den Karten hält und den gesamten Spielablauf darauf abstimmen. Aus diesen Anregungen läßt sich ersehen, daß praktisch alle Karten zum Drücken ausersehen werden können. Lediglich die hohen Spitzentrümpfe, die von den Gegenspielern nicht übernommen werden können, bleiben davon ausgenommen.

Beim Nullspiel, im besonderen beim Null ouvert, ist folgendes zu beachten: Handelt es sich um ein sicheres Spiel, schafft das Drücken keine Probleme. Wenn ein Null ouvert Schwächen aufweist, hat der Alleinspieler die Möglichkeit die Gegenspieler durch das Drücken in einen bestimmten Spielverlauf zu lenken. Beim Vorhandensein von Acht, Neun und Zehn einer Farbe ist es somit geschickter, die Acht als die Zehn zu drücken. Bei Sieben, Zehn, Bube und Dame wäre es besser, die Zehn und den Buben zu drücken. Jeder der Gegenspieler muß zunächst die gedrückten Karten bei dem anderen vermuten. Bis diese sich überzeugt haben, daß dem nicht so ist, kann der Null ouvert schon gewonnen sein.

Wenn ein Spieler in einem sicheren Null ouvert von einer Farbe die Sieben drückt, handelt es sich dabei nicht um eine Taktik – da ohne jeglichen Sinn –, sondern um eine Kinderei oder billigen Spaß, die mit dem Skatspiel nichts gemein haben.

Im folgenden sind für Vorhand einige Beispiele des Drükkens veranschaulicht mit der Maßgabe, daß Vorhand jeweils auf 18 das Spiel erhalten hat:
Die zehn Handkarten sind folgende:

s. Abb. 55 Kreuz-Bube, Herz-Bube, Kreuz-As, -Zehn, -Acht, -Sieben, Herz-As, -Neun, Karo-König und -Acht. Dabei handelt es sich um ein Blatt, welches mittels der Skataufnahme viele Möglichkeiten offenläßt, wie die einzelnen angenommenen Skatkarten zeigen.

Im Skat liegen Herz-Dame und -Sieben. Karo-König und -Acht werden gedrückt. Mit dem Ausspielen der Kreuz-Sieben oder -Acht ist der Null ouvert sicher. Im Skat liegen Karo-Dame und -Neun. Herz-Neun und Kreuz-Sieben sollten gedrückt werden. Damit ist Karo mit einem ein relativ sicheres Spiel. Im Skat liegen Karo-As und -Zehn. Herz-Neun und Kreuz-Sieben werden gedrückt. Ein guter Grand, der immer Schneider gespielt wird, wenn die Buben

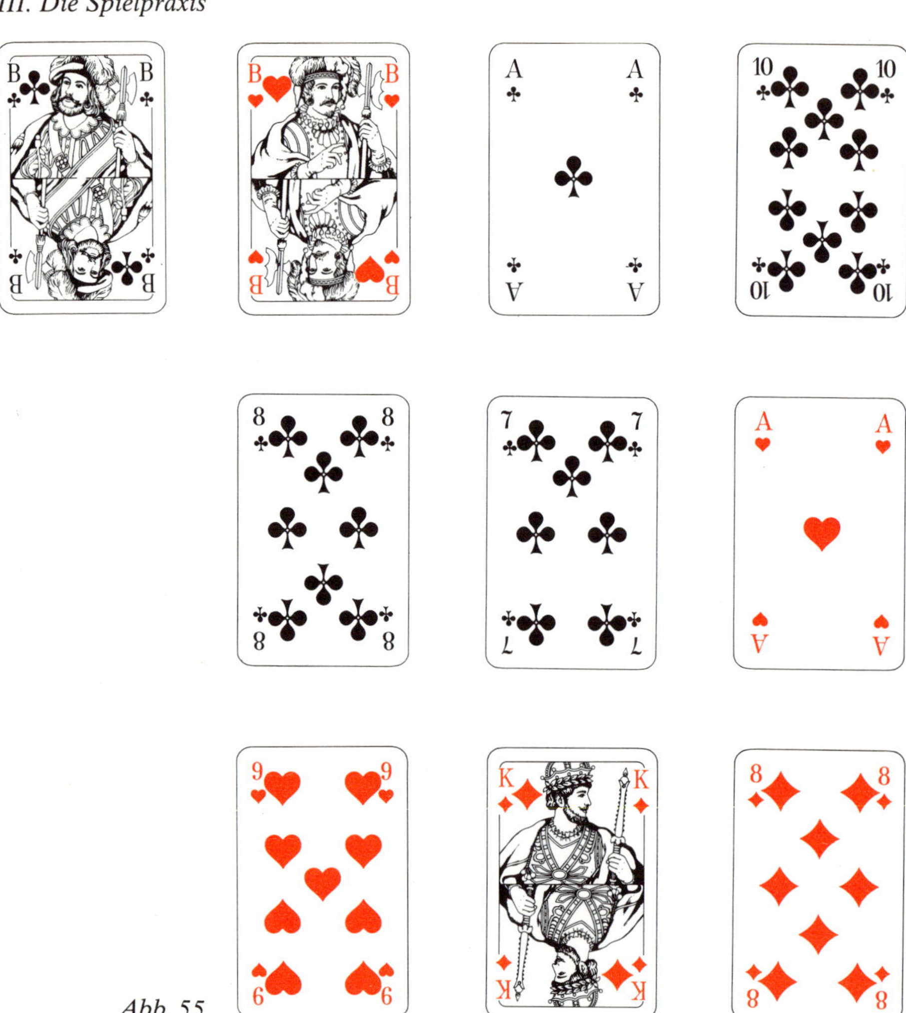

Abb. 55

verteilt sind und sogar Schwarz, wenn der Kreuz-König nicht zu dritt steht.

Im Skat liegen Pik- und Karo-Bube. Gedrückt werden Karo-König und -Acht. Grand mit vier mit Tendenz zum Schneider.

Im Skat liegen Pik-Dame und -Neun. Die gefundenen Karten werden wieder gedrückt. Kreuz mit einer Spitze besitzt gute Gewinnaussichten durch das Vorhandensein von Trumpf-As und -Zehn. Der Karo-König mit der Acht sollte behalten werden. Wenn As und Zehn der Farbe in einem Stich fallen, besitzt der König die Möglichkeit zu einem Stich. Wobei es mit der Pik-Dame aussichtslos erscheinen würde, einen Stich zu machen. Das eine Auge, das dabei weniger gedrückt wurde, dürfte nicht unbedingt für den Ausgang des Spiels entscheidend sein.

3. Das Überreizen

In der Einführung zum Skatspiel ist unter dem Thema »Reizen« geschrieben, daß Versuche, das Skatspiel zu erlernen, an ihm gescheitert seien. Somit stellte das Reizen ein Problem dar. Die Spieler, die beim Erlernen des Reizens Schwierigkeiten hatten, werden hinsichtlich des Überreizens vor ähnlichen Problemen stehen.

Ein Spiel ist überreizt, wenn sich herausstellt, daß das Reizgebot höher lag als der Spielwert in allen erreichten Gewinnstufen. Überreizte Spiele sind in diesem Sinne verloren.

Der endgültige Spielwert von Grands und Farbspielen ist jeweils erst am Spielende mit Sicherheit feststellbar. Zum Spielbeginn ist immer nur ein vorläufiger Spielwert zu errechnen. In den Normalfällen ist der Reizwert ein geringerer als der Spielwert, weil in den Spielen mit Skataufnahme oft die Verbesserung des Blattes gegeben ist, ein Spiel mit höherem Grundwert als beabsichtigt gespielt werden kann oder weil fehlende Trumpfspitzen im Skat liegen und sich somit ein höherer Reizfaktor und mit ihm ein höherer Spielwert ergeben wird.

Ein Spiel mit Trumpfspitzen wird in den seltensten Fällen überreizt werden; es sei denn, der Spieler hat es bewußt herbeigeführt und damit womöglich einem anderen ein Spiel abgereizt oder offensichtlich auf den Skat gereizt.

Die Gefahr des Überreizens ist in erster Linie in den Spielen ohne Trumpfspitzen gegeben. Der Spieler erhält ein gereiztes Karospiel ohne drei bei einem Reizgebot von 23. Nach Aufnahme des Skates stellt er fest, den Pik-Buben gefunden zu haben. Damit erhält sein Spiel den Spielwert von 18. In einem solchen Falle bieten sich eventuelle Auswege an, daß a) ein Nullspiel, b) ein Kreuzspiel oder c) sogar ein Grand gespielt werden können. Sind dafür keine Voraussetzungen vorhanden, muß der Alleinspieler versuchen, in einer höheren Gewinnstufe sein Karospiel, in diesem Fall, der des Schneiders zu gewinnen.

Bei niedrigen Reizgeboten bietet sich oftmals eine Ersatzmöglichkeit an. Kritisch wird es dagegen, wenn ein Kreuzspiel ohne vier vorgesehen ist, und bei einem Reizgebot von 46 der Kreuz-Bube aufgenommen wird. Die zum Gewinn notwendige Stufe müßte dann Schwarz sein. Diese ist nicht erreichbar, da drei Buben in den Händen der Gegenspieler sind; also mindestens ein Stich abgegeben wird. Der Alleinspieler ist verpflichtet, ein Spiel anzusagen, das im Spielwert das Reizgebot erreicht. In diesem Falle könnte, sofern keine spielbare Möglichkeit (Grand) vorhanden ist, ein Null ouvert als verloren abgeschrieben werden, da dieser mit 92 Minuspunkten im Gegensatz zu Kreuz Schwarz verloren mit 96 Minuspunkten noch etwas günstiger dasteht.

Besonders unglücklich muß es erscheinen, wenn das Reizgebot bei 50 liegt und das Kreuzspiel ohne vier gereizt wurde. In einem solchen Fall kann das Finden eines hohen Buben außerordentlich folgenschwer sein. Die Gewinnstufe Schwarz reicht nicht mehr aus, das Reizgebot zu decken. Hier muß ein Grand angesagt werden, der dann zusätzlich noch die Gewinnstufe Schneider erreichen müßte.

Aus dem Vorangegangenen ist ersichtlich, wie wesentlich und entscheidend es sein kann, ein Spiel so billig als nur möglich zu erhalten. Bei allen Reizgeboten bis 48 bieten sich noch Möglichkeiten an, den Verlust in erträglichen Grenzen zu halten. Im Falle des Überreizens wählt man natürlich die günstigste Möglichkeit. Ab einem Reizgebot von 50 muß dann zwangsweise ein Grand genannt werden.

Die Errechnung des Spielwertes für Spiele, in denen der beabsichtigte Schneider nicht erreicht wurde oder für alle Handspiele erfolgt folgendermaßen: Der Grundwert des angesagten Spiels muß so oft multipliziert werden bis er den Reizwert ergibt.

Es ist noch einmal festzuhalten, daß die größte Gefahr des Überreizens darin zu sehen ist, daß hohe Trumpfspitzen im Skat gefunden werden. Eine andere Möglichkeit des Überreizens ist das beabsichtigte. Angenommen man besitzt ein sehr gutes Farbspiel mit einer reellen Schneidermöglichkeit, lediglich eine Farbkarte (blanke Zehn) erweist sich als störend, so wird die Gewinnstufe Schneider mit einkalkuliert und gehofft, diese nach der Skataufnahme tatsächlich erreichen zu können. An anderer Stelle ist gesagt, daß die Skataufnahme nicht unbedingt zur Verbesserung des Blattes beitragen muß.

Der Alleinspieler kann es sich erlauben, bei den überreizten Spielen selbst Schneider oder Schwarz zu bleiben, also in den Stufen zu bleiben, in die er im Gewinnfalle die Gegenspieler hätte bringen müssen. Eine zusätzliche Bestrafung hat dieses nicht zur Folge. Jede Stufe kann nur einmal berechnet werden. Auf einer Spieldurchführung im Falle des Überreizens braucht nicht bestanden zu werden. Der Spieler kann nach Ansage eines Spiels, unter Maßgabe des entsprechenden Spielwertes innerhalb des Reizgebotes, dieses als verloren abschreiben lassen.

Alle Nullspiele unterliegen nicht der Möglichkeit des Überreizens, da diese unveränderliche Werte besitzen.

4. Der Grand ouvert

Der Grand ouvert ist das Non plus ultra im Skatspiel. Er ist ein Spiel, das in seiner Seltenheit manche Spieler jahrelang darauf warten läßt. Vielleicht ist darin die Ursache zu sehen, daß beim Grand ouvert bei einzelnen Spielern erhebliche Unklarheiten bestehen.

Wie schon die Bezeichnung besagt, ist darunter ein offener Grand zu verstehen; ein offener Grand, von welchem mehr als nur 61 Augen zum Gewinn verlangt werden. Zum Gewinn sind alle Stufen – einschließlich Hand – erforderlich.

Es liegt im Ermessen eines jeden Spielers, einen Grand ouvert zu spielen. Grundsätzlich ist zu beachten, daß, wie bei allen offenen Spielen, vor dem ersten Ausspielen die zehn Handkarten auf den Tisch gelegt werden müssen. Das erste Ausspielen obliegt auch in diesem Falle der Vorhand. (Bei dieser Gelegenheit sind zwei wichtige Spielgesetze zu nennen. Bei allen offenen Spielen wird grundsätzlich kein Stich verdeckt gespielt. Es gibt kein Spiel, welches Vorhand das Recht des Ausspielens streitig machen könnte.)

Also ein Grand ouvert ist ein offener Grand Hand, der Schwarz gespielt werden muß. Dies ist eine unerläßliche Voraussetzung für den Gewinn. Wird ein Grand ouvert verloren, unterliegt er den gleichen Berechnungsgrundlagen wie alle übrigen Handspiele.

In seinem Grundwert ist der Grand ouvert, unter Berücksichtigung seiner Seltenheit, gegenüber dem Grand um 50% erhöht; also 36. Hinsichtlich des hohen Grundwertes und weil es an sich eine Voraussetzung darstellt, fällt die Gewinnstufe Offen (ouvert) weg.

Es gibt nur vier Berechnungsmöglichkeiten – je nach Anzahl der Spitzen (selbstverständlich ist ein Grand ouvert nur »mit« Spitzen zu spielen). Im einzelnen ergeben sich die Reizfaktoren wie folgt:

– – – Spiel 2
    Hand 3
    Schneider 4
    Schneider angesagt 5
    Schwarz 6
    Schwarz angesagt 7, also   7 bei mit einem,
    8 bei mit zweien,
    9 bei mit dreien und
    10 bei mit vieren.

Der Grand ouvert besitzt somit folgende Spielwerte:
    Mit einem 7 mal 36 = 252 Punkte,
    mit zweien 8 mal 36 = 288 Punkte,
    mit dreien 9 mal 36 = 324 Punkte und
    mit vieren 10 mal 36 = 360 Punkte.

Diese 360 Punkte stellen den absolut höchsten Spielwert dar.

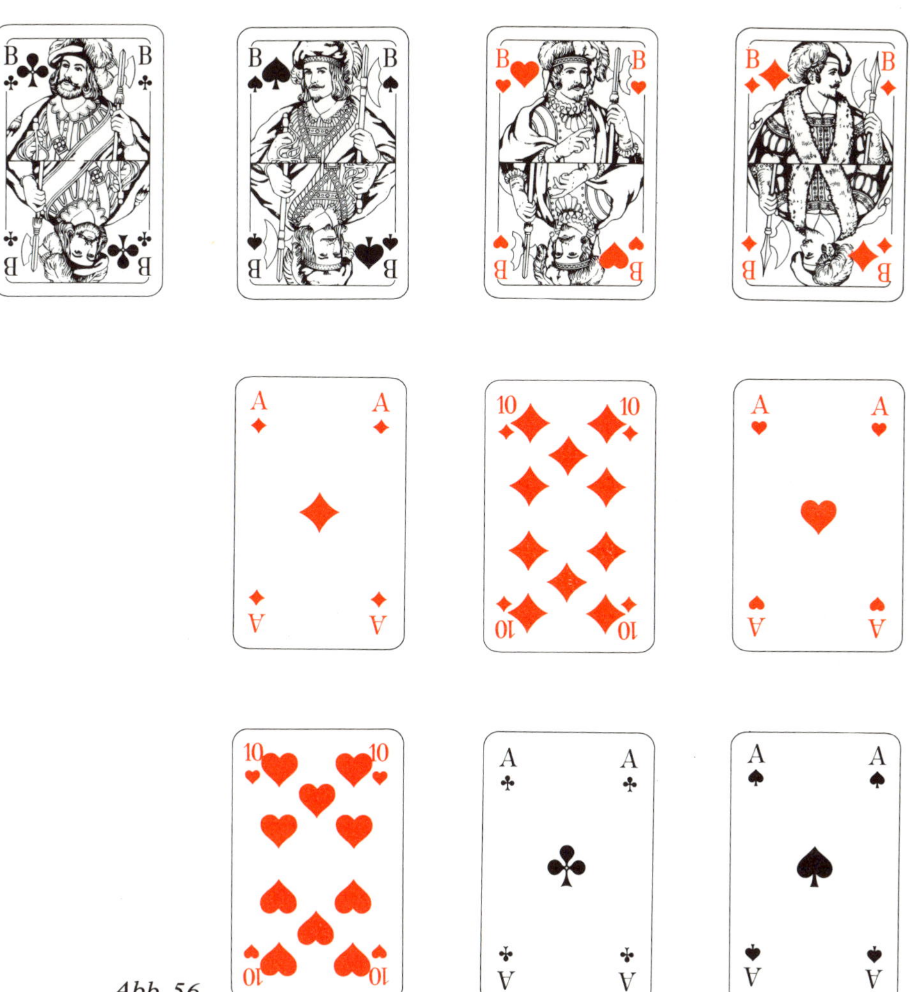

Abb. 56

Dieses Beispiel mit vier Buben, vier Assen und zwei Zehnen zeigt einen klassischen Grand ouvert, bei dem in jeder nur möglichen Verteilung der restlichen Karten gewonnen wird. Der Spielwert beträgt 360 Punkte.

Abb. 57

Mit dem Kreuz-, Pik- und Karo-Buben sowie sieben Karten einer Farbe hat man einen in allen Positionen sicheren Grand ouvert unter der Voraussetzung, daß in Mittelhand mit dem Kreuz- oder Pik-Buben gestochen wird. Der Spielwert beträgt 288 Punkte.

Abb. 58

In diesem Beispiel mit Kreuz-, Herz- und Karo-Buben sowie Kreuz-As und sechsmal Karo mit der fehlenden Sieben ist der Grand ouvert nur in Vorhand sicher. In Mittel- und Hinterhand wäre er sehr gewagt. Die fehlende Karokarte kann gespielt und mit dem Pik-Buben gestochen werden. Auch die Farbe Kreuz kann sechsmal in einer Hand stehen, bzw. nur viermal und zwei Karten dieser Farbe sind im Skat enthalten. In diesem Grand ouvert sind somit für Mittel- und Hinterhand einige Unsicherheitsfaktoren enthalten. In diesen beiden Positionen geht man kein Risiko ein, wenn man einen Grand Hand Schneider angesagt spielt. Auch dieser Spielwert ist in seiner Höhe interessant, und zum Erreichen der Gewinnstufe Schwarz bestehen berechtigte Hoffnungen. Als Grand ouvert wäre der Spielwert 252 Punkte.

Die Seltenheit eines Grand ouvert kann zusätzlich zum hohen Spielwert in ideeller Form honoriert werden. Für einen Grand ouvert – gespielt im Rahmen einer dem DSkV unterstehenden Veranstaltung oder einer seiner Gliederungen, wie Vereinen etc., kann auf Antrag eine Urkunde darüber ausgestellt werden. Damit ist gewiß die Seltenheit eines solchen Spieles unterstrichen und gebührend gewürdigt.

5. Der Alleinspieler beim Farbspiel

Die Erfahrung lehrt, daß für den Alleinspieler stets im Trumpffordern die größtmögliche Gewinnaussicht eines Spieles besteht. Mit Einschränkung gilt dies auch für einen Grand. Der Ausspruch, treffender – die Erfahrungsweisheit, Trumpf sei die Seele des Spiels, besitzt unbedingte Rechtfertigung.

Bei einer Verteilung der Trumpfkarten werden durch die Trumpfforderung des Alleinspielers zwei Trumpfkarten der Gegenspieler verlangt. Im mehrmaligen Trumpfziehen will man erreichen, den Gegenspielern sämtliche Trumpfkarten abzufordern, um sichere Ausgangspositionen für die Farbkarten zu schaffen. Mit dem Verzicht, den Gegenspielern die Trümpfe herauszuholen, läßt man ihnen die Möglichkeit, mit ihren Trumpfkarten hohe Farbwerte stechen zu können. Jeder Alleinspieler sollte immer das Bestreben haben, sich darüber Klarheit zu verschaffen, wie die Trumpfkarten verteilt sind. Es ist sträflicher Leichtsinn, Trümpfe zu übersehen. Die Gegenspieler werden eine solche sich ihnen bietende Gelegenheit nicht ungenutzt lassen, mit einer vergessenen Trumpfkarte, einen womöglich wesentlichen Stich zu machen. Wenn der Alleinspieler mit mehreren Spitzen bestellt ist und davon ausgehen kann, alle Trümpfe der Gegenspieler abholen zu können, ist dabei die Reihenfolge des Ausspielens der Spitzen unwesentlich. Lediglich taktische Überlegungen kommen zu ihrem Recht, wenn es dem Alleinspieler gelingt, Mittelhand zum Abwerfen einer guten Farbkarte zu verführen.

Es kommt immer darauf an, die Karte auszuspielen, die voraussichtlich den günstigsten Spielverlauf verspricht. Wenn der Alleinspieler in Vorhand ist, hat er von Beginn an die Möglichkeit, den Spielverlauf zu lenken. Besitzt er nicht den Vorteil der Vorhand, sollte er versuchen, mit Erhalten eines Stiches alsbald Ausspieler zu werden.

In den Beispielen für das Ausspielen von Trumpfkarten sind lediglich einige Grundsätze behandelt. Eine Patentlösung gibt es nicht.

Beim Vorhandensein der drei höchsten Spitzen sollte man zunächst den Herz-Buben ausspielen. Mittelhand sieht sich dann vor der Frage stehen, ob Hinterhand die ausgespielte Karte übernehmen kann. Je öfter die Gegenspieler mit Problemen konfrontiert werden, je öfter werden sie zu Überlegungen herangezogen, mithin für falsche Schlüsse anfälliger. Besitzt man den Kreuz- und Pik-Buben, Trumpf-As, -Zehn und -Sieben, empfiehlt es sich, den kleinsten Trumpf auszuspielen. Beim Ausspielen der beiden Spitzen würde man, sofern nicht Herz- und Karo-Bube zugegeben werden müssen, Trumpf-As und -Zehn gefährden. Sobald der Alleinspieler wieder am Spiel ist, hat er dann Gelegenheit, die beiden Spitzen zu spielen. Bleibt dennoch bei einem der Gegenspieler eine Trumpfkarte (Bube) stehen, gibt es zwei Möglichkeiten zu verhindern, daß die Gegenspieler dem Alleinspieler eine hohe Trumpfkarte abholen. Die eine Möglichkeit wäre durch Ausspielen von hohen Farbkarten, die man in diesem Falle vom As an besitzen müßte, um den betreffenden Gegenspieler zum Stechen zu zwingen. In der zweiten Möglichkeit muß der Alleinspieler versuchen, den Spieler zum Ausspielen zu bringen, der keinen Trumpf besitzt. Dadurch kann erreicht werden, daß mit dem Stechen der vorgespielten Farbe die hohen Trumpfaugen gerettet werden können. Schon deshalb ist es wichtig, sich die vorangegangenen Stiche zu merken.

Besitzt man den Kreuz-Buben und eine längere Trumpffarbe, ist es fast immer unangebracht, den Spitzentrumpf als erste Karte auszuspielen. Damit kann den Gegenspielern, bei für den Alleinspieler ungünstiger Trumpfverteilung die Möglichkeit gegeben werden, ihm selbst ihr Spiel aufzuzwingen.

Bei drei Buben ohne den Kreuz-Buben ist es angebracht, zuerst den Karo-Buben auszuspielen. Besitzt Mittelhand den Kreuz-Buben, wird sie nicht mit Sicherheit wissen können, ob Hinterhand auch im Besitz eines Buben ist und wird zumindest von Vorhand gezwungen eine Entscheidung zu treffen.

Besitzt man überwiegend kleine Trümpfe, befreit dies nicht von der Verpflichtung, den Gegenspielern die Trumpfkarten abzufordern. Hier gilt der Grundsatz: Die Kleinen holen die Großen! Dabei ist jedoch zu bedenken, daß die Gegenspieler oft ans Spiel kommen, und dem Alleinspieler wird es immer wieder einen Trumpf kosten, will er das Ausspiel erhalten. Für diesen Fall verspricht nur ein gutes Beiblatt eine Gewinnaussicht. Die Reizwerte beinhalten oftmals ausschlaggebende Hinweise über die Verteilung der Trumpfspitzen, oder das erste Ausspielen schafft Klarheit. Aus den eigenen Trumpfkarten gewinnt der Alleinspieler den Überblick, welche Trumpfkarten bei den Gegenspielern sitzen. So kann der Alleinspieler beim Vorhandensein der übrigen Trumpfkarten wissen, daß die Gegenspieler Herz-Bube, Trumpf-As, -Zehn, -Dame, -Acht und -Sieben besitzen. Wurden nach dem Ausspielen des Pik-Buben Trumpf-Zehn und -Sieben bedient, kann daraus nichts über die Verteilung der restlichen Trumpfkarten mit Bestimmtheit geschlossen werden. Nur dann, wenn die Trumpf-Zehn von Hinterhand zugegeben wurde, weiß man, daß dort keine Trumpfkarte mit niedrigerer Rangordnung sitzt. Möglich wäre dort nur noch das As und der Herz-Bube, der zur Stichsicherung gehalten wird. Wird von Mittelhand die Trumpf-Zehn zugegeben, ist nur dann anzunehmen, daß sie keine weiteren Trümpfe besitzt, wenn man das Spiel mit einem Reizwert von mehr als 24 erhalten hat. Mit dem Ausspielen des Pik-Buben ist es ausgeschlossen, daß ein Spiel ohne zwei gespielt wird und Mittelhand weiß durch den Reizwert, daß von Hinterhand nicht übernommen werden kann.

Grundsätzlich versucht der Alleinspieler die Zählwerte in die eigenen Stiche zu bekommen. In einzelnen Situationen ist es erforderlich, ein Opfer zu bringen und auf Zählwerte zu verzichten, um noch den Gewinn sicherzustellen. Der Alleinspieler besitzt noch Trumpf-As, -Zehn und -Acht und weiß, daß bei einem der Gegenspieler ein Bube und die Trumpf-Dame sitzen. Er bietet seine eigenen Augen (Zehn) an, um zu verhindern, daß der Gegenspieler zwei Stiche macht, was dann der Fall wäre, wenn er zunächst die Trumpf-Acht spielen würde.

Ist ein Gegenspieler trumpfstark, muß der Alleinspieler versuchen, denselben durch das Ausspielen von hohen

Farbkarten zum Stechen zu zwingen. Die hohen Farbkarten, sollten sie von dem trumpfstarken Gegenspieler gestochen werden, werden von dem weiteren Gegenspieler voraussichtlich mit kleinen Karten bedient.

In Farbspielen, in denen sich der Spieler nur auf das Beiblatt verlassen muß, ist es durchaus möglich, daß in ihnen das Trumpfspielen unzweckmäßig wird. Bei Farbspielen ohne sieben, acht oder neun wird es oftmals die einzige erfolgversprechende Möglichkeit sein. Für ein derartiges Farbspiel ist es unerläßlich, die Asse und Zehnen der Farbkarten zu besitzen. Dabei sollte nicht vergessen werden, daß jeweils nur sieben Karten einer Farbe im Spiel sind. As und Zehn mit zwei Karten der gleichen Farbe besetzt, können nur dann zwei Stiche einbringen, wenn einer der Gegenspieler keinen Trumpf mehr besitzt. Alle Farbenspiele ohne die vielen genannten Spitzen sind äußerst unsicher. Für ihren Gewinn ist das Fingerspitzengefühl erheblicher als alle Kombinationen.

Ist der Alleinspieler nicht in Vorhand, muß er sich bemühen, alsbald ans Spiel zu kommen. Der Alleinspieler in Mittelhand muß möglichst sicher das Übernehmen und Stechen vollziehen, um die Gelegenheit zur Bestimmung des weiteren Spielablaufs zu bekommen. Zu Beginn eines Spieles sollte der Alleinspieler mit dem jeweiligen Farb-As übernehmen oder Fehlfarben mit einem zählenden Trumpf stechen, da normalerweise Hinterhand die Farbe bedienen wird. Im fortgeschrittenen Stadium des Spiels wird der Alleinspieler vorsichtiger stechen müssen, das heißt, Zählkarten mit einem sicheren Trumpf stechen. Gelegentlich ist es vorteilhafter, den Gegenspieler in Hinterhand überstechen zu lassen, um als Spieler selbst in Hinterhand zu kommen.

Der Alleinspieler hat beim Übernehmen und Stechen darauf zu achten, welche Position er augenblicklich einnimmt. Wesentlicher ist diese Beachtung beim Abwerfen und Schneiden (Schneiden: Übernimmt ein Spieler, der As und König einer Farbe besitzt, die angespielte Farbe mit dem König, so nennt man dies Schneiden. Wenn er später in einem Stich die Zehn der Farbe mit dem As erhalten kann, hat er erfolgreich geschnitten). Für das Abwerfen ist Hinterhand der günstigste Platz. Allgemeingültig für das Abwerfen sollte sein, sich rechtzeitig der abzuwerfenden Karten zu entledigen. Beim Abwerfen ist es wichtig, die Augen der Gegenspieler zu zählen, um durch unüberlegtes

Abwerfen nicht das Spiel zu verlieren. Kommen mehrere Karten – ohne Aussicht auf einen Stich – für das Abwerfen in Frage und sind sie einer Farbe, sollte man mit der höchsten beginnen. Müssen Dame und Acht abgeworfen werden, also zunächst die Dame; die kleinere Karte wird dann oftmals nicht mehr beim Alleinspieler vermutet. Schneiden sollte der Alleinspieler nur, wenn es zum Gewinn des Spiels erforderlich ist oder wenn in einem bereits gewonnenen Spiel dadurch eine höhere Gewinnstufe erreicht werden kann.

Das Schneiden wird nicht immer erfolgreich verlaufen. Besondere Vorsicht ist geboten, wenn noch viele Trumpfkarten im Spiel sind.

In Hinterhand sollte man das Schneiden unterlassen, wenn man dadurch in Mittelhand kommt. Wenn keine Trümpfe mehr im Spiel sind, besitzt dieser Grundsatz keine Berechtigung.

In Mittelhand zu schneiden ist riskant. Es sollte nur dann getan werden, wenn es zwingend erforderlich ist oder wenn kein Nachteil mehr entstehen kann.

6. Die Gegenspieler beim Farbspiel

Die Gegenspieler, deren erklärtes Ziel es ist, dem Alleinspieler den Gewinn streitig zu machen, haben besondere Gelegenheit, ihr Können zu beweisen. Jeder Gegenspieler muß seine Spielführung nach seinen Karten, den Hinweisen seines Partners und dem Durchkreuzen der Pläne des Alleinspielers einrichten. Alle Worte und Zeichen, die den Spielverlauf in seinem Wesen beeinflussen, haben zu unterbleiben und sind unstatthaft. Die gegenseitigen Hinweise der Gegenspieler dürfen nur aus ihrer Spielweise erkennbar sein. Jeder der Gegenspieler mag eine andere Vorstellung vom Spielablauf haben, da ihm die Karten seines Partners nicht bekannt sind. Ein schnelles Umdenken wird verlangt, wenn der Mitspieler einen anderen Weg wählt, der seinen Überlegungen zufolge ihm erfolgversprechender erscheint. Im Laufe eines Spiels sind eine Unmenge verschiedener Situationen durch alle Beteiligten zu verarbeiten. Besonders betroffen davon sind die Gegenspieler, denn der Alleinspieler hat von vornherein eine gewisse Vorstellung, wie er sein Spiel zu gewinnen gedenkt. Viele Möglichkeiten müssen

von den Gegenspielern bedacht werden: Hat der Alleinspieler abgeworfen oder wurde von ihm bedient; welche
Farbe hat er abgeworfen; hat der Mitspieler abgeworfen
oder bedient – womit hat er bedient, welche Farbe hat er
abgeworfen? Ein wahres Wirrwarr von Situationen, deren
günstigste Ausnutzung den Gegenspielern mit ihrem Können obliegt.

Der Alleinspieler soll in seinen Trumpfkarten geschwächt
werden. Er versucht ein Gleiches mit seinen Gegenspielern.
Nur die Methoden sind verschieden. Der Spieler fordert mit
einer Trumpfkarte möglicherweise zwei Trumpfkarten der
Gegenspieler ab. Die Gegenspieler werden durch Vorspielen von Fehlfarben den Alleinspieler zur Trumpfnahme
veranlassen. Sie haben immer das Bestreben, ihren Gegner
in Mittelhand zu halten. Beim Vorspielen von Fehlfarben
haben die Gegenspieler daran zu denken, daß sie dem
Alleinspieler das Abwerfen von Farbkarten erschweren
müssen. Die starke Farbe des Alleinspielers sollte nicht
gespielt werden. Die Farbe, die er abwirft, ist wahrscheinlich
seine schwächste. Dieselbe nachzuspielen kann richtig sein.
Jedoch nicht mit hohen Zählkarten, weil man damit dem
Alleinspieler im Sinne des erfolgreichen Abwerfens entgegenkommen würde. Bei allen Überlegungen ist immer der
Spielverlauf zu berücksichtigen. Besaß der Alleinspieler
bereits zwei Farben, kann man davon ausgehen, daß er die
dritte Farbe nicht in seinem Blatt führt; deren kleine Karten
zu spielen wäre ratsam.

Bei Handspielen können die Gegenspieler alle Farben beim
Alleinspieler vermuten; er hatte keine Gelegenheit, sein
Blatt zu säubern – sich Fehlfarben zu schaffen. Handspiele
sind durch oftmaliges Wechseln der Farben verloren worden. Es ist nicht empfehlenswert, bei Handspielen die
gleichen Farben hintereinander zu spielen, da dem Spieler
Möglichkeiten des Abwerfens anderer schlechter Farbkarten gegeben werden.

Verzichtet der Alleinspieler auf das Trumpffordern und
zieht stattdessen seine Farb-Asse, sollten die Gegenspieler
die Trümpfe fordern, da er offensichtlich wenige Trümpfe
besitzt.

Wenn nur noch wenige Augen zum Gewinn fehlen, werden
die Gegenspieler versuchen, diese mit Bilderkarten (Dame,
König) zu erreichen.

Stellt sich während des Spiels heraus oder besteht die
berechtigte Vermutung, daß der Alleinspieler gegen Ende

des Spiels noch eine besetzte Zehn oder andere schlechte Farbkarten haben muß, werden die Gegenspieler die Farbkarten mit höheren Zählwerten ausspielen. Sie wollen damit verhindern, daß sich der Alleinspieler seiner schlechten Karten entledigt. Oft gelingt es den Gegenspielern, mit einer kleinen Trumpfkarte den Alleinspieler in Vorhand zu bringen, und seine besetzte Zehn fällt ihrem erfolgreichen Schneiden zu.

7. Das Ausspielen, Übernehmen, Zugeben und Abwerfen

Über die wesentliche Bedeutung des Ausspielens wurde schon gesprochen. Die Grundsätze blieben bislang jedoch unberührt. Kurzer Weg – lange Farbe! Dabei handelt es sich nicht nur um einen Begriff aus dem Repertoire der Spielerweisheiten. Dieser Begriff findet zweifelsfrei in dem ersten Ausspielen seine Rechtfertigung, da er in der Praxis eine Unzahl von Möglichkeiten enthält. Ein kurzer Weg ist dann vorhanden, wenn der Ausspieler vor dem Alleinspieler sitzt; also der Spieler sitzt in Mittelhand. Für das Ausspielen auf dem kurzen Weg bietet sich eine lange Farbe an. Eine lange Farbe ist kein konkreter Begriff; denn was wirklich eine lange Farbe ist, läßt sich nicht genau definieren. Ab dem Besitz von vier Karten einer Farbe ist dieser Begriff wahrscheinlich in seinem Sinne erfüllt.

Beginnt eine lange Farbe mit dem As und wird dann mit Zehn, König und Dame fortgesetzt, handelt es sich dabei fast um ein wunschgemäßes Gegenfarbblatt zum Alleinspieler. Mit einer solchen Kartenkombination läßt sich immer ein Spiel eröffnen. Welche Karte dieser Farbe angespielt werden sollte, unterliegt einigen Faktoren, die ihre Berücksichtigung verlangen. Handelt es sich um ein Handspiel oder wurde der Skat aufgenommen? Bei einem Handspiel ist es nahezu zwingend, daß das As ausgespielt wird. Wird von beiden Mitspielern, insbesondere vom Alleinspieler, die Farbe bedient, muß die Zehn folgen. Hinterhand stehen dann oft alle Möglichkeiten offen.

Bei Spielen mit Skataufnahme sind andere Voraussetzungen gegeben. Der Ausspieler hat zunächst zu prüfen, ob er selbst viele Trümpfe (etwa ab drei oder vier) besitzt (in diesem Fall muß er das Bestreben haben, den Alleinspieler mit der

langen Farbe im Trumpf zu schwächen, um eventuell auf die
eigenen Trümpfe Stiche zu erhalten);
ob er viele Zählwerte in seinem Blatt hat (sind viele
Zählaugen vorhanden, sollten diese nicht geschont werden,
da sie im späteren Verlauf des Spiels womöglich doch dem
Alleinspieler zugegeben werden müssen);
ob er selbst eine Fehlfarbe besitzt (dann wird er seine
Zählkarten zurückhalten in der Hoffnung, daß der Partner
in der Fehlfarbe Stiche machen kann und dann die Zählkarten erhält);
ist die lange Farbe von oben (mit dem Ausspielen wird
erreicht, daß der Alleinspieler im Trumpf geschwächt wird)
oder von unten (mit dem Ausspielen kann erreicht werden,
daß Hinterhand die Zählkarten dieser Farbe stechen kann)
geschlossen oder ist sie durchbrochen (As, Dame, Neun und
Sieben)? Beim Anspielen der durchbrochenen Farbe ist der
Alleinspieler, im Falle des Führens dieser Farbe, vor das
Problem gestellt, welche Karte er zugibt oder mit welcher er
übernimmt.
Diese Gegebenheiten beeinflussen das Ausspielen. Muß der
Alleinspieler die Farbe bedienen, ist die günstigste Aus-
gangsbasis für die Gegenspieler vorhanden. Im Nachspielen
eröffnen sich dann meist für Hinterhand spielbestimmende
Gesichtspunkte für das Abwerfen, Stechen, Überstechen
und Wimmeln (Wimmeln: In den Stich des Partners hohe
Zählaugen geben). Muß der Alleinspieler stechen, wird er
im Trumpf geschwächt; wirft er ab, bleibt die Gegenpartei
am Spiel. Besitzt der Alleinspieler das As der langen
ausgespielten Farbe, ist es nicht selten, daß es von Hinterhand gestochen wird.
Besitzt der Ausspieler keine lange Farbe, muß er sich für
eine andere Farbkarte entscheiden. Die Entscheidung sollte
nicht zugunsten einer einzelnen Farbkarte – einer blanken
Farbe – fallen. Mit dem Ausspielen einer blanken Farbe auf
kurzem Weg wird man meistens dem Alleinspieler entgegenkommen. Damit wird nur in den seltensten Fällen zu
erreichen sein, daß der Alleinspieler sticht. Übernimmt er
mit einer Mittelkarte, ist für Hinterhand das Problem des
Schneidens oder Nichtschneidens gegeben. Blankes Ausspielen einer Farbe erzielt nur in sehr wenigen Fällen einen
Erfolg. Günstiger wäre es, eine Mittelkarte einer Farbe
auszuspielen, deren Zehn man nicht führt. Wenn es dadurch
gelingt, die Zehn der Hinterhand freizuspielen, war dieses
Ausspielen richtig.

Den gleichen Erfolg – wie beim Ausspielen einer langen Farbe – kann man damit erreichen, daß von einer zweimal besetzten Zehn gespielt wird. Etwas ungünstiger ist das Ausspielen von einer einmal besetzten Zehn. Es ist gefahrvoll, aber nicht grundsätzlich abzulehnen.

Im Laufe der Spielpraxis erkennt jeder Spieler immer sicherer, welche Karte zum Anspiel benutzt werden sollte. Die genannte Auswahl von Möglichkeiten ist nicht umfassend und erfolggarantierend. Es sind nur Möglichkeiten nach der Wahrscheinlichkeit. Der Spielverlauf kann zu erkennen geben, daß es sogar – oder auch nur – richtig gewesen wäre, eine blanke Farbkarte (auch eine Zehn) oder den einzigen Trumpf auszuspielen. Die Vielgestaltigkeit des Skatspiels beweist immer wieder, daß in einigen Fällen nur das Spielen »gegen die Regel« der einzige Weg zum Erfolg sein kann. Das gilt nicht nur für das Ausspielen, sondern für alle Phasen des Spiels.

Der Alleinspieler spielt einen der kleinen Buben (Herz oder Karo) aus. Mittelhand sollte übernehmen, wenn sie aus ihrem Blatt zu erkennen glaubt, daß Hinterhand hohe Trumpfaugen besitzt. War aus dem Reizen ersichtlich, daß Hinterhand einen Buben besitzt, sollte natürlich der Spieler in Mittelhand gebracht werden, indem Hinterhand übernimmt.

Wird durch den Alleinspieler der Kreuz- oder Pik-Bube ausgespielt, muß in Hinterhand der einmal besetzte Karo-Bube zugegeben werden, in Mittelhand erst beim zweiten Stich. Damit wird für den Mitspieler der Hinweis gegeben, daß er seinerseits auch den Herz-Buben zugeben kann, um mit dem elf Augen zählenden As einen Stich zu machen. Ist der Karo-Bube zugegeben, erkennt der Mitspieler, daß er nicht beim Alleinspieler sitzt. Aus dem gleichen Grunde wird auch der einmal besetzte Herz-Bube in Hinterhand zugegeben, wenn der Alleinspieler mit Kreuz- oder Pik-Bube ausgespielt hat. Wird durch den Alleinspieler der Pik-Bube ausgespielt und geht aus dem Reizen hervor, daß das Spiel ohne einen gespielt werden kann, muß selbstverständlich in Mittelhand der einmal besetzte Herz-Bube gehalten werden.

Werden von Vorhand kleine Karten einer Farbe gespielt, die sie nur selbst besitzt, sollte Mittelhand den in Hinterhand sitzenden Alleinspieler zum Stechen verleiten, indem sie mit Bildkarten einige Augen zugibt (einen Stich schmackhaft machen!). Bei einem angebotenem As oder einer Zehn wäre das weitere Zugeben von Augen eine Verschwendung. Bei einem angebotenem As sollte Mittelhand nicht die Zehn zugeben, wenn sie diese Farbe lang hat. Hinterhand wird wahrscheinlich stechen.

Für das Abwerfen gilt zunächst, daß die Farbe gehalten wird, die der Partner abwirft oder die abgeworfen wird, die er hält. So kann erreicht werden, daß die Gegenspieler Farbstiche machen können. Wenn beide Partner die gleiche Farbe abwerfen, kann der Alleinspieler möglicherweise in dieser Farbe sichere Karten erhalten.

Besitzt man in einer Farbe den König zu dritt, das heißt, den König mit zwei kleineren Karten dieser Farbe besetzt, sollte man ihn bis zur Klärung dieser Farbe behalten. Ein König zu dritt hat schon oftmals einen Stich eingebracht; seltener bei Farbspielen, öfter beim Grand.

Hat man zu Beginn eines Spiels die Möglichkeit, eine blanke Trumpfkarte zu verstechen, ist darin ein gewisser Vorteil zu sehen, zumal der Alleinspieler diesen Trumpf ohnehin abholen würde. In einem Trumpfstich des Mitspielers kann später womöglich gewimmelt werden.

Hohe Zählkarten des Alleinspielers müssen eingestochen werden. Erhält man in Mittelhand König oder Dame angeboten, kann man diese durchlaufen lassen, wenn noch nicht As und Zehn dieser Farbe gefallen sind.

Für den Gegenspieler in Hinterhand sind alle Entscheidungen leichter, da er den Stich schon vor sich sieht. Sitzt der Alleinspieler in Hinterhand, sollte nur dann gestochen werden, wenn aus dem Spielverlauf und den erhaltenen Kenntnissen über die Kartenverteilung ersichtlich ist, daß hohe Karten kommen müssen oder daß der Alleinspieler in Mittelhand genommen werden soll. Man sollte bedenken, daß auch Leerkarten zu sicheren Karten werden können, wenn beispielsweise alle übrigen Karten dieser Farbe gespielt wurden und keine Trümpfe mehr vorhanden sind.

Alle Hinweise sollen nur eine Hilfe sein. Sie müssen überlegt und der jeweiligen Situation entsprechend angewandt werden. Sie besitzen keine Vollständigkeit und sollten durch die Erfahrungen der eigenen Spielpraxis nach Belieben ergänzt werden.

Einen sehr ungünstigen Spielverlauf für den Alleinspieler nimmt ein Spiel, wenn jeder der Gegenspieler eine Fehlfarbe und zwei oder drei Trümpfe besitzt. Absolut sicher erscheinende Spiele werden somit immer wieder zur Verblüffung des Spielers verloren. Wobei durchaus gesagt

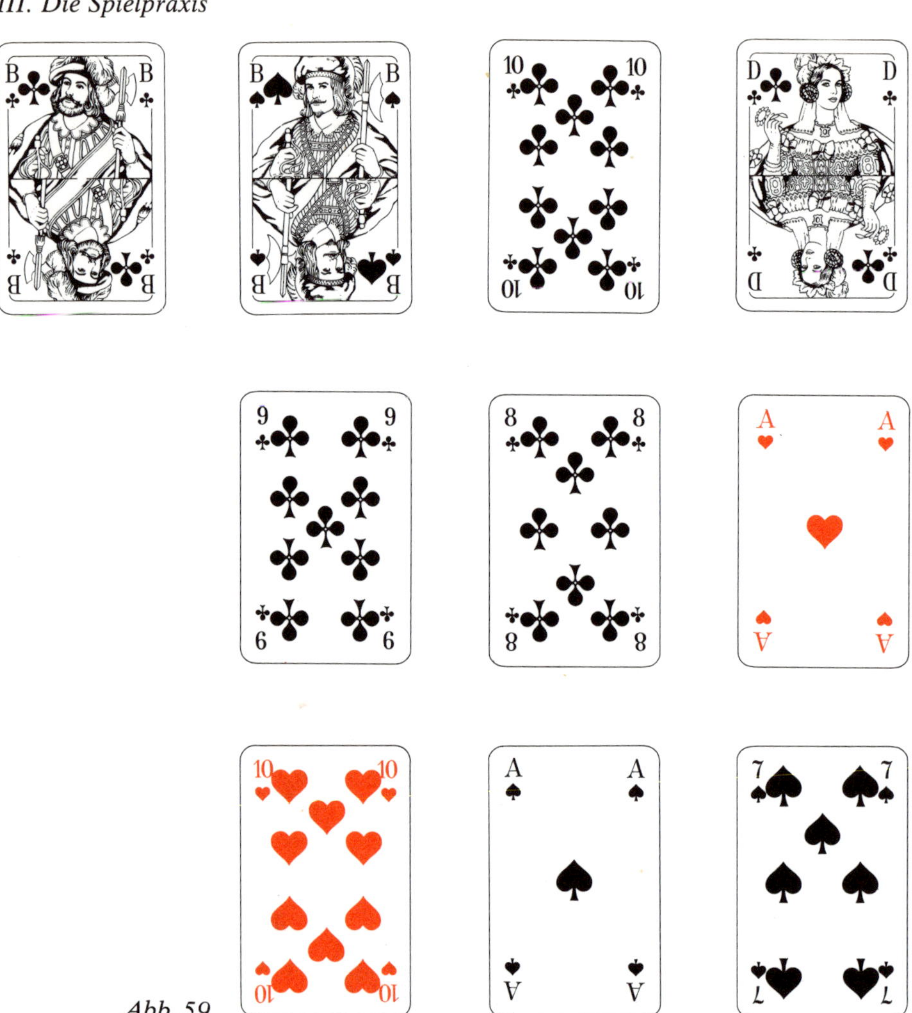

Abb. 59

werden kann, daß ein gleiches Spiel in Vorhand Schneider oder gar Schwarz gespielt werden könnte. Das Blatt Abb. 59 veranschaulicht eine solche Situation.

In Mittelhand wird mit diesem Blatt – Kreuz- und Pik-Bube, Kreuz-Zehn, -Dame, -Neun, -Acht, Herz-As, -Zehn, Pik-As und -Sieben – Kreuz mit zweien gespielt. Gedrückt sind Karo-König und neun.

Vorhand besitzt das Blatt Abb. 60 – Herz-Bube, Kreuz-As, -Sieben, Pik-Zehn, -König, -Dame, -Neun und -Acht, Karo-Zehn, -Dame. – Spielverlauf:

Abb. 60

Vorhand spielt Pik-König aus. Mittelhand (Spieler) übernimmt mit dem Pik-As und Hinterhand sticht mit Kreuz-
König. Der Stich zählt 19 Augen.

Abb. 61

Hinterhand spielt Herz-König aus. Mittelhand sticht mit Kreuz-As und der Alleinspieler muß die Herz-Zehn zugeben. Der Stich zählt 25 Augen.

Abb. 62

Vorhand spielt Pik-Zehn aus. Mittelhand (Spieler) gibt Pik-Sieben zu und Hinterhand wimmelt Karo-As. Der Stich zählt 21 Augen.

Abb. 63

Der Alleinspieler kam mit seinem guten Blatt nicht ans Spiel und verlor bereits in den ersten drei Stichen.

Sitzt der Alleinspieler in Mittelhand, wird von Vorhand mit größter Wahrscheinlichkeit eine lange Farbe angespielt. In diesem Fall gilt für Hinterhand der Leitsatz: Nicht auf den eigenen Mann zu schneiden! Viele Spiele werden gewonnen, weil die Gegner sich nicht daran gehalten haben. Die Gegenspieler haben gemeinsame Interessen; der Erfolg gehört ihnen beiden. Sie können nur dann Erfolg haben, wenn beide auf das Spiel des Partners eingehen. Gegen Ende des Spiels, wenn aus dem Spielverlauf zu erkennen ist, daß das Spiel nur mittels Schneiden zu gewinnen ist, findet der Leitsatz in seinem Sinne keine Berechtigung.

Sitzt der Alleinspieler in Hinterhand, wird Vorhand eine kurze oder blanke Farbe anspielen (langer Weg – kurze

Farbe). In einem solchen Fall ist das Schneiden fast immer unvorteilhaft, da im Nachspielen der Farbe Hinterhand wahrscheinlich eine für die Gegenpartei vorteilhafte Lösung, wie Stechen, Überstechen, Abwerfen oder Wimmeln parat hat.

Gegen den Alleinspieler zu schneiden, sollte nur dann geschehen, wenn man selbst in Hinterhand ist und vermutet werden kann, daß der Spieler weitere Karten der Farbe besitzt. Dabei ist zu überlegen, ob das As sofort nachgespielt werden soll. Wenn beim Alleinspieler die Zehn zu dritt vermutet wird, und der Partner noch eine Trumpfkarte besitzt, kann das As nachgespielt werden. Der Partner wird auf das As wimmeln und die weitere Karte dieser Farbe stechen, um die Zehn des Spielers zu erhalten.

Eine andere und oftmals bessere Möglichkeit ist die des Wartens, das heißt, dem Spieler andere hohe Zählkarten anzubieten, um ihn am Abwerfen zu hindern. Wenn er selbst seine schwache Farbe bringen muß, läßt sich erfolgreicher schneiden. Sollte sich herausstellen, daß die Zehn beim Alleinspieler blank steht, ist sofort das As nachzuspielen.

Ist ein Spiel nur durch das Schneiden zu gewinnen, muß dieses Wagnis eingegangen werden. Im ersten Spielabschnitt ist das Schneiden erfahrungsgemäß schwieriger als gegen Ende des Spiels.

Hat der Spieler im Laufe des Spiels zwei Farben gestochen und besitzt einer der Gegner von der dritten Farbe As, König und eine weitere Karte, darf diese Farbe nicht angespielt werden. Sie ist in einem solchen Fall die ideale Kartenkombination zum Schneiden, wenn sie vom Spieler selbst gebracht werden muß.

Werden dem Alleinspieler eine oder zwei niedrige Farbkarten angeboten, und hat er auf dieselben nicht abgeworfen, sondern gestochen, und bringt dann selbst eine Farbe ins Spiel, kann man davon ausgehen, daß er diese mehrfach besitzt. In diesem Fall ist das Schneiden angebracht.

Das Wimmeln – Zugeben hoher Zählkarten – ist ausschließlich den Gegenspielern vorbehalten. Gehört ein Stich dem Partner und muß man nicht mehr bedienen, werden möglichst viele Augen zugegeben, gewimmelt. Wenn der Betreffende in Hinterhand sitzt, hat er nur die Überlegung zu treffen, welche Karte er wimmeln soll. Diese Überlegungen sind meist erst gegen Spielende zu treffen. Auf keinen Fall soll eine Karte gewimmelt werden, die mit Sicherheit noch einen Stich macht. Blanke oder schwach besetzte

Zehnen sowie hohe Karten aus geschlossenen Farben, bieten sich für das Wimmeln an. Im besonderen eignet sich die Fehlfarbe des Spielers, mit der Einschränkung, daß er keine Trümpfe mehr besitzt. In diesem Fall wäre es völlig verkehrt, die sicheren Karten, die noch Stiche machen können, zu wimmeln. Dabei ist natürlich wichtig, daß der Spieler nicht ans Spiel gebracht werden muß.

Sollte der Mitspieler in der Lage sein, dem Spieler alle Trümpfe abzufordern, muß eine solche Farbe ebenfalls behalten werden. Der Mitspieler hat möglicherweise dieses in das Spielgeschehen eingeplant und wird dem Mitspieler mit der sicheren Farbe zum Ausspiel verhelfen.

In Mittelhand muß ein triftiger Grund für das Wimmeln vorliegen.

Der in Vorhand sitzende Alleinspieler bedient sich oftmals einer Wimmelfinte, das heißt, er möchte den folgenden Spieler zum Wimmeln veranlassen, mit der Sicherheit, den Stich selbst zu vereinnahmen. Die Methoden sind immer die gleichen. Es wird eine kleinere Farb- oder Trumpfkarte ausgespielt, deren höhere man alle besitzt. Beispielsweise hat der Alleinspieler von einer Farbe As, Zehn, König und Dame, wird er erst das As ausspielen und dann die Dame folgen lassen. Mittelhand kann nicht mit Sicherheit erkennen, daß der Spieler auch die Zehn und den König besitzt. Richtiges und überlegtes Wimmeln brachte den Gegenspielern oftmals den Sieg. Was das Wimmeln bei den Farbspielen anbelangt, trifft auch für den Grand zu. Es gelten die gleichen Grundsätze; nur ist beim Grand zu beachten, daß vier Farben im Spiel sind.

8. Der Alleinspieler und die Gegenspieler beim Grand

Der Grundsatz: Trumpf ist die Seele des Spiels! ist auch beim Grand von Bedeutung. Doch unterliegt dieser einer Einschränkung, da es Arten von Grands gibt, die nur dann eine Gewinnaussicht versprechen, wenn man gerade diesen Grundsatz nicht befolgt.

Der Grand beinhaltet nur vier Trumpfkarten – die Buben. Farben, diese möglichst geschlossen, erhalten somit eine größere Bedeutung als bei den Farbspielen.

In keiner anderen Spielart wird der Spielführung durch den

Alleinspieler soviel Bedeutung zugemessen wie gerade beim Grand. Daraus geht schon hervor, daß oftmals ein Grand nur in Vorhand gespielt werden kann, das heißt, daß die Spielführung schon mit dem ersten Ausspielen geschehen muß, wenn das Spiel gewonnen werden soll. Wenn bei den Farbspielen im späteren Verlauf noch eine günstige oder vorteilhafte Korrektur möglich ist, ist sie beim Grand durch die wenigen Trümpfe oftmals ausgeschlossen. Von außerordentlicher Wichtigkeit ist es zunächst, den Gegenspielern die Buben abzufordern und wenn dieses nicht möglich ist, sie ihnen herauszuholen; sie zum Stechen zu zwingen. Das Gesagte geschieht folgendermaßen: Besitzt der Alleinspieler in Vorhand den Kreuz- und Pik-Buben, kann er den Gegenspielern beide fehlenden Buben abfordern. Das erste Ausspielen gibt ihm Klarheit darüber, ob im zweiten Stich eventuell ein noch fehlender Bube abgefordert werden muß. Eine vorhandene lange geschlossene Farbe wird ihm zum sicheren Sieg verhelfen.

Besitzt der Alleinspieler in Mittel- oder Hinterhand das gleiche Blatt, besteht für ihn nur dann eine Gewinnaussicht, wenn die fehlenden Buben in einem Ausspiel abgefordert werden können, also wenn sie bei den Gegenspielern verteilt sitzen. Er wird mit Sicherheit eine Farbe vorgespielt bekommen, die er stechen muß. Beim Fordern der Buben kann dann einer bei den Gegenspielern sitzen bleiben, der im entscheidenden Moment einstechen wird und den Grand zunichte macht. In einem solchen Fall sollte man auf einen Grand unbedingt verzichten, da er nur auf schwachen Füßen steht und nur in dem durch das Glück begünstigten Fall gewonnen werden kann. Als Alternative ist hier nur das bestimmt sichere Farbspiel zu empfehlen, sofern man überhaupt eine Alternative gelten lassen will.

In Vorhand genügen oftmals zwei Buben, wobei deren Rangordnung unwesentlich ist, einen Grand zu gewinnen.

In den Fällen, in denen der ranghöchste Bube, der Kreuz-Bube fehlt, gewinnen die geschlossenen Farben, bzw. die Asse und Zehnen, an zunehmender Bedeutung.

Fehlt der Kreuz-Bube, muß der Alleinspieler versuchen, mit seiner langen Farbe oder seinen Assen die Gegenspieler dazu zu zwingen, ihre Buben herauszunehmen. Das gilt gleichermaßen, ob Vorhand ohne einen oder ohne zwei spielt.

Bei drei Buben mit fehlendem Kreuz-Buben wird der Alleinspieler einen Buben fordern und damit den Kreuz-

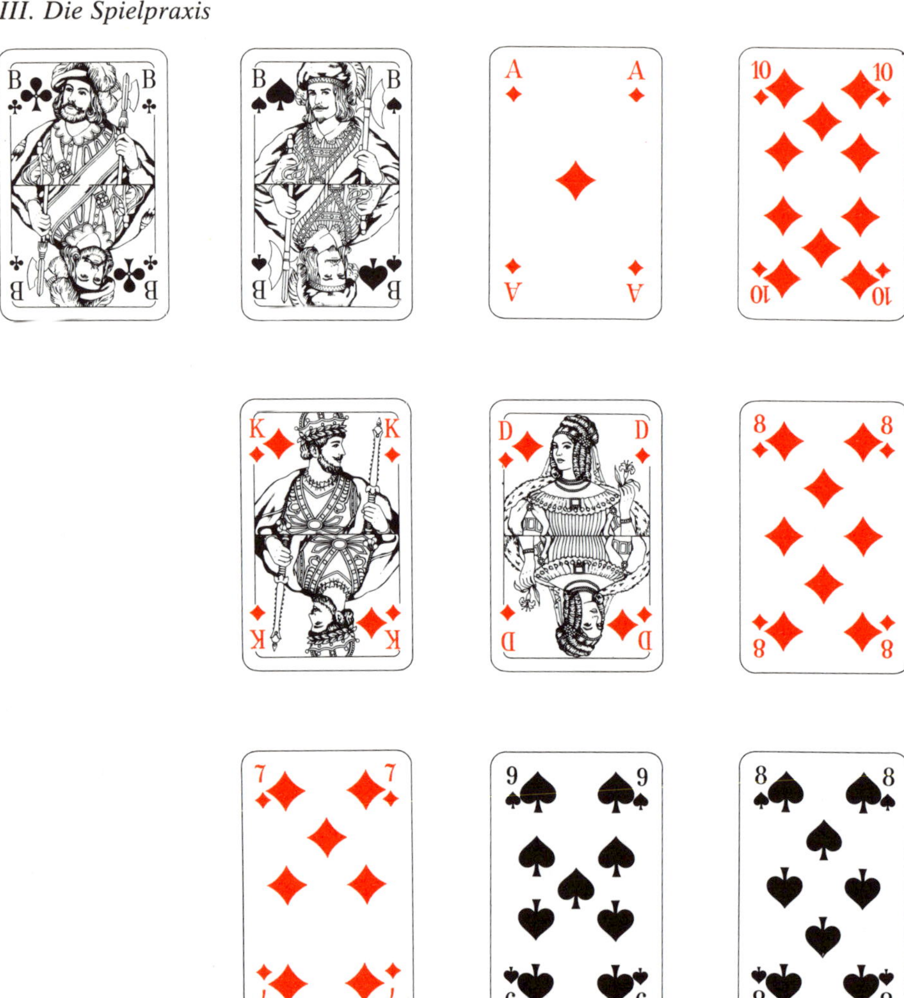

Abb. 64

Buben herausholen. Dabei ist es noch nicht einmal sicher, ob die Gegenspieler mit diesem garantierten Stich auch eine hohe Augenzahl erreichen; denn sitzt der Kreuz-Bube in Hinterhand, wird Mittelhand in diesem Zweifelsfalle bestimmt nur eine Mittelkarte hinzugeben.

Einige Beispiele für einen Grand sollen das Gesagte erläutern:

s. Abb. 64 Kreuz- und Pik-Bube, As, Zehn, König, Dame, Acht, Sieben einer Farbe sowie Neun und Acht einer anderen Farbe.

Mit diesem Blatt ist ein Grand nur in Vorhand sicher. Mit dem gleichen Blatt, jedoch statt Pik-Bube, Herz- oder

Abb. 65

Karo-Bube, ist ein Grand noch ziemlich sicher. Bei fehlendem Kreuz-Buben aber beim Vorhandensein zweier Buben, erscheint ein Grand schon sehr gewagt. Wenn die Zehn der langen Farbe gestochen wird, kann darauf schon gewimmelt werden. Es ist somit für die Gegenspieler ein Stich mit 23 Augen möglich. Die Gegenspieler erhalten noch einen weiteren Stich mit einem Buben. Außerdem müssen noch die beiden Leerkarten durch den Alleinspieler abgegeben werden.

s. Abb. 65 Pik-Bube, Herz-Bube (oder Karo-Bube oder Herz- und Karo-Bube), As, Zehn, König, Dame, Sieben einer Farbe und As, Zehn, König einer anderen Farbe.

Mit diesem Blatt ist ein Grand nur in Vorhand möglich. Er

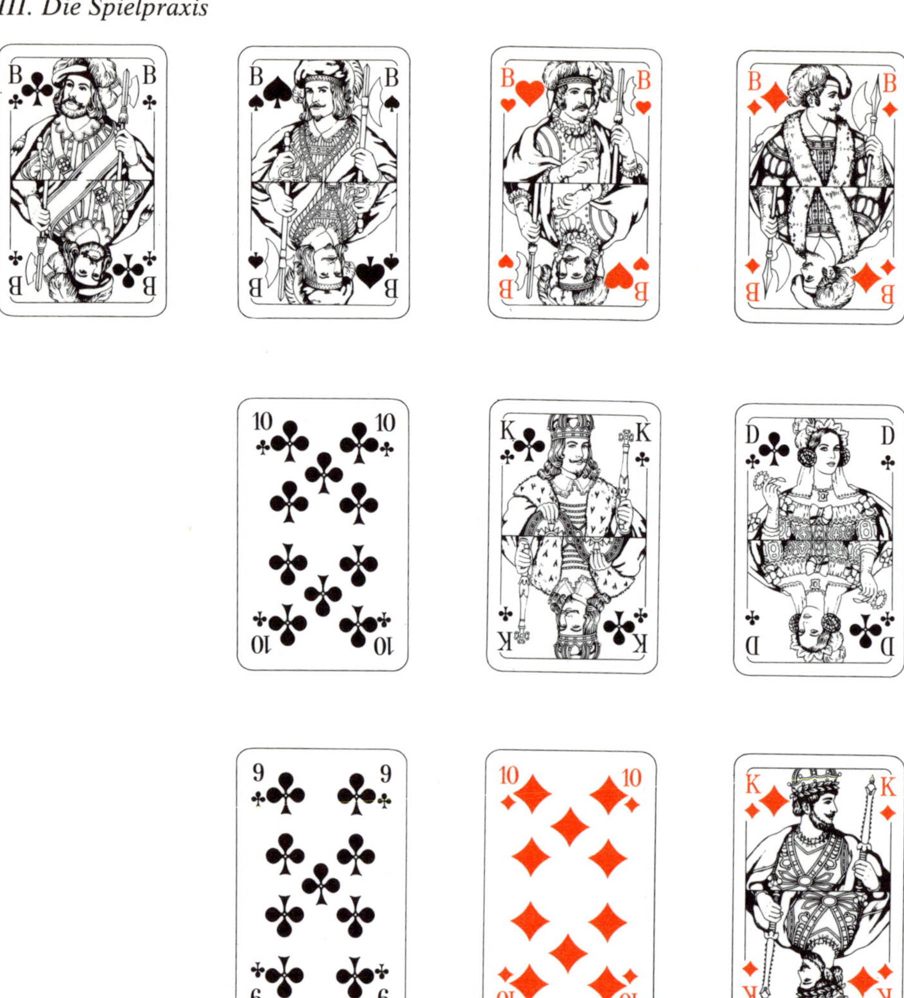

Abb. 66

wird sicher gewonnen, wenn kein Bube gefordert, sondern mit einer der beiden Farben – vom As beginnend – gezogen wird.

Beide Beispiele sind in allen Positionen als Grand sicher, wenn ein dritter Bube vorhanden ist.

s. Abb. 66 Kreuz-, Pik-, Herz- und Karo-Bube, Zehn, König, Dame und Neun einer Farbe sowie Zehn und König einer anderen Farbe.

Dieses Blatt ist in jeder Position als Grand zu spielen. Im ungünstigsten Falle können die Gegenspieler 58 Augen bekommen. Beim Vorspielen der einmal besetzten Zehn kann mit dem As der Farbe übernommen und ein weiteres gewimmelt werden, also 32 Augen. Bei der langen Farbe braucht nicht die Zehn gespielt zu werden, da die Gegenspieler ohnehin keine Möglichkeit haben, sie zu erhalten. Spätestens der König muß übernommen werden. König und As sowie ein gewimmeltes As ergeben noch einmal 26 Augen. Dieses gilt nur, wenn der Alleinspieler keine Karte abwirft, wozu er auch keine Veranlassung hat.

Bei vier Buben und einem schwachen Beiblatt sollte der Alleinspieler zunächst seine schwachen Karten spielen. Damit kann er verhindern, daß die Gegenspieler ihr Blatt reinigen und im Spielverlauf auf seine schwachen Karten wimmeln. Gelegentlich wird der Alleinspieler auch den Herz- oder Karo-Buben ausspielen. Er bedient sich dieser Finte, um damit zu erreichen, daß von Mittelhand gewimmelt wird.

Besitzt der Alleinspieler neben dem Kreuz-Buben und einem roten Buben alle vier Asse, kann er das zweite Fordern eines Buben durchführen, da er immer wieder in Vorhand gebracht werden muß.

Besitzt der Alleinspieler nicht alle Asse, wird er nach dem Kreuz-Buben das As seiner längsten Farbe spielen. Sollte das As mit dem bei den Gegenspielern verbliebenen Buben nicht gestochen werden, läßt er die Zehn folgen. Er will mit seiner langen Farbe die Gegenspieler zum Stechen zwingen. Ihr Abwerfen hat gewisse Grenzen, denn nach einiger Zeit werden sie selbst dem Alleinspieler Zählkarten geben müssen.

Gelingt es dem Alleinspieler, in der ersten Spielphase die Buben der Gegenspieler abzufordern, wird er bemüht sein, seine schwachen Karten vorzuspielen, also seinerseits das Blatt zu reinigen – soweit es nicht durch das Drücken geschehen konnte. Damit können zwei Ziele verfolgt werden: Um den Grand nicht zu verlieren, muß der Alleinspieler bemüht sein, seine schwachen Karten loszuwerden. Ein weiterer Grund wäre es, wenn er durch das Ausspielen kleiner Karten die Gewinnstufe Schneider zu erreichen versucht.

Besitzt der Alleinspieler nur einen Buben, aber ansonsten ein für einen Grand geeignetes Beiblatt (vier Asse, eine Zehn), sollte er auch diesen einen Buben ausspielen. Er kann davon ausgehen, daß er den Gegenspielern damit möglicherweise zwei Buben abfordert, die dann nicht mehr zum Stechen herangezogen werden können. Damit hat der eine Bube seinen Zweck erfüllt, denn er kann bei dem

Alleinspieler mit dem genannten Beiblatt mit Sicherheit nicht zum Stechen verwandt werden.

Besitzt der Alleinspieler keinen Buben, aber alle vier Asse und mindestens zwei Zehnen, kann er einen Grand ohne vier riskieren. Mit dem Vorbehalt, daß nicht zu hoch gereizt wurde, verspricht ein solcher Grand eine Gewinnaussicht. In jedem Fall bleibt ein Grand ohne vier ein Risiko. Es besteht auch die Möglichkeit, daß jeder der Gegenspieler zwei Farben und zwei Buben besitzt. In einem solchen Fall kann es durchaus passieren, daß der Alleinspieler keinen Stich bekommt, also Schwarz wird. Diese Bemerkung soll nicht entmutigen, einen Grand ohne vier zu spielen, denn die Praxis beweist immer wieder, daß auch ein solcher Grand in der Gewinnstufe Schneider gewonnen werden kann.

Zum Grand ohne vier drückt man möglichst hohe Zählkarten, die gestochen werden könnten. Bei längeren geschlossenen Farben können auch As und Zehn dieser Farbe herangezogen werden, unter der Voraussetzung, daß mit dem König noch eine starke Karte dieser Farbe bleibt. Für Vorhand gilt, daß zuerst die mit einer Zehn besetzten Asse gespielt werden sollten, sofern diese nicht gedrückt werden mußten. Aus einer durchbrochenen Farbe das As auszuspielen, wenn die Zehn fehlt, wäre leichtsinnig, da den Gegenspielern neben den vier Buben noch eine weitere Karte für einen sicheren Stich offeriert wird.

In Mittelhand sollte man jede vorgespielte Farbe sicher übernehmen, um selbst ans Spiel zu kommen. Vom Schneiden ist in Mittelhand abzuraten. Das gilt nicht, wenn das Schneiden zum Gewinn unerläßlich ist.

Abschließend zu diesem Thema ist noch ein Beispiel für einen in Vorhand sicheren Grand Hand gegeben, der besonders bei dem Anfänger leicht übersehen wird:

s. Abb. 67 Kreuz- und Pik-Bube, As und Zehn einer sowie As und Zehn einer anderen Farbe; dazu vier Leerkarten der anderen Farben.

Mit den sechs Stichen, beginnend mit den Buben und den beiden Assen und Zehnen folgend, wird der Alleinspieler im ungünstigsten Falle immer 62 Augen erhalten. 46 Augen hat der Alleinspieler selbst. Er erhält die beiden Buben der Gegenspieler mit 4 Augen und mindestens die vier Damen mit 12 Augen. Im Spiel sind nur 12 Karten ohne Zählwert. Erhält der Alleinspieler sechs Stiche und besitzt selbst vier

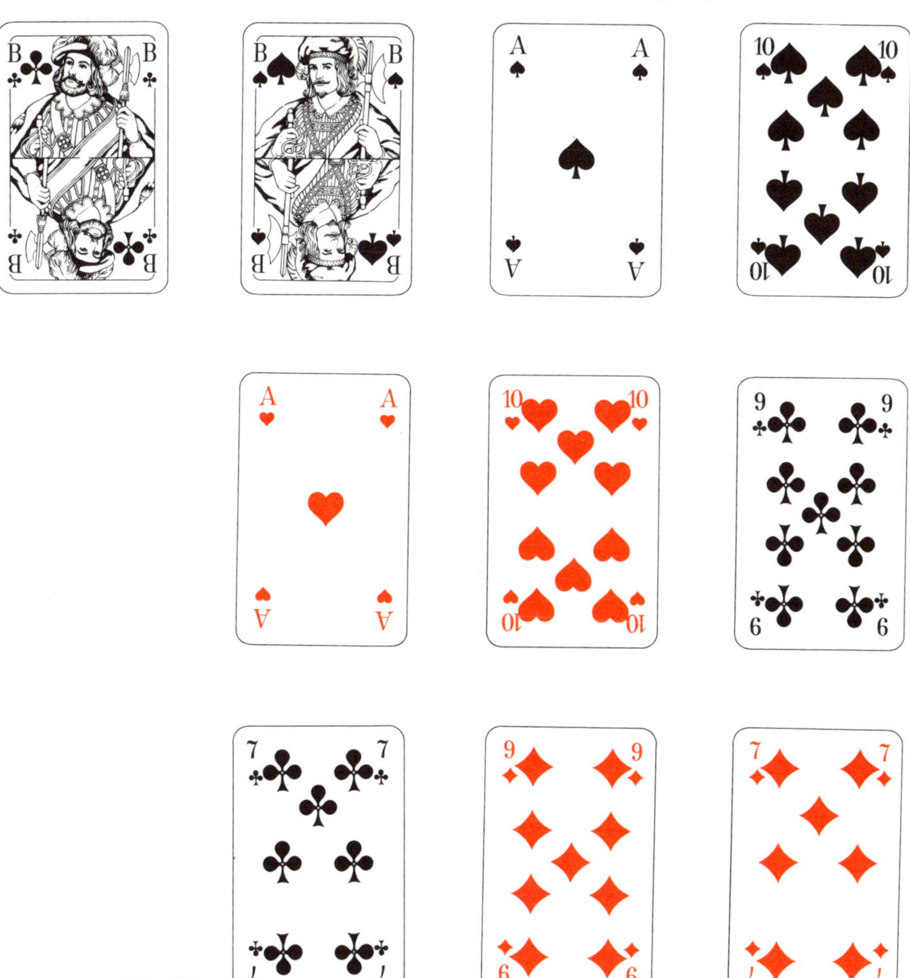

Abb. 67

Leerkarten zu zweimal As und Zehn, muß er zwangsläufig, wenn noch zwei Leerkarten im Skat liegen sollten, spätestens mit dem fünften und sechsten Stich die vier Damen der Gegenspieler als Zählaugen erhalten.

Das Gegenspiel beim Grand besitzt nicht die Vielfalt des Gegenspiels bei den Farbspielen. Der Alleinspieler hat beim Grand oft eine ganz konkrete Vorstellung vom Spielablauf. Er kann es in einigen Fällen so einrichten, daß ein Gegenspiel nur in den von ihm gewünschten Bahnen erfolgen kann. Eine Skatweisheit scheint hier wieder angebracht zu sein, die lautet: Beim Grand spielt man Asse! Die

Position zum Alleinspieler ist dabei zweitrangig. Lediglich beim Ausspielen, des Asses einer langen Farbe ist Vorsicht geboten, wenn der Mitspieler in Mittelhand sitzt. Der Mitspieler kann zum Wimmeln verleitet werden. Kleine Karten zu spielen, entbehrt jeglicher Logik. Denn der Alleinspieler wird beim Grand überwiegend hohe Karten besitzen. Mit hohen Karten zwingt man den Alleinspieler zum Stechen; in Anbetracht der nur vier Trümpfe (die möglicherweise auch noch verteilt sind), muß das Einstechen durch ihn gut überlegt werden. Eine blanke Karte – auch ein blankes As – empfehlen sich nicht zum Ausspielen gegen einen Grand. In beiden Fällen kann es ein Entgegenkommen an den Alleinspieler sein. Mit der blanken Karte kann ihm in die Farbe gespielt werden und das blanke As ist womöglich die fehlende Karte seiner langen Farbe. Besitzt der Ausspieler kein As zum ersten Anspiel, bietet sich eventuell in der Reizfarbe des Mitspielers eine Möglichkeit, am Spiel zu bleiben. Ist der Alleinspieler in Mittelhand, kann auch von einer besetzten Zehn gespielt werden. Wenn der Alleinspieler mit dem As übernimmt, besitzt man in der Zehn eine starke Gegenkarte. Im weiteren bieten sich die Karten einer langen Farbe zum Ausspielen an, da die Möglichkeit des Stechens durch den Mitspieler besteht. Es erweist sich oft für das Gegenspiel günstig, wenn ein Bube verstochen werden kann, der von dem Alleinspieler ohnehin abgeholt worden wäre. Besitzt einer der Gegenspieler zwei Buben und eine lange Farbe mit dem As beginnend, gilt für das Ausspielen, die lange Farbe zu benutzen. Der Alleinspieler muß einstechen, um ans Spiel zu kommen. Er ist in einem solchen Fall um einen Trumpf kürzer als die Gegenspieler.

Besitzt einer der Gegenspieler zwei Buben (mit dem Kreuz-Buben) und eine lange Farbe, sollte er so spielen, als spiele er selbst einen Grand; also den höchsten Buben fordern und mit der langen Farbe das Spiel fortsetzen. Ein solches Gegenblatt ist nicht abwegig, wenn man bedenkt, daß der Alleinspieler durchaus einen Grand mit zwei Buben und zweimal As und Zehn spielen kann.

Die Farbe, die der Mitspieler abwirft, sollte nach Möglichkeit gehalten werden. Ein König zu dritt hat im besonderen beim Grand schon oft einen Stich gemacht. Ansonsten sind Asse und Zehnen beim Grand die dominierenden Karten. Sie zu wimmeln verlangt immer die Überlegung, ob sie nicht noch Stiche machen können. Ein blankes As ist keine Karte zum Wimmeln; auch dessen Zugabe ist nur gerechtfertigt, wenn dadurch die zum Gewinn notwendige Augenzahl erreicht wird.

Im allgemeinen gelten für die Gegenspieler beim Grand die gleichen Grundsätze wie bei den Farbspielen.

Alle Hinweise – gleich für welche Spielart – können niemals vollständig sein, da die Möglichkeiten der Kartenverteilung zu groß sind. Die Hinweise sind Anhaltspunkte, die der einzelne dazu benutzen sollte, sie aus der eigenen Erfahrung in seiner Spielpraxis zu vervollkommnen.

9. Der Alleinspieler und die Gegenspieler bei den Nullspielen

In der Einführung in das Skatspiel wurde schon auf die veränderte Kartenfolge bei den Nullspielen hingewiesen. Die Zehn ist zwischen der Neun und der Dame einzuordnen, und die Buben werden in den Karten ihrer Farbe unterhalb der Dame eingereiht. Der Zählwert der Karten besitzt keinerlei Bedeutung mehr. Der Alleinspieler darf keinen Stich erhalten, um ein Nullspiel zu gewinnen. Für den Alleinspieler gilt also in Vorhand eine Karte auszuspielen, die zumindest von einem Gegenspieler übernommen werden muß. Mit Sicherheit ist ein Nullspiel verloren, wenn der Alleinspieler alle Karten einer Farbe besitzt und dieselbe anspielt. Demnach ist bei den Null-Handspielen Vorsicht geboten, wenn eine Farbe ausgespielt werden muß, die sechs- oder siebenmal in der Hand sitzt. Die fehlenden Karten dieser Farbe können im Skat liegen. Der Alleinspieler braucht als Ausspieler nur eine sichere Karte, das heißt, eine Karte, mit der er die Gegenspieler ans Spiel bringt. In dem weiteren Spielverlauf braucht er den Stichen nur noch auszuweichen. Zum Ausspielen eignet sich keine Farbe, in der der Alleinspieler zwar die Sieben besitzt, ihm jedoch die Acht fehlt; es sei denn, die Acht wäre die einzige fehlende Karte. Können mehrere sichere Farben für das Ausspielen herangezogen werden, sollte man die kürzeste Farbe wählen, da so die geringste Aussicht besteht, daß von einem der Gegenspieler eine andere Karte abgeworfen werden kann. Eine blanke Acht sollte sofort ausgespielt werden. Ist ihre Farbe bei den Gegenspielern verteilt, ist das Nullspiel gewonnen. Bei einer blanken Neun, die ebenfalls – trotz aller Unsicherheiten – sofort ausgespielt werden sollte, ist ein zusätzliches Risiko vorhanden. Deren Farben mögen verteilt sein, aber für die Sieben und Acht braucht dies nicht zutreffen. Im Normalfall wird durch den Alleinspieler immer eine sichere Karte ausgespielt werden.

Die Nullspiele, die nicht offen gespielt werden müssen, erlauben kleine Unsicherheiten. Bei den offenen Nullspielen ist das den Gegnern offenbarte Blatt möglichst frei von Schwächen zu halten.

Sitzt der Alleinspieler in Mittelhand, muß er, wenn es sein Blatt zuläßt, immer unmittelbar unter der ausgespielten Karte bleiben; in Hinterhand gilt, unter der höchsten der beiden vorgespielten Karten zu bleiben. Abweichungen werden nur aus taktischen Überlegungen vorgenommen, wenn beispielsweise die Gegenspieler zum Wechseln der Farbe veranlaßt werden sollen. In der Praxis kann das Gesagte folgendermaßen geschehen: Der Alleinspieler gibt in einen ausgespielten König die Sieben, obwohl er noch die Acht, Neun und Dame besitzt. Die Überlegung ist, dem Gegenspieler demonstrieren zu wollen, daß keine weiteren Karten dieser Farbe beim Alleinspieler sitzen. Diese Finte ist gelungen, wenn der Gegenspieler tatsächlich aus diesem Grunde die Farbe wechselt.

Besitzt man als Alleinspieler schwache Karten zum Nullspiel, sei es auch nur eine, wobei eine blanke Acht in Vorhand ausgenommen werden kann, sollte man es bei dem 23 Punkte zählenden Nullspiel belassen. Es beinhaltet weniger Risiko und ist im Verlustfalle günstiger als der verlorene Null ouvert mit 92 Minuspunkten. Ein Null-Handspiel mit dem Spielwert von 35 ist oftmals die Alternative, wenn man das Spiel über dem Reizwert 23 erhalten hat und die Skataufnahme zum Null ouvert zu riskant erscheint. Ist ein Nullspiel von vornherein sicher, das heißt, wird der Skat nicht zur Verbesserung des Spiels benötigt, sollte ein Null ouvert Hand mit dem Spielwert 59 gespielt werden.

In einigen Beispielen sind sichere und unsichere Kartenfolgen aufgezeigt. Auf ein Beispiel mit einer blanken Acht ist verzichtet. Gleichermaßen sind Beispiele ohne die Sieben einer Farbe auch nicht angeführt. In diesen beiden Fällen bleibt ein Nullspiel unsicher; besonders jedoch dann, wenn zu einer langen Farbe die Sieben fehlt.

Abb. 68

Sieben, Neun, Bube und König.
Zwischen diesen Karten ist jeweils nur eine Lücke. In Mittel- und Hinterhand kann stets ausgewichen werden. Zum ersten Ausspielen ist dieses Blatt ungeeignet.

In allen Beispielen (Abb. 68–75) ist der ungünstigste Kartensitz für den Alleinspieler angenommen. Damit ist nicht zum Ausdruck gebracht, daß mit einem solchen Blatt verloren werden muß; denn in der Praxis sind die Karten nicht immer derart einseitig verteilt.
Den Gegenspielern muß es gelingen, dem Alleinspieler einen Stich beizubringen. Bei den offenen Nullspielen werden die Gegenspieler das Spiel nach den Informationen der aufgedeckten Karten des Alleinspielers durchführen. Erkennen die Gegenspieler, daß ihre Bemühungen vergeblich sein werden, das heißt, daß das offene Nullspiel einwandfrei ist, werden sie kein Interesse daran haben, das Spiel durchzuspielen und die Karten zusammenlegen. Auf der Durchführung eines sicheren Nullspieles braucht nicht bestanden zu werden.

Abb. 69

Sieben, Acht, Bube und Dame.
Zwischen diesen Karten ist eine Lücke von zwei Karten. Diese Lücke wird durch Sieben und Acht ausgeglichen. In Mittel- und Hinterhand kann stets ausgewichen werden. Zum ersten Ausspielen ist auch dieses Blatt ungeeignet.

Für die Nullspiele (Null oder Null Hand) wird der erste Ausspieler nach Möglichkeit eine blanke Karte ausspielen. Damit zeigt er seinem Mitspieler einen Weg und will verdeutlichen, daß auf diese Farbe zunächst besonderes Augenmerk zu richten sei. Ist keine blanke Karte vorhanden, sollte mit einer Mittelkarte einer kurzen Farbe begonnen werden.

War der Alleinspieler in Vorhand, wird die von ihm ausgespielte Farbe selten nachgespielt, weil diese Farbe bei ihm nicht mehr vermutet oder in sicherer Reihenfolge angenommen wird.

Wird im Laufe eines Spiels festgestellt, daß einer der Mitspieler eine Farbe nicht oder nicht mehr besitzt, sollte diese nachgespielt werden. Dieses sollte dann mindestens so oft geschehen als diese vom Alleinspieler bedient wird.

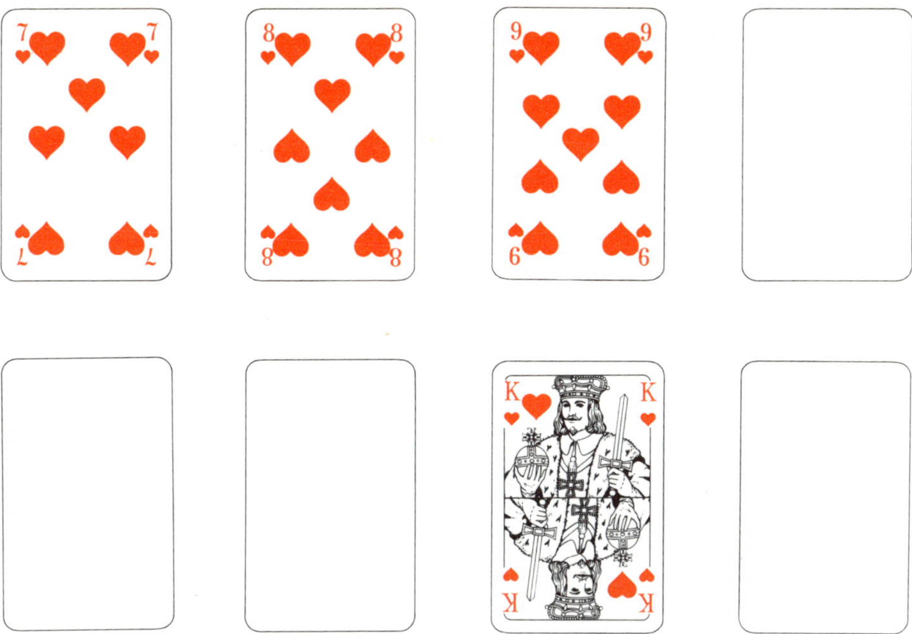

Abb. 70

Sieben, Acht, Neun und König.
Obwohl zwischen diesen Karten eine Lücke von drei Karten besteht, kann in Mittel- und Hinterhand stets ausgewichen werden. Zum ersten Ausspielen ungeeignet.

Dadurch wird dem Mitspieler Gelegenheit gegeben, andere Karten abzuwerfen.
Die Farbe, die ein Mitspieler als erste ausgespielt hat, ist auch die, die er nachgespielt haben möchte. Der zweite Mitspieler ist bemüht festzustellen, ob darin eine Erfolgsaussicht besteht. Ist diese Aussicht nicht vorhanden, wird er seinerseits nach einem günstigen Weg suchen. Soll dem Alleinspieler ein Stich aufgezwungen werden, ist es selbstverständlich, daß zunächst die niedrigsten Karten behalten werden.
Muß eine Karte des Mitspielers in Mittelhand übernommen werden, sollte es mit der nächst höheren geschehen. Damit bleibt die Möglichkeit erhalten, daß der in Hinterhand sitzende Alleinspieler zum Übernehmen, folglich zum Verlust des Spiels gezwungen wird.

Abb. 71

Sieben, Zehn, Bube und König.
Zwischen Sieben und Zehn ist eine Lücke von zwei Karten.
Es kann nur einmal ausgewichen werden. Die größtmögliche Sicherheit besteht in Hinterhand.

In Mittelhand darf eine ausgespielte Karte des Alleinspielers nicht ohne besonderen Grund übernommen werden.
In keiner anderen Spielart gewinnt das Abwerfen eine so wesentliche Bedeutung wie bei den Nullspielen. Da es für alle Beteiligten von Bedeutung ist, sollte dem Alleinspieler wenig Möglichkeit zum Abwerfen gegeben werden. Die Entledigung seiner unbequemen Karten sichert ihm den Gewinn seines Spiels. Die Gegenspieler sollten jede Gelegenheit des Abwerfens nutzen.
Die Sieben einer Farbe sollte erst dann gespielt werden, wenn man sich vergewissert hat, daß der Mitspieler die Karten dieser Farbe abgeworfen hat.

Abb. 72

Sieben, Acht, Dame, König und As.
Dieses Blatt mit einer Lücke von drei Karten ist in allen Positionen gleichermaßen unsicher. Es kann nur zweimal ausgewichen werden.

Abb. 73

Sieben, Acht, Neun (Zehn) und As.
Bei diesem Blatt ist das Ausweichen dreimal möglich. Beim vierten Anspiel dieser Farbe muß dann mit dem As übernommen werden. Die Unsicherheit ist in allen Positionen gleich.

Abb. 74

Sieben, Neun, Dame, König und As.
Den Karten aus der Lücke zwischen Neun und Dame kann ausgewichen werden; allerdings unter Mitbenutzung der Sieben. Die Acht muß dann übernommen werden. Das Risiko ist in allen Positionen gleich.

Abb. 75

Sieben, Neun, Bube und As.
Auch in diesem Fall kann nur dreimal ausgewichen werden.
Die vierte Karte muß dann übernommen werden.

Abb. 76

Das Beispiel Abb. 76 zeigt den Spielverlauf eines Null ouvert, bei dem es auf jeden Stich ankommt und bei welchem der Bedeutung des richtigen Abwerfens besondere Aufmerksamkeit beigemessen wurde.

Die Spieler sind A (Vorhand), B (Mittelhand) und C (Hinterhand) benannt. Die Kartenverteilung:

A besitzt Kreuz-Sieben, Pik-Zehn, -Dame, -König, -As, Herz-Zehn, -Bube, -Dame, Karo-Acht und -König.

Abb. 77

B besitzt Kreuz-Acht, Pik-Sieben, -Acht, -Neun, -Bube,
Herz-Sieben, -Acht, -Neun, Karo-Sieben und -Neun.

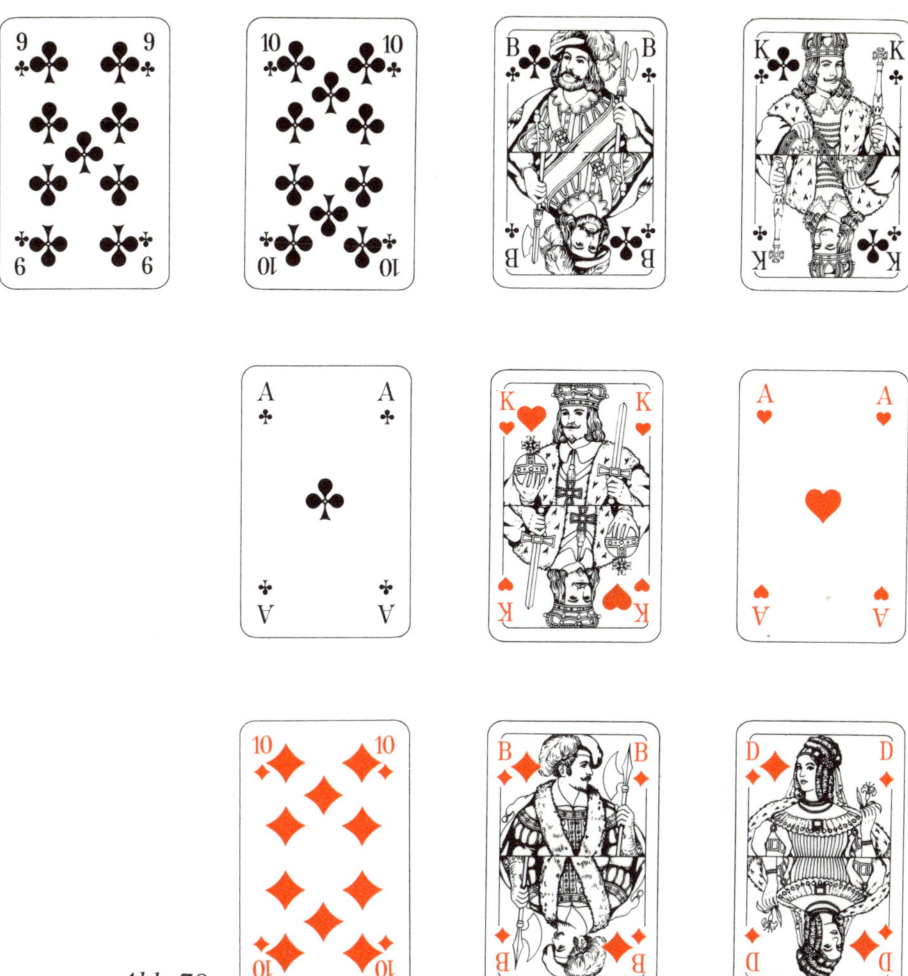

Abb. 78

C besitzt Kreuz-Neun, -Zehn, -Bube, -König, -As, Herz-König, -As, Karo-Zehn, -Bube und -Dame.

Hinterhand (C) reizte ein Kreuz-Handspiel mit einem. Da Mittelhand nicht auf den Null ouvert verzichten wollte, erhielt sie das Spiel. Die im Skat liegenden Karo-As und Kreuz-Dame brachten nicht die gewünschte Verbesserung des Blattes und wurden beide wieder gedrückt. In Vorhand wäre das Spiel gewonnen. Im 8. Stich geht dieser Null ouvert verloren. Der Verlauf der einzelnen Stiche:

1. Stich: A = Pik-As, B = Pik-Bube und C Herz-As

Abb. 79

2. Stich: A = Pik-König, B = Pik-Neun und C Herz-König

Abb. 80

3. Stich: A = Pik-Dame, B = Pik-Acht und C Kreuz-As

Abb. 81

4. Stich: A = Pik-Zehn, B = Pik-Sieben und C Kreuz-König

Abb. 82

5. Stich: A = Herz-Dame, B = Herz-Neun und C Kreuz-Bube

Abb. 83

6. Stich: A = Herz-Bube, B = Herz-Acht und C Kreuz-Zehn

Abb. 84

7. Stich: A = Herz-Zehn, B = Herz-Sieben und C Kreuz-Neun

Abb. 85

8. Stich: A = Kreuz-Sieben, B = Kreuz-Acht und C Karo-Dame

Abb. 86

Hinterhand war durch überlegtes Abwerfen in der Lage, ihre lange Kreuzfarbe loszuwerden.

Beim Nullspiel ist es oft wichtig und schwierig zugleich, immer den richtigen Mitspieler in Vorhand zu bringen. Es ist nicht selten, daß einer der Mitspieler eine Karte besitzt, die der Alleinspieler übernehmen muß, nur kann diese nicht mehr in Vorhand, also zum Ausspielen gebracht werden.

10. Beispiele aus der tatsächlichen Praxis

Eine immer wiederkehrende praktische Überlegung:

In diesem Fall soll nur darauf hingewiesen sein, daß eine einzige Unachtsamkeit – womöglich auch nur ein Auge zu retten – über Sieg und Niederlage entscheiden kann. Etwa 80% aller Spiele werden mit nur sehr wenigen Augen Differenz gewonnen.

Es ist angenommen, daß der Alleinspieler in seinen Stichen 46 Augen vereinnahmt hat. Er befindet sich zum vorletzten Stich in Mittelhand mit einem As und einer Leerkarte gleicher Farbe. Eine Leerkarte dieser Farbe könnte im Verlaufe des Spiels abgeworfen worden sein. Somit kann davon ausgegangen werden, daß jeder der Spieler noch zwei Karten besagter Farbe, die aus Gründen der Vereinfachung »Pik« sein sollte, besitzt.

Vorhand spielt die Pik-Dame aus. Wenn Mittelhand mit dem As übernimmt und Hinterhand eine Leerkarte Pik hinzugibt, ist das Spiel für den Alleinspieler mit 60 Augen verloren. Der Alleinspieler darf auf keinen Fall unter den gegebenen Voraussetzungen mit dem As übernehmen, weil er mit dem nächsten Stich zwangsläufig den König oder gar die Zehn der Farbe erhalten muß. Mit dem König wäre das Spiel mit 61 Augen gewonnen.

Der Alleinspieler riskiert seinen Sieg nur mit der Übernahme der Dame oder einer Leerkarte. Selbst wenn König und Zehn der Farbe in Hinterhand sitzen, kann diese nur eine der beiden für den jeweiligen Stich benutzen. Wird der König von Vorhand angespielt, ist dieser natürlich mit dem As zu übernehmen, weil damit der Sieg errungen ist.

Man sieht einmal mehr, welches oft ausschlaggebende Grundelement es ist, immer die vereinnahmten Augen mitzuzählen. Darüber hinaus ist es gleichermaßen wichtig, auf abgeworfene, gewimmelte oder zugegebene Karten zu achten.

Abb. 87

Flexibilität im praktischen Denken:
Mittelhand reizt mit folgendem Blatt Karo ohne vier:
Karo-As, -Zehn, -König, -Dame, -Neun und -Acht, Herz-
As, -Zehn und -Neun, Kreuz-Dame

Skat: Pik-Bube,
Herz-Dame

Vorhand hält ein Reizgebot von 22 und paßt bei 23. Hinterhand setzt den Reizvorgang fort und bietet bis 36, um dann zu passen.

Mittelhand nimmt den Skat auf und stellt mit Erschrecken fest, den Pik-Buben neben der Herz-Dame zu finden.

Damit ist das Karo-Farbspiel nicht mehr durchführbar; selbst für die Gewinnstufe Schneider reicht das Reizgebot nicht aus.

Unter Lamento und mit sonstigem Ausdruck seines unglücklichen Findens zeigt der Alleinspieler den Gegenspielern den Skat. Er begeht damit keinen Regelverstoß, da er als Alleinspieler selbst verantwortlich ist und sich den Gegenspielern gegenüber zusätzlich schwächt.

Mittelhand steht nun vor der nicht leichten Frage, was in diesem Falle zu tun ist. Ein Spiel, das dem Reizgebot entspricht, muß benannt werden. Es gibt für Mittelhand kein Spiel mit einer reellen Gewinnaussicht. Ein Null ouvert bietet sich an, da dieser mit 92 Verlustpunkten noch den günstigsten Verlust darstellt. Doch Mittelhand scheint von allen guten Geistern verlassen und vom Spielteufel besessen zu sein und sagt – nach dem Drücken – einen Grand an, der zweifelsfrei dem Reizgebot entspricht.

Vorhand fordert mit dem Kreuz-Buben, Mittelhand wirft die Karo-Acht ab und Hinterhand bedient mit dem Karo-Buben.

Vorhand macht ihrerseits den spielentscheidenden Fehler und erklärt Mittelhand, daß wohl bedient werden müsse und wirft obendrein ihre Karten auf den Tisch. Nach den Grundregeln der Skatordnung (XII, 4) hat der Alleinspieler sein Spiel gewonnen, denn während des Spiels darf über dessen Verlauf weder gesprochen noch ein Zeichen gemacht werden.

Mittelhand hatte den Pik-Buben gedrückt und ihr Spiel spekulativ gewonnen.

Über die Lauterkeit von Mittelhand läßt sich streiten, denn dieser spekulative Sieg war doch mehr provokatorisch errungen. Von Bedeutung ist lediglich die Überlegung und das Vorausschauen von Mittelhand. Für die Überlegung und gute Reaktion nach dem unglücklichen Finden hat Mittelhand ihren Sieg verdient.

11. Praktische Beispiele, Betrachtungen und Analysen

Abb. 88

Skat:  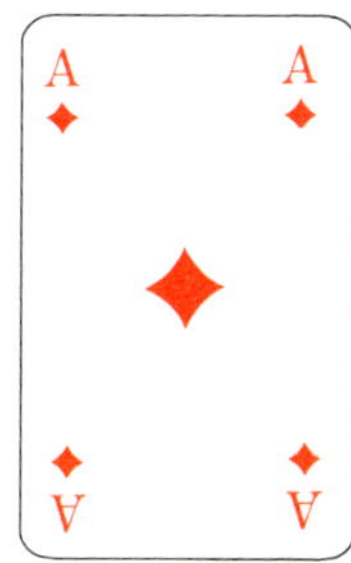

s. Abb. 88

Mit folgendem Blatt: Herz-Bube, Karo-Bube, -Zehn, -König, -Dame, -Neun und -Sieben, Kreuz-As, -Acht und -Sieben
und dem Skat ergeben sich diverse Spielmöglichkeiten.
Im Skat liegen: Kreuz-Bube und Karo-As

Mit diesem Blatt wäre, ohne Berücksichtigung des Skats, ein optisch schönes Karo-Handspiel möglich, sofern das Reizgebot nicht über 27 liegt. Denn der im Skat liegende Kreuz-Bube verringert den Reizwert von 36 auf 27. Für ein solches Karo-Handspiel ist die Position des Alleinspielers – auch unter Berücksichtigung der der Vorhand zugestandenen Vorteile –, von sekundärer Bedeutung. Die Unsicherheiten, die zum Verlust des Spiels führen können, wären möglicherweise für alle Positionen unter bestimmten Kartenkonstellationen denkbar.

Nach der Skataufnahme steht es außer Frage, daß sich als Spielmöglichkeit nur noch der Grand anbietet, um die optimale Punktzahl verbuchen zu können. Der Grand ist, nachdem Kreuz-Sieben und -Acht gedrückt sind, nicht zu verlieren und wird in jeder Position des Alleinspielers mindestens in der Gewinnstufe Schneider gewonnen.

In Vorhand wird die Gewinnstufe Schwarz erreicht, da der Pik-Bube keinen Stich machen kann, nachdem er mittels Kreuz-Buben gefordert wurde. In Mittel- oder Hinterhand ist die Gewinnstufe Schwarz nicht mehr garantiert. Es gibt verschiedene Möglichkeiten, die es zulassen, daß der Pik-Bube einen Stich machen kann. In keinem Falle reicht dieser eine Stich für die Gegenspieler aus, um den Schneider verhindern zu können; die erforderliche Augenzahl 31 kann nicht erreicht werden.

Folgende Voraussetzungen müssen gegeben sein, unter welchen der Pik-Bube einen Stich machen kann, wenn der Alleinspieler in Mittelhand sitzt: Wie gesagt, der Alleinspieler sitzt in Mittelhand und der Pik-Bube wird von Hinterhand geführt. Vorhand spielt die Karo-Acht aus, der Alleinspieler übernimmt (dabei ist die Karte der Übernahme unwichtig) und Hinterhand sticht mit dem Pik-Buben (dieser somit einzige Stich der Gegenspieler kann nur 2, 5, 6, 12 oder 13 Augen zählen).

Vorhand spielt eine Karte der Farbe Kreuz aus, der Alleinspieler muß mit dem As übernehmen. Der Pik Bube sticht in Hinterhand. Die Augenzahl für diesen einzigen Stich der Gegenspieler ist von der Höhe der durch Vorhand ausgespielten Karte abhängig. Möglich sind 13, 16, 17 und 23 Augen.

Vorhand spielt eine Karte der Farben Herz oder Pik aus. Mittelhand, die Alleinspielerin, sticht mit dem Herz- oder Karo-Buben. Hinterhand führt die Farben Herz oder Pik nicht und übersticht mit dem Pik-Buben. Der Stich kann dann 4, 7, 8, 14 oder 15 Augen zählen. Dieses mögliche Überstechen sollte man niemals ausschließen, um sich gegen unliebsame Überraschungen vorzubereiten. Es ist grundsätzlich in alle Überlegungen mit einzubeziehen; beim Grand, wie bei allen Farbspielen.

Folgende Voraussetzungen müssen gegeben sein, damit der Pik-Bube einen Stich machen kann, wenn der Alleinspieler in Hinterhand sitzt: Vorhand kann eine Farbe verlangen, die von Mittelhand mit dem Pik-Buben gestochen wird und von Hinterhand bedient werden muß. In diesen Fällen die Farben Karo oder Kreuz.

Werden von Vorhand die Farben Herz oder Pik angespielt und von Mittelhand eingestochen, hat Hinterhand die Möglichkeit des Überstechens; damit wäre dann wieder die Gewinnstufe Schwarz garantiert.

Daraus ist zu folgern, daß zweifelsfrei Vorhand die günstigste Position besitzt. In Rangordnung des günstigsten (wahrscheinlich) Spielverlaufs folgt dann die Position der Hinterhand, weil die Gegenspieler in diesem Falle weniger Möglichkeiten haben, mit dem Pik-Buben einen Stich machen zu können.

Es ist müßig, darüber Betrachtungen anzustellen, daß selbstverständlich mit diesem Blatt auch die Farbspiele Karo oder Kreuz mit Sicherheit gewonnen werden. Welcher Skater möchte freiwillig auf die wesentlich höhere Punktebewertung verzichten, die ihm der Grand offeriert? Der Null ouvert besitzt ebenfalls eine absolute Gewinnaussicht unter erheblicher Punkteinbuße, nachdem der Herz-Bube und das Kreuz-As gedrückt worden sind.

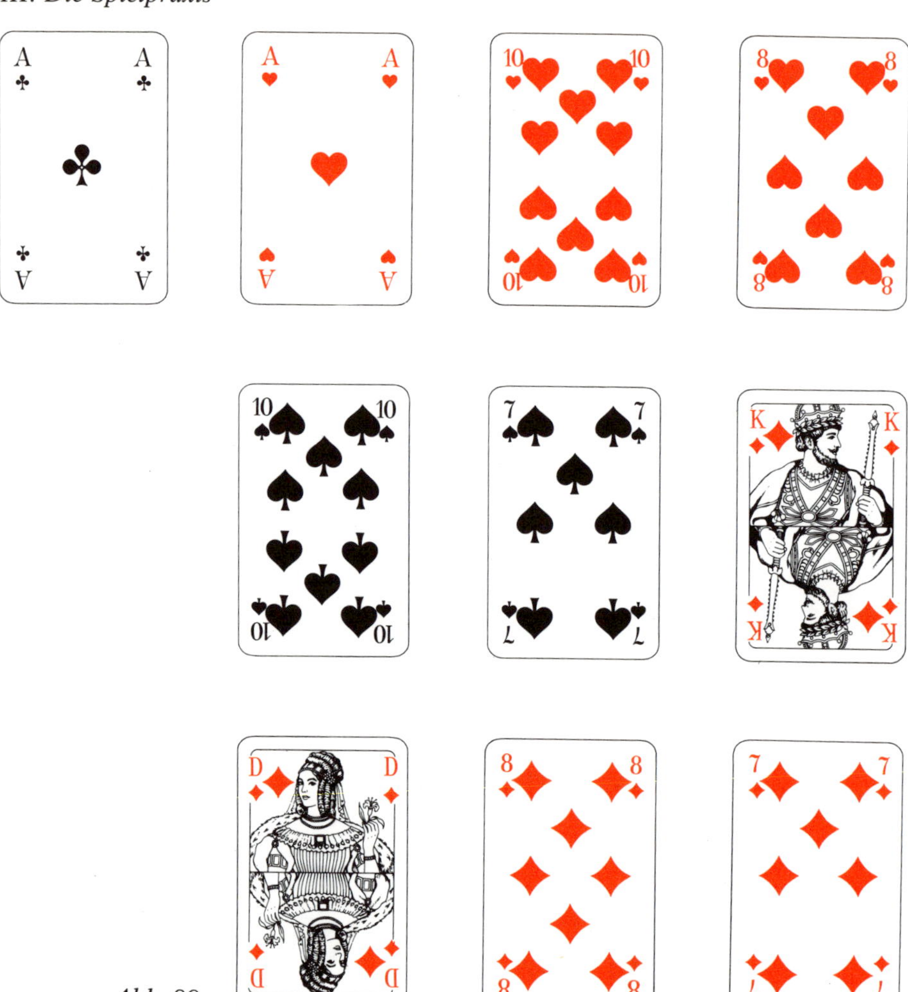

Abb. 89

Folgende Kartenverteilung hat sich ergeben:

Vorhand: Kreuz-As, Herz-As, -Zehn und -Acht, Pik-Zehn und -Sieben, Karo-König, -Dame, -Acht und -Sieben

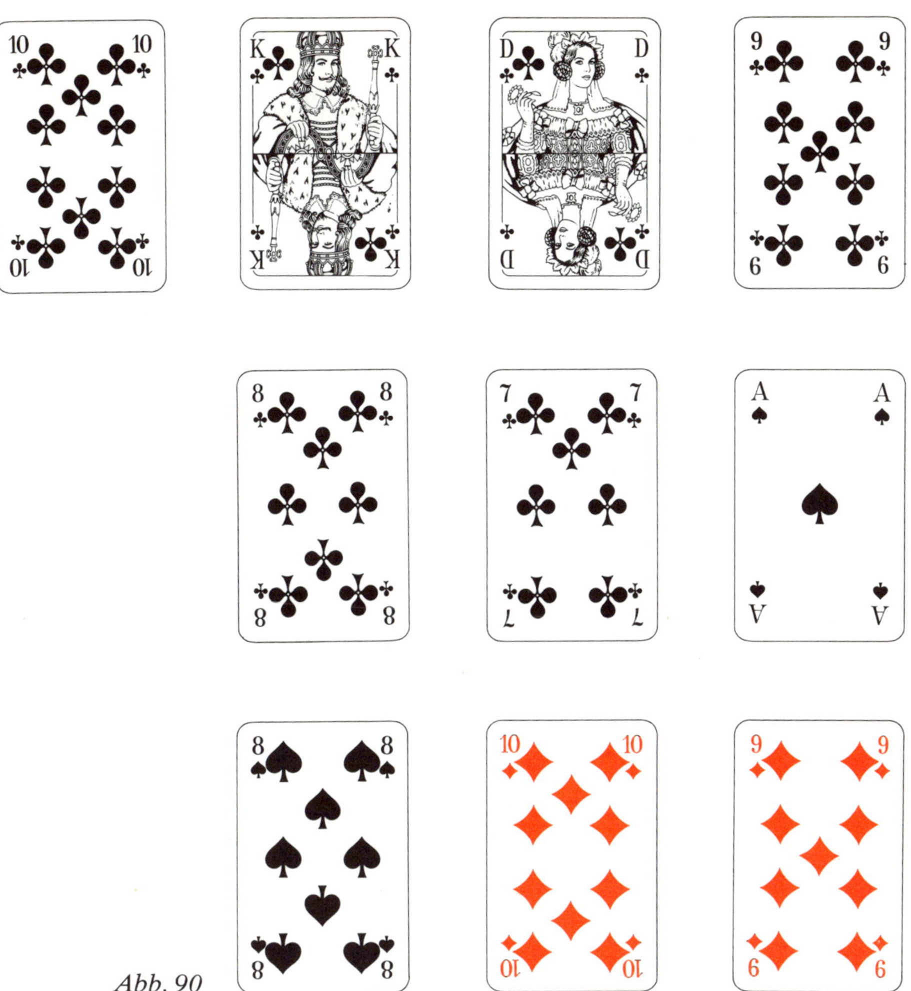

Abb. 90

Mittelhand: Kreuz-Zehn, -König, -Dame, -Neun, -Acht und -Sieben, Pik-As und -Acht, Karo-Zehn und -Neun

Abb. 91

Hinterhand: Karo-As und -Bube, Herz-König, -Dame, -Neun und -Sieben, Kreuz-Bube, Pik-König, -Dame und -Neun

Skat: Pik- und Herz-Bube

Keiner der Spieler ist in der Lage, mit seinem Blatt eine relativ erfolgversprechende Spielmöglichkeit zu sehen. Ausgenommen Hinterhand könnte mit ihrem Blatt ein vorsichtiges Reizgebot riskieren, um nicht einzupassen und im Vertrauen darauf, daß doch etwas im Skat liegen müsse. Ist das Reizgebot noch so vorsichtig gemacht worden, es bleibt verbindlich. Die zwei Skatkarten öffnen für jeden der Spieler eine Spielmöglichkeit mit beträchtlicher Gewinnaussicht; teilweise noch in höherer als nur erster Gewinnstufe.

Vorhand wäre nach Skataufnahme und dem Drücken von Pik-Zehn und -Sieben im Besitz eines Farbspiels Karo ohne einen mit einer guten Gewinnaussicht in der ersten Gewinnstufe.

Mittelhand drückt die Karo-Zehn und -Neun und verfügt über ein phantastisches Kreuz-Farbspiel mit acht Trümpfen. Es besteht eine berechtigte Aussicht für dieses Spiel, die Gewinnstufe Schneider zu erreichen. Hinterhand erhält ein Angebot verschiedenster Spielmöglichkeiten. Zunächst das Herz-Farbspiel mit vieren, welches mit aller Wahrscheinlichkeit in der Gewinnstufe Schneider verbucht werden kann, nachdem Pik-König und -Dame gedrückt worden sind. Gleichermaßen ist das Pik-Farbspiel möglich, bei welchem dann mindestens zwei Herz-Stiche abgegeben werden müßten. Die Gewinnstufe Schneider ist dann schon etwas schwerer erreichbar.

Es wäre von Hinterhand zwar vermessen, einen Grand anzusagen, obwohl man diesen nicht unbedingt ausschließen sollte, trotz der Erkenntnis drei Stiche abgeben zu müssen. Bei einigem Mut zum Risiko, ist der Grand nicht so abwegig, da für dessen Verlust einige Voraussetzungen gegeben sein müssen. Die Chancen für den Sieg liegen etwa bei 1:4 für den Alleinspieler. Dieser Grand als verloren steht allerdings in schlechter Relation zum sicher gewonnenen Farbspiel.

Mit dieser Kartenkonstellation ist nur darauf hingewiesen, daß jeder der Spieler im Grunde sowohl einpassen kann und müßte – als auch zu einem sicheren Spiel finden kann.

Grundsätzlich sollte ein spielbares Blatt vorhanden sein. Die Möglichkeiten, zu einem Spiel zu finden, sind zwar immer gegeben, aber niemals garantiert.

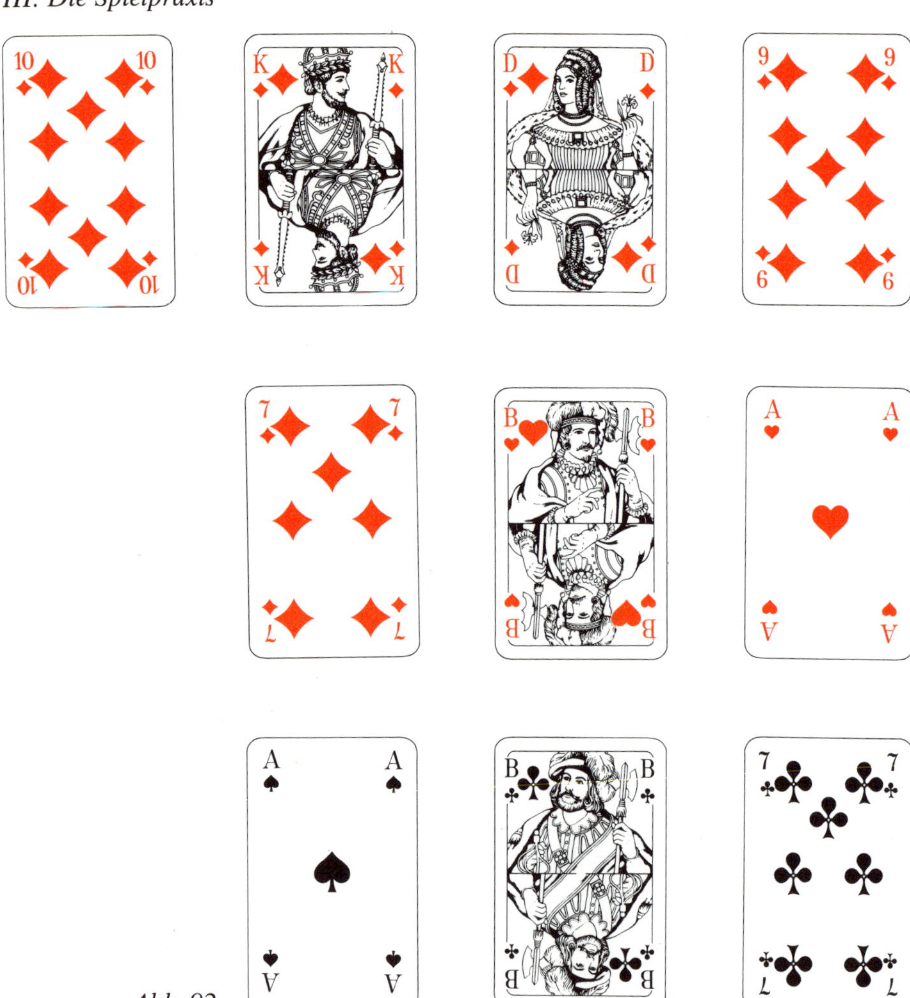

Abb. 92

Der Alleinspieler besitzt folgendes Blatt:
Karo-Zehn, -König, -Dame, -Neun und -Sieben, Herz-Bube und -As, Pik-As, Kreuz-Bube und -Sieben

Er ist in Vorhand und wird in schematischem Spielablauf grundsätzlich sein Karo Hand Farbspiel sicher gewinnen, obwohl es eine theoretische Kartenkonstellation gibt, die den Gegenspielern 60 Augen einbringen kann. Bei einer solchen Kartenverteilung und entsprechendem Spielablauf wäre der Alleinspieler den Gegenspielern wehrlos ausgeliefert.

160

Der Spielablauf wäre wie folgt möglich:
Vorhand (Alleinspieler) spielt Trumpf-Sieben oder -Neun aus,
Mittelhand wimmelt Herz-Zehn und
Hinterhand übernimmt mit dem Trumpf-As. Der Stich zählt für die Gegenspieler 21 Augen.
Hinterhand spielt das Kreuz-As,
Mittelhand gibt die Kreuz-Zehn hinzu und
Vorhand bedient mit der Kreuz-Sieben. Der Stich zählt für die Gegenspieler abermals 21 Augen.
Hinterhand spielt Herz-Sieben,
Mittelhand übernimmt mit der Herz-Acht und
Vorhand muß den Stich mit dem Herz-As einbringen.
Vorhand spielt Trumpf-Sieben oder -Neun,
Mittelhand wimmelt die Pik-Zehn und
Hinterhand übernimmt mit dem Karo-Buben. Der Stich zählt für die Gegenspieler 12 Augen.
Hinterhand spielt Pik-König,
Mittelhand gibt die Pik-Sieben hinzu und
Vorhand übernimmt mit dem Pik-As.
Vorhand spielt den Herz-Buben,
Mittelhand wimmelt den Herz-König und
Hinterhand übernimmt mit dem Pik-Buben. Der Stich zählt für die Gegenspieler 6 Augen. Es ist für den Spielverlauf in keiner Weise entscheidend, ob Vorhand den Kreuz-Buben anzieht, womit sie sich obendrein noch schwächen würde. In dieser Weise könnte das Spiel verloren werden. Die Addition der Augen der Stiche der Gegenspieler: 21 + 21 + 12 + 6 ergeben 60 Augen.
Daraus ergibt sich zwangsläufig, daß dieses Spiel in der Position von Mittel- oder Hinterhand noch zusätzliche Risiken bergen kann, da dem Alleinspieler womöglich noch ein blankes As mit einer blanken Trumpfkarte gestochen werden könnte oder beide Asse den Gegenspielern zufallen würden und somit für sie eine noch höhere Augenzahl erreichbar wäre.
Es kann der Fall eintreten, wenn sich der Alleinspieler in Mittelhand (Hinterhand) befindet, daß die Gegenspieler als Optimale folgende Augenzahl bringen können:
Vorhand spielt die Pik-Zehn aus,
Mittelhand (Alleinspieler) übernimmt mit Pik-As und
Hinterhand sticht mit dem Trumpf-As. Der Stich zählt für die Gegenspieler 32 Augen.
Hinterhand spielt die Herz-Zehn aus,

Vorhand sticht mit dem Karo-Buben und
Mittelhand muß das Herz-As hinzugeben. Der Stich zählt
für die Gegenspieler 23 Augen.
Vorhand spielt das Kreuz-As aus,
Mittelhand bedient mit der Kreuz-Sieben und
Hinterhand mit der Kreuz-Zehn. Der Stich zählt für die
Gegenspieler 21 Augen.
Vorhand spielt den Pik-König aus,
Mittelhand sticht und
Hinterhand wirft die Herz-Sieben ab.
Mittelhand spielt die Trumpf-Acht aus,
Hinterhand wimmelt den Kreuz-König und
Vorhand übernimmt mit dem Pik-Buben. Der Stich zählt für
die Gegenspieler 6 Augen. Für die Gegenspieler ergeben
sich somit als Optimale aus den eingebrachten Stichen 82
Augen. Im vorangegangenen Beispiel war die Position des
Alleinspielers die Mittelhand. Für Hinterhand könnte der
gleiche Spielverlauf aufgezeichnet werden.

Das Blatt Abb. 93 verspricht in jeder Position ein gutes
Kreuz-Farbspiel. Zweifelsfrei würde auch ein Grand äu-
ßerst aussichtsreich sein. Dabei gilt für die Position der
Vorhand, daß der Grand spielbar ist. Sofern kein Bube
angespielt wird, kann man diesen Grand als unverlierbar
betrachten, – unabhängig von der Kartenkonstellation.
Wird ein Bube angespielt, erhalten die Gegenspieler die
Möglichkeit, dem Alleinspieler den verbleibenden Buben
»abzuziehen« und den Grand mit der fehlenden Farbe des
Alleinspielers in Verlust zu spielen. Ist die fehlende Farbe
Karo womöglich fünfmal in einer Hand vertreten und von
den Gegenspielern erkannt und ausgenutzt, kann davon
ausgegangen werden, daß der Grand dann mit Sicherheit
verloren wird. Also in Vorhand sind die eventuellen
Unsicherheiten insofern auszugleichen, als der Alleinspieler
sich seiner hohen Farbkarten bedient und die Buben zum
Einstechen der fehlenden Farbe benutzt.
In Mittel- oder Hinterhand hat der Alleinspieler nicht die
entsprechenden Voraussetzungen, den möglichen Unsicherheiten entsprechend zu begegnen. Unter Unsicherheiten
sind in diesem Falle verschiedene Möglichkeiten zu sehen.
Zunächst die, die schon für die Vorhand aufgezeigt wurden.
Dabei ist allerdings zu berücksichtigen, daß der Alleinspieler in diesen beiden Positionen keinen Einfluß auf die
anzuspielenden Karten besitzt. Es ist müßig, darüber zu

Abb. 93

reden, daß natürlich die Gegenspieler aus ihrer günstigen Ausgangsposition, den entsprechenden Nutzen ziehen möchten.

Wenn in einer Hand zwei Buben sitzen und die Farbe angespielt wird, die der Alleinspieler nicht bekennen kann (er sollte immer davon ausgehen) und einstechen muß, um das Anspiel zu erreichen, ist eine erhebliche Schwächung durch die Gegenspieler erreicht. Ist die fehlende Farbe des Alleinspielers in einer Hand der Gegenspieler mehrfach – in langer Farbe vertreten, ist der Verlust eines solchen Grands nicht selten.

Für die Mittel- oder Hinterhand des Alleinspielers müssen die vorgenannten Voraussetzungen kalkuliert werden. Extreme Kartenkonstellationen bedeuten mehr einen unglücklichen Spielverlauf für den Alleinspieler. Extrem schlechte Kartenverteilungen stellen niemals das Spiel selbst in Frage – im Gegenteil, das Spiel erhält eine zusätzliche Belebung. Ein schlechtes Sitzen der Karten, verlangt vom Alleinspieler nach entsprechender Begegnung, die durch eine gewisse Flexibilität der Spieler mitunter ausgeglichen werden kann. Ein Spielablauf, der in schematischen Zügen verläuft, würde das Spiel langweilig machen können. In der Flexibilität der Spieler ist ihre Erfahrung erkennbar.

Daß zwei Buben in einer Hand stehen und zusätzlich noch eine lange Farbe in einer Hand geführt wird, bedeutet in diesem Fall keine extrem schlechte Kartenkonstellation; sie ist völlig normal.

Schlechte Kartenkonstellationen werden vom Alleinspieler oft erst nach Beendung eines Spiels wahrgenommen. Viel öfter als der oberflächliche Betrachter annehmen kann, werden einzelne Spiele durch die Gegenspieler mit den ersten beiden Stichen entschieden.

Für dieses Beispiel ist angenommen, daß der Alleinspieler seinen Grand aus der Position Mittelhand wagt. Vorhand spielt die Herz-Zehn aus, der Alleinspieler übernimmt mit dem Herz-As und Hinterhand sticht mit dem Kreuz- oder Herz-Buben.

Abb. 94   

Der Stich zählt 23 Augen für die Gegenspieler.

s. Abb. 95 Hinterhand spielt die Pik-Zehn aus, Vorhand sticht mit dem Kreuz- oder Herz-Buben und der Alleinspieler muß sein blankes Pik-As hinzugeben.

164

Abb. 95

Der Stich zählt abermals 23 Augen für die Gegenspieler.
Vorhand bringt mit der Kreuz-Sieben den Alleinspieler ans
Spiel. Es bleibt dem Alleinspieler selbst überlassen, wann er
seine Herz-Sieben ausspielt – ob sofort oder erst zum letzten
Stich. Sie wird mit dem Herz-König übernommen und das
Karo-As gewimmelt.

Abb. 96

Der Stich zählt 15 Augen für die Gegenspieler.
Somit haben die Gegenspieler drei Stiche vereinnahmt und
damit 61 Augen erhalten. Einer derart extrem schlechten
Kartenverteilung ist der Alleinspieler machtlos ausgeliefert.
Die Hoffnung auf einen Fehler der Gegenspieler ist
spekulativ.

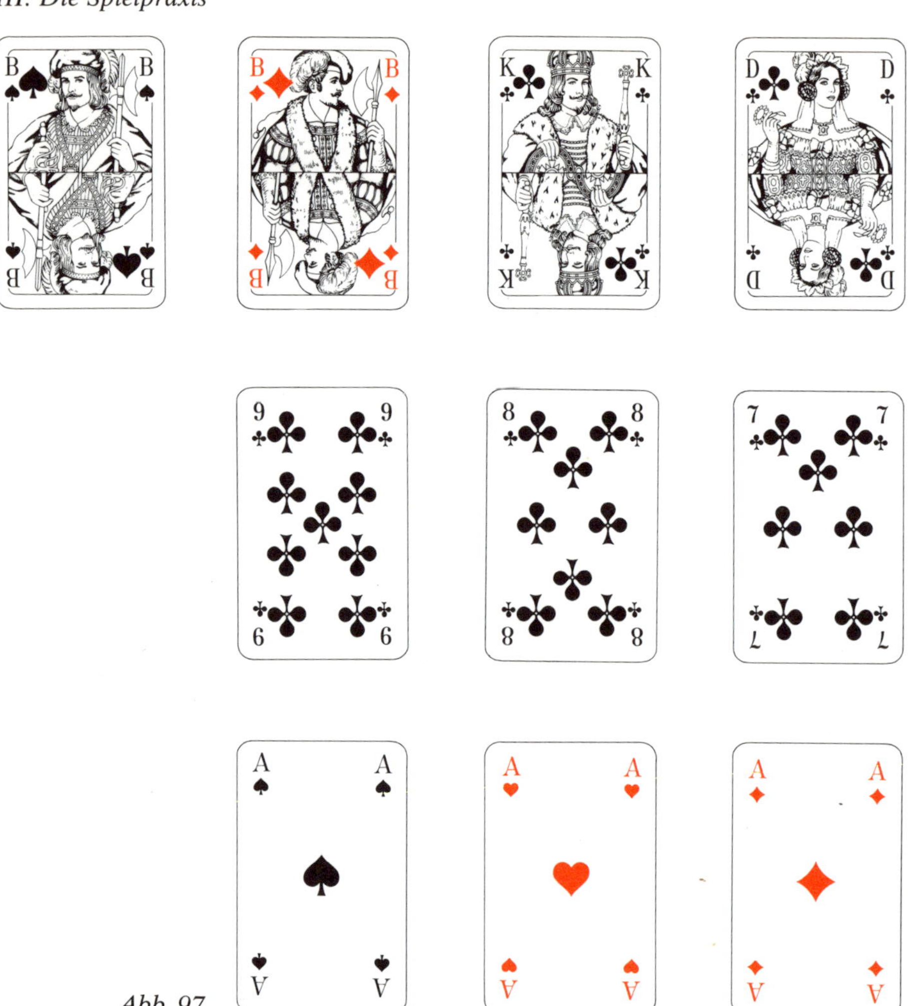

Abb. 97

Der Alleinspieler besitzt folgendes Blatt: Pik- und Karo-Bube, Kreuz-König, -Dame, -Neun, -Acht und -Sieben, Pik-As, Herz-As, Karo-As

Zweifellos ein optisch schönes Kreuz-Farbspiel: Sieben Trümpfe und drei Asse in den Farben. Im Normalfall wird dieses Spiel immer gewonnen werden, da sich zusätzlich die drei Asse als äußerst starkes Beiblatt erweisen. Doch erfahrene Spieler wissen die unwahrscheinlichsten Geschichten über die Gefährlichkeit der Spiele mit sieben Trümpfen zu erzählen, daß man einen Horror davor bekommen müßte. Wird ein solches Spiel verloren, geht es im Nachhinein nicht ohne die mit wissender Miene gemachte Bemerkung über die sieben Trümpfe.

Wenn nach diesem Beispiel die fehlenden vier Trumpfkarten in einer Hand sitzen, ist es sicher, daß die Gegenspieler damit auch vier Stiche erhalten werden. Es genügt für den Gegenspieler, mit den Trumpfkarten jeweils die Trumpfkarte des Alleinspielers mit seiner nächsthöheren Trumpfkarte zu übernehmen. Die Wimmelung des Partners ist dann nur eine Folge.

Die Trumpfkarten der Gegenspieler beinhalten 25 Augen. Günstigstenfalls muß der Alleinspieler den Gegenspielern 2 Augen seiner Trumpfkarten opfern. Läßt es die Kartenkonstellation zu, daß der Gegenspieler, der nicht die Trümpfe besitzt, in die vier Stiche drei Zehnen und einen König wimmeln kann, geht dieses Spiel für den Alleinspieler mit 59 Augen verloren. Dabei sind die Positionen der Spieler völlig bedeutungslos.

Unabhängig davon sind die Möglichkeiten nicht auszuschließen, daß das eine oder andere As der Farben des Beiblattes gestochen werden könnte.

Dieses Beispiel soll nicht ausschließlich die Gefahren der Sieben-Trumpf-Spiele aufzeigen. Es ist im weiteren auch daran gedacht, darauf hinzuweisen, daß nur das Fehlen (in diesem Falle ein Austausch durch eine andere Trumpfkarte) der zählenden Trumpfkarten – As oder Zehn – zwangsläufig zum Verlust eines Spiels führt, wie er durch den erwähnten Austausch abgewandt werden kann.

Besitzt der Alleinspieler statt des Kreuz-König die Kreuz-Zehn, kann er sein Spiel nicht verlieren, sofern die vier Stiche nur in den Trumpfkarten abgegeben werden. Die maximale Punktezahl für die Gegenspieler wäre dann mit 55 Augen erreichbar.

Die Redensarten über die Risiken der Spiele mit sieben Trumpfkarten gegenüber denen (mit mehr oder weniger Trumpfkarten) mit nur sechs Trümpfen, werden immer nur solche bleiben, denn ein Spiel mit sieben Trümpfen ist um einen Trumpf stärker; zumal bei sieben Trumpfkarten die günstigste Verteilung bei den Gegenspielern 2 zu 2 sein muß und bei sechs Trumpfkarten 2 zu 3 oder 3 zu 2 ist, deren Egalisierung vom Alleinspieler zusätzliches Abverlangen einer Trumpfkarte darstellt.

Auf keinen Fall ist beabsichtigt, solche Spiele ausschließlich theoretisch zu betrachten und damit Festlegungen zu treffen. Lediglich die Vielfalt der Kartenverteilungen soll damit demonstriert werden. Gerade diese Vielfalt ist es, die dem Spiel einen Teil seines Reizes verleiht. Für die Praxis gilt zusätzlich, daß das Gegenspiel nicht in allen Fällen optimal erfolgt. Es wäre allerdings unverzeihlicher Leichtsinn, auf die möglichen Schwächen der Gegenspieler zu vertrauen. Denn gerade in den Augenblicken, in denen Schwächen den erhofften Sieg bedeuten, besinnen sich die Gegenspieler eines Besseren und offenbaren zum unerwarteten Zeitpunkt die vielzitierten »Lichtblicke«. Dem erfahrenen Praktiker bleiben natürlich die Schwächen seiner Gegenspieler nicht verborgen. Er wird sie zwangsläufig in seine Spielweise mit einkalkulieren; jedoch keinesfalls darauf ein Spiel aufbauen. Skat wird und soll immer ein Spiel bleiben. Wenn auch die Theorie trübe Akzente setzt, beweist die Praxis in ihrer unerschöpflichen Vielfalt der Kartenkonstellationen ungeahnte reizvolle und sich nicht gleichende Spielmöglichkeiten in einer ihr ureigenen Faszination.

An anderer Stelle ist die Zahl 2 753 294 408 504 640 für alle nur möglichen Kartenverteilungen genannt. Für die Praxis würde das bedeuten: Wollte man alle Möglichkeiten der Kartenverteilungen an Vierertischen erleben und rechnete man für das Mischen, Verteilen der Karten sowie die Durchführung eines Spiels etwa zwei Minuten, würden sich 2000 Skatspieler an 500 Vierertischen 21 245 Jahre lang an immer wieder neuen Kartenkonstellationen erfreuen.

Diese Zahlen sprechen für sich. Dem Skatinteressierten würde es nicht im Traume einfallen zu behaupten, daß ihn das Spiel langweile. Langeweile kann nur der empfinden, der Spielen (Kartenspielen) grundsätzlich ablehnend gegenübersteht.

Praktische Hinweise für das Drücken

Wie oft muß der Alleinspieler feststellen, daß sein Spiel verloren ging, weil er die verkehrten Karten hatte oder schlecht drückte (senkte – ablegte).

Als allgemeingültig kann man betrachten, daß es immer empfehlenswert ist, so wenig als nur möglich Fehlkarten zu besitzen und darüber hinaus sich von Farben freizumachen. Besitzt der Alleinspieler bei einem Farbspiel eine längere Farbe mit As und Zehn und kann er davon ausgehen, daß beide keine Stiche machen werden, ist es mitunter angebracht, nicht das As, sondern die Zehn zu drücken. Ein gedrücktes As wird von den Gegenspielern schneller erkannt als eine gedrückte Zehn. Außerdem werden die Gegenspieler durch unvermutet gedrückte Zehnen auf falsche Fährten gelockt und womöglich ein an sich logischer Spielablauf des Gegenspiels in unlogische Bahnen gelenkt. Dieses gilt nicht für den Grand, weil der Alleinspieler sich mit dem Drücken von Karten aus geschlossenen Farben schwächt.

Besitzt der Alleinspieler von einer Farbe, die für das Drücken in Frage kommt, eine Leerkarte, König und Zehn, ist es nicht immer angebracht, die zählende Zehn zu drücken, um damit schon sichere Augen zu besitzen. Das Behalten von Leerkarte und König schafft den Gegenspielern eine zusätzliche Möglichkeit, zwei Stiche zu machen. Werden dagegen König und Zehn behalten, kann man davon ausgehen, den Gegenspielern nur einen Stich in dieser Farbe abzugeben.

Das Behalten von blanken Zehnen wird immer spekulativ bleiben. Solche werden zwar äußerst selten beim Alleinspieler – wenn überhaupt – vermutet. Mitunter gibt es derart schwache Farbspiele, daß der Alleinspieler überhaupt nur dann eine Gewinnmöglichkeit besitzt, wenn er mit einer behaltenen blanken Zehn einen Stich machen kann.

12. Skataufgaben und -probleme

1. Aufgabe:

s. Abb. 98 Vorhand spielt mit folgendem Blatt einen Grand Hand ohne vier und gewinnt mit 62 Augen.

Die restliche Kartenverteilung ist selbst zu ermitteln. Zur Lösungshilfe sei gesagt: Die Gegenspieler können spielen, wie sie wollen, sie haben keine Gewinnchance – die vier *Lösung s. S. 176* Buben stehen auf einer Hand.

Abb. 98

2. Aufgabe:
Mittelhand spielt mit folgendem Blatt einen Grand Hand mit zweien und verliert immer – im besten Falle nur mit 61 Augen. Welche (es gibt deren mehrere) Kartenverteilung hat den Verlust heraufbeschworen?

Lösung s. S. 180

Abb. 99

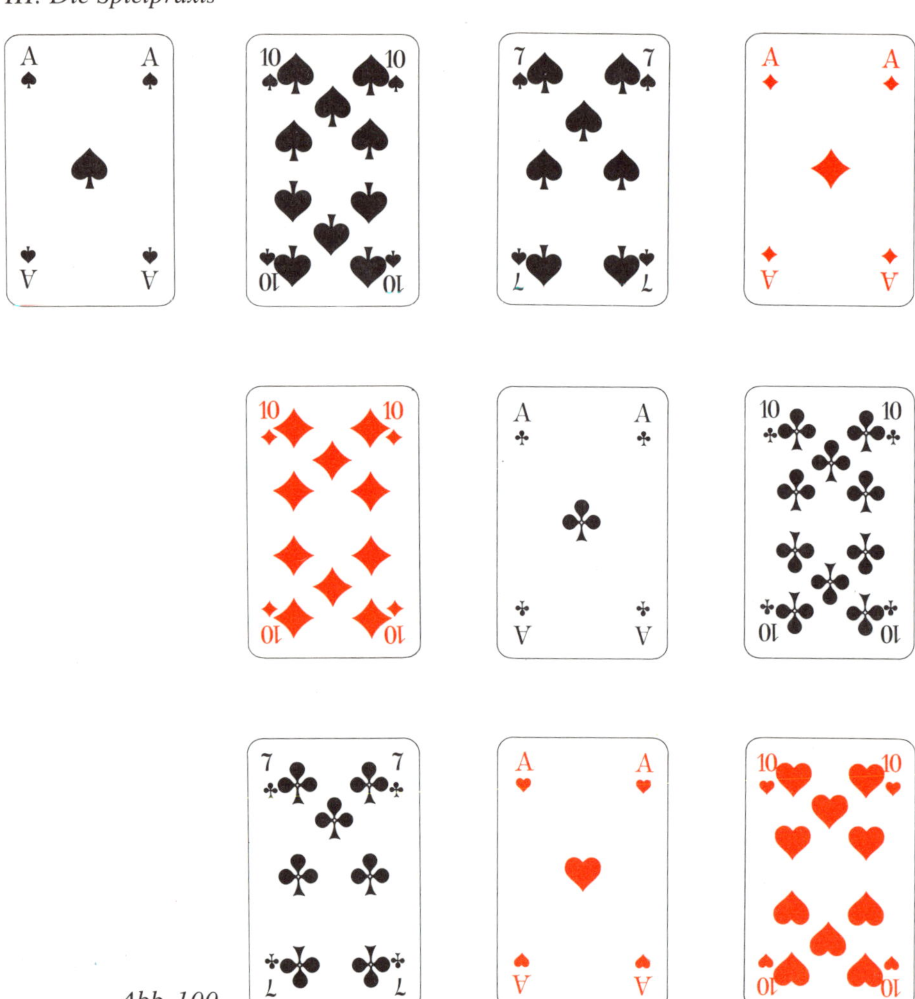

Abb. 100

3. *Aufgabe:*

Vor-, Mittel- oder Hinterhand spielt mit dem Blatt Abb. 100 Grand Hand ohne vier und gewinnt in der Gewinnstufe Schneider.

Die Gegenspieler erhalten nur 8 Augen – nämlich die vier Buben in zwei Stichen. Wie können die Karten verteilt sein?

Lösung s. S. 182

4. *Aufgabe:*

Der Alleinspieler spielt mit dem Blatt Abb. 101 ein Pik-Farbspiel ohne drei aus der Hand:

s. Abb. 101

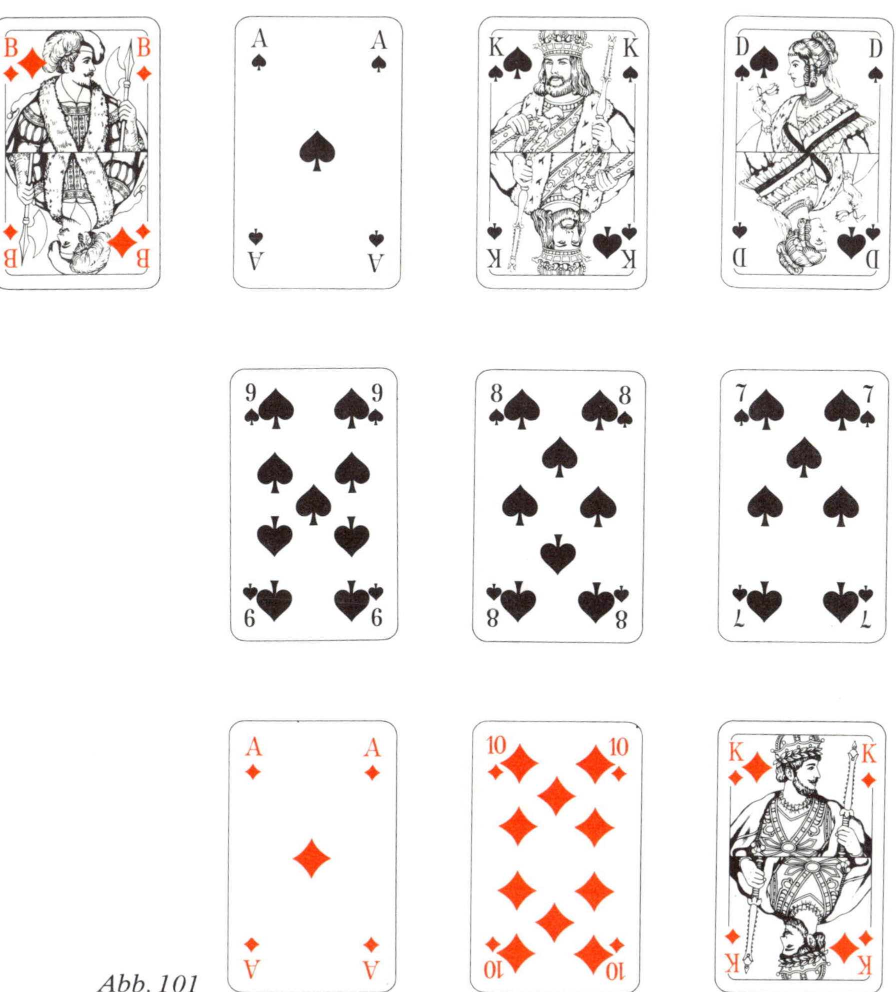

Abb. 101

Dieses optisch schöne Spiel erscheint auf den ersten Blick nahezu unverlierbar, wenn man daran denkt, daß der Alleinspieler in Vorhand sitzt und ihm Karo-As, -Zehn und -König nicht gestochen werden. Unter diesen Gesichtspunkten müssen für den Verlust des Spieles mindestens zwei Voraussetzungen zutreffen. Optimale Ausbeute der Gegenspieler: 60 Augen.

Im Grunde kann der Alleinspieler auch in jeder anderen Position sitzen. Der Verlust eines solchen Spieles würde selbst den erfahrenen Praktiker an seinem Können zweifeln lassen.

Lösung s. S. 184

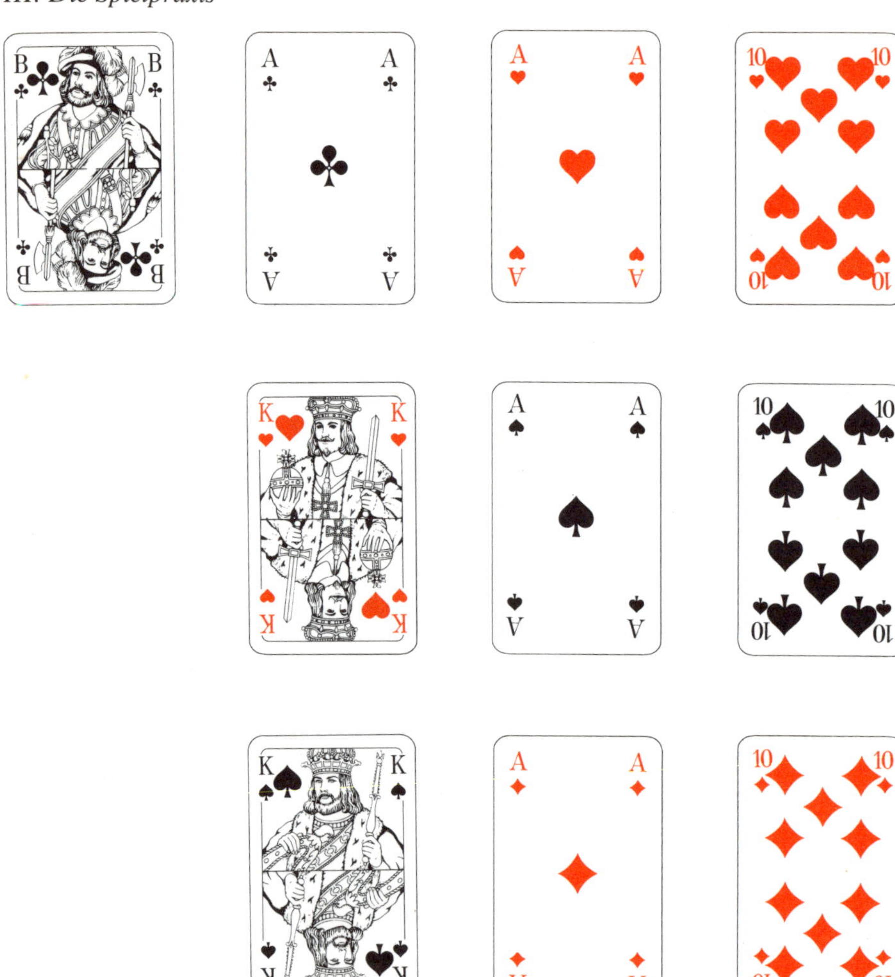

Abb. 102

5. Aufgabe:

Vorhand besitzt folgendes Blatt: Kreuz-Bube und -As, Herz-As, -Zehn und -König, Pik-As, -Zehn und -König, Karo-As und -Zehn.

Mit diesen Karten, dem höchsten Buben, vier Assen und drei Zehnen, möchte Vorhand natürlich einen Grand Hand wagen. Es ist naheliegend, wenn man davon ausgeht, daß nur eine Zehn und die drei kleinen Buben bei den Gegenspielern sitzen. Mittelhand macht es Vorhand nicht

s. Abb. 103 leicht und besitzt mit folgendem Blatt ein Reizgebot bis 72:

Abb. 103

Vorhand hält dieses Reizgebot, wird Alleinspielerin und muß Grand Hand spielen. Mittelhand selbst hat einen Grand Hand erwogen. Die Frage lautet: Wer gewinnt den Grand Hand? Vorhand mit dem optisch schönen Blatt, das keinerlei Zweifel über die Art des Spiels zuläßt oder Mittelhand mit dem wesentlich schlechteren? Warum kann der eine Spieler nicht gewinnen? Und warum muß der andere zwangsläufig gewinnen?

Lösung s. S. 186

Lösungen

zu S. 170

1. Aufgabe:

Kein Praktiker käme auf die Idee, mit diesem Blatt ein Spiel – geschweige denn einen Grand Hand – zu wagen. Ein solches Blatt ist bestenfalls dazu angetan, den Empfänger desselben zu veranlassen, über sein Unglück zu lamentieren. Mit diesem Blatt soll lediglich einmal mehr bewiesen werden, welcher Vielfalt das Skatspiel tatsächlich unterliegt. Dem oberflächlichen Betrachter muß eine Lösung zweifelsfrei fast unglaublich erscheinen.

Hier ist sie:

Das Blatt von Vorhand ist in der Aufgabenstellung bekannt.
Mittelhand besitzt: Die vier Buben, Herz-Sieben, -Acht und -Neun und Karo-Sieben, -Acht und -Neun.

Abb. 104

176

Im Skat liegen:
Herz- und Karo-As.

 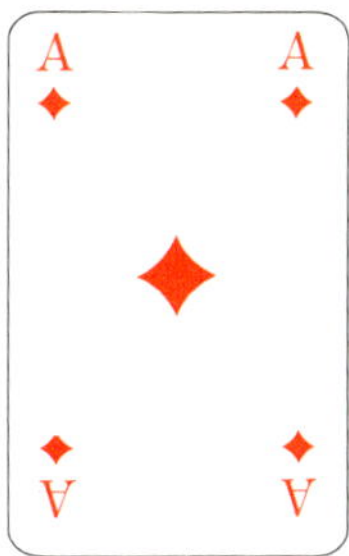

Die restlichen Karten besitzt Hinterhand.

Abb. 105

Spielverlauf:
Vorhand spielt die Herz-Zehn aus
Mittelhand gibt die Herz-Sieben hinzu
Hinterhand bedient mit dem blanken Herz-König

Abb. 106

Der Stich zählt 14 Augen.

Vorhand spielt die Karo-Zehn aus
Mittelhand gibt die Karo-Sieben hinzu
Hinterhand bedient mit dem blanken Karo-König

Abb. 107

Der Stich zählt 14 Augen.

s. Abb. 108   Vorhand spielt die Herz-Dame aus
Mittelhand gibt die Herz-Acht hinzu
Hinterhand führt die Farbe Herz nicht mehr und besitzt
keinen Buben zum Stechen und gibt ihrerseits die Karte mit
dem geringsten Zählwert hinzu. Das wäre in diesem Falle
die Pik-Dame.

Abb. 108

Der Stich zählt 6 Augen.

Vorhand spielt die Karo-Dame aus
Mittelhand gibt die Karo-Acht hinzu
Hinterhand führt auch die Farbe Karo nicht mehr und gibt
wiederum ihrerseits die Karte mit dem geringsten Zählwert
hinzu. In diesem Falle die Kreuz-Dame.

Abb. 109

Der Stich zählt 6 Augen.

Somit ergibt sich für Vorhand folgende Addition:

1. Stich	14 Augen
2. Stich	14 Augen
3. Stich	6 Augen
4. Stich	6 Augen
im Skat liegen	22 Augen

ergeben für Vorhand 62 Augen
als Sieger dieses unglaublichen Grand Hand.

Es ist bereits gesagt, daß dieses Spiel keine praktische
Bedeutung besitzt, denn sollte der Zufall eine solche
Kartenverteilung herbeiführen, bleibt sie dem Alleinspieler
– Vorhand – mit Sicherheit in Unkenntnis. Es handelt sich
nur um ein Beispiel der fast unbegrenzten Möglichkeiten.

2. Aufgabe:

zu S. 171

Dieses Blatt ist auf den ersten Blick phantastisch und läßt keine eventuellen Tücken vermuten. Es bedarf keiner Frage, was damit zu spielen ist. Doch die Aufgabe beweist einmal mehr, daß eine Euphorie über dieses Blatt verfrüht sein kann.

Eine mögliche Kartenverteilung wäre:

Vorhand besitzt: Herz-Zehn, -König, -Dame, -Neun, -Acht, -Sieben, Kreuz-König, -Acht, -Sieben und den Karo-Buben.

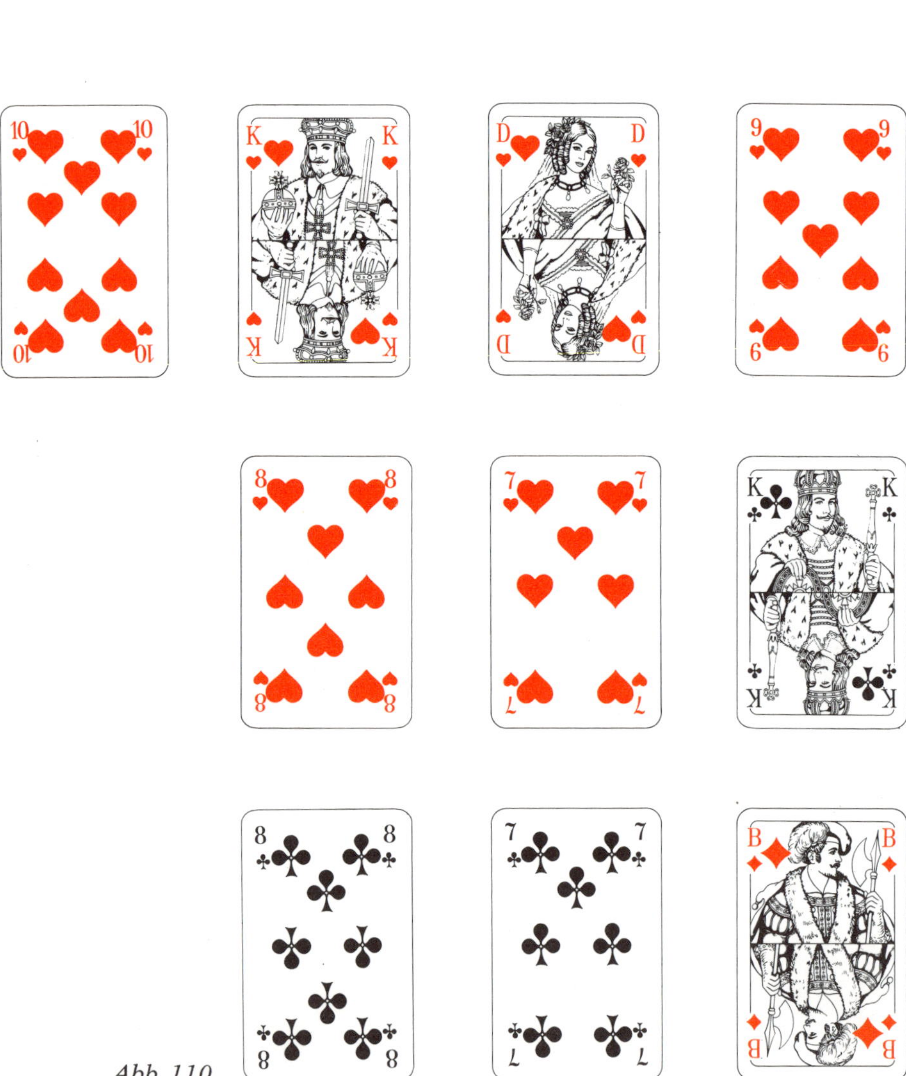

Abb. 110

Im Skat liegen:
Pik- und
Kreuz-Neun.

Die Karten von Mittelhand sind durch die Aufgabenstellung bekannt. Hinterhand besitzt den Rest der Karten, der durch die gemachten Angaben sich von selbst ergibt.

Spielverlauf:

1. Stich: Vorhand spielt die Herz-Zehn aus und vermutet zu recht, daß das As in Mittelhand sitzt. Mittelhand (die Spielerin) übernimmt mit dem Herz-As und Hinterhand sticht mit dem Herz-Buben.

Der Stich zählt 23 Augen.

Abb. 111

2. Stich: Hinterhand spielt die Karo-Zehn aus, mit dem gleichen Gedanken, den zuvor Vorhand verfolgte. Vorhand sticht mit dem Karo-Buben und Mittelhand gibt ihr blankes Karo-As hinzu.

Der Stich zählt 23 Augen.

Abb. 112

3. Stich: Vorhand spielt Herz-König aus;
Mittelhand kann stechen oder eine der beiden Damen abwerfen. Mittelhand wird in jedem Fall stechen, da sie ohnehin mit mindestens 60 Augen verloren hat, wenn beide Könige (wie in diesem Fall) zu dritt stehen. Alles weitere ergibt sich zwangsläufig von selbst.

Dieses Beispiel sollte den Praktiker nicht davon abhalten, mit diesem Blatt einen Grand Hand zu spielen. Diese extrem schlechte Kartenverteilung hat es in der Praxis allerdings schon mehrfach gegeben. Der Verlust eines solchen Spieles würde für keinen Skater Resignation bedeuten; man kann aber davon ausgehen, daß ein solches Spiel im Verlustfalle eine lebhafte Diskussion nach sich ziehen wird. Die Chancen, einen solchen Grand Hand zu verlieren, sind um ein Vielfaches geringer als 1:100.

3. Aufgabe:

zu S. 172 Es ist natürlich ein ausnahmslos schönes Blatt, über welches der Alleinspieler verfügt. Daß er damit nicht die erreichte Gewinnstufe vorab ansagen kann, versteht sich von selbst. Diese Aufgabe ist nicht mehr reine Theorie. Sie wurde in der Praxis – wenn auch nicht täglich – schon mehrfach bestätigt. Der Beweis dafür ist insofern zu erbringen, als es eine unglaublich hohe Anzahl von Kartenverteilungen geben kann, die die erreichte Gewinnstufe garantieren können.

Somit bieten sich auch zur Lösung verschiedene Kartenverteilungen an, die alle gleichermaßen richtig sein können. Im folgenden ist als Beispiel nur eine mögliche Kartenverteilung genannt.

So kann eine Hand folgende Karten besitzen:

s. Abb. 113 Karo-Dame und -Neun; Herz-König und -Sieben; Pik-Bube, -König und -Neun; Kreuz-Bube, -Dame und -Neun. Im Skat liegen Herz- und Karo-Acht.

Skat: Herz- und
Karo-Acht

Abb. 113

Die fehlenden Karten gehören folglich der dritten Hand.
Wesentlich ist dabei – bei welcher Kartenverteilung zur
richtigen Lösung auch immer –, daß jede Farbe zweimal
bedient werden muß, daß keine Bildkarten im Skat liegen
(davon ausgenommen sind in diesem Falle die Farben Herz
und Karo) und daß in den beiden Farben, die bei dem
Alleinspieler stehen, die dritte Karte keinen Zählwert
besitzt. Der Spielverlauf ergibt sich von selbst.

zu S. 172/173

4. Aufgabe:

Aus Gründen der Vereinfachung ist für diese Lösung Vorhand als die Alleinspielerin vorgesehen; obwohl die Position des Alleinspielers völlig bedeutungslos ist.

Mittelhand besitzt die fehlenden vier Trumpfkarten;

Abb. 114

die weiteren Karten sind unwichtig, selbst die Farbe Karo kann beliebig oft vorhanden sein.

Hinterhand führt in ihrem Blatt:

Herz-As und -Zehn; Kreuz-As und -Zehn. Ansonsten sind auch hierbei die restlichen Karten unwichtig und haben mit dem Spielverlauf nichts zu tun.

Abb. 115

Sobald eine der beiden vorgenannten Voraussetzungen nicht erfüllt ist, kann man davon ausgehen, daß dieses Spiel unverlierbar ist. 60 Augen bedeuten ohnehin die optimale Ausbeute der Gegenspieler.

Spielverlauf:

Es ist angenommen, daß der Alleinspieler in Vorhand ist. Es würde die kleinste Trumpfkarte angespielt werden – also die Pik-Sieben.

Mittelhand übernimmt mit der Pik-Zehn und Hinterhand wimmelt das Herz-As.

Abb. 116

Der Stich zählt 21 Augen.

Mittelhand am Ausspiel braucht nur noch die drei Trumpf-spitzen nachzuspielen. Hinterhand wimmelt dann die Herz-Zehn, das Kreuz-As und die -Zehn. Spätestens beim Ausspielen der dritten Trumpfspitze muß der Alleinspieler selbst Augen hinzugeben. In diesem Falle die Trumpfkarte mit dem geringsten Zählwert – also den Karo-Buben.

Die Gegenspieler haben somit in ihren vier Stichen folgende Karten vereinnahmt:

s. Abb. 117	1. Stich	21 Augen
s. Abb. 118	2. Stich	12 Augen
s. Abb. 119	3. Stich	13 Augen
s. Abb. 120	4. Stich	14 Augen
		60 Augen

Abb. 117

Abb. 118

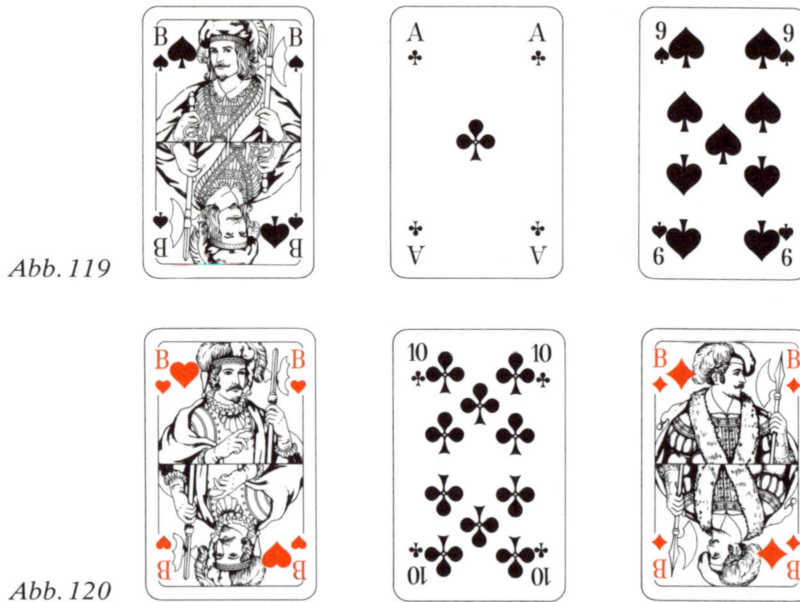

Abb. 119

Abb. 120

Diese erreichten 60 Augen sind für die Gegenspieler das Optimale, sofern der Alleinspieler keinen Fehler begeht.

5. Aufgabe:

zu S. 174 Vorhand muß diesen schönen Grand Hand verlieren, weil von Mittelhand mindestens sieben Stiche gemacht werden mit wahrscheinlich 21 Augen, – ungünstigenfalls mit 11 Augen von ihr. Vorhand muß obendrein 60 eigene Augen abwerfen. Dabei ist es völlig egal, ob Vorhand zunächst den Buben fordert oder mit dem Ausspielen eines Asses beginnt. Spätestens nach dem zweiten Stich wird Mittelhand einstechen und ihre lange Kreuz-Farbe ins Spiel bringen (Vorhand als Spielerin kann dieses Spiel womöglich noch im Schneider verlieren, wenn sie zum Schluß des Spiels das verkehrte As hält). Hinterhand hat keinen Einfluß auf dieses Spiel, das in allen seinen Zügen von Vor- und Mittelhand durchgeführt wird.

Mittelhand, mit dem offensichtlich schlechteren Blatt, gewinnt diesen Grand Hand auf Grund der Tatsache, daß sie sieben Stiche für sich verbuchen kann und sämtliche hohen Zählkarten in einer Hand (Vorhand) sitzen. Mittelhand darf nur nicht, sobald sie eingestochen hat, den Fehler machen, einen Buben zu fordern. Mittelhand muß mit ihrer langen Farbe (Kreuz) und davon naturgemäß, mit einer kleinen Karte beginnen; denn selbst die drei Buben reichen nicht aus, ständig ans Spiel zu kommen. Mittelhand kann auch dann diesen Grand Hand niemals verlieren, wenn sie Vorhand die Kreuz-Zehn zum Stechen anbieten muß.

Hier geht es lediglich darum, festzuhalten, daß Vorhand in keiner Phase die Chance des Sieges besitzt; Mittelhand dagegen ihren Grand Hand in dieser Kartenkonstellation nicht verlieren kann.

Eine genaue Augenzahl läßt sich infolge unterschiedlicher Spielzüge für den Gesamtablauf nicht festlegen.

Diese Aufgabe dient dazu, festzustellen oder Gesagtes zu untermauern, daß selbst die schönsten Blätter ihre Tücken haben. Vorab über ein schönes Blatt in eine Euphorie zu verfallen, kann nach Ende des Spiels die traurige Erkenntnis bringen, daß der sicher geglaubte und leicht erhoffte Sieg doch nicht errungen wurde.

Lösung zu Aufgabe von Seite 21

Vorhand:	Kreuz-, Pik- und Herz-Bube, Kreuz-König, -Dame, Karo-König, -Dame, Herz-Neun, -Acht und -Sieben (20 Augen).
Mittelhand:	Karo-Bube, Pik-As, -Zehn, -Sieben, Herz-König, -Dame, Kreuz-Neun, -Acht, Karo-Neun und -Acht (30 Augen).
Hinterhand:	Pik-Neun, -Acht, Kreuz-As, -Zehn, -Sieben, Karo-As, -Zehn, -Sieben, Herz-As und -Zehn.

Gedrückt wurden: Pik-König und -Dame.

13. Vielfältige Kartenverteilung

Im Laufe seiner Erfahrung und Spielpraxis wird jeder Skatspieler oft und wiederholt einem extremen Kartensitz begegnen. Lange Zeit liefert der Verlust eines sogenannten unverlierbaren Spiels Gesprächs- und Diskussionsstoff. Alle Spielmöglichkeiten lassen sich in der Praxis nicht durchführen, da der Kartensitz in den Händen der Mitspieler nicht vorauszuberechnen ist, und in den beiden Skatkarten ein weiterer Unbekannter bleibt. Ein hoher Spielanteil wird somit infolge seiner rein theoretischen Möglichkeiten ungespielt bleiben müssen.

Nachfolgend sind zwei Beispiele aufgezeigt, die im ersten Fall optisch kein Spiel zulassen, obwohl darin ein Gewinn enthalten ist, der erst nach eingehender Betrachtung und nach Wissen um die übrige Kartenverteilung erkennbar wird. Der zweite Fall zeigt eine Kartenverteilung, in der der Verlust des Spiels bei oberflächlicher Betrachtung für kaum möglich gehalten wird.

s. Abb. 121 Vorhand spielt mit Kreuz-Sieben, -Acht, -Neun, Pik-Sieben, -Acht, -Neun, Karo-Zehn, -Dame, Herz-Zehn und -Dame einen Grand Hand ohne vier.
Im Skat liegen Karo- und Herz-As.
Mittelhand besitzt Herz-König, Karo-König, Kreuz-As, -Zehn, -König, -Dame, Pik-As, -Zehn, -König und -Dame.
Hinterhand hat die restlichen Karten mit allen vier Buben.
Diese Kartenverteilung beweist, daß der Theorie fast keine Grenzen gesetzt sind. Vorhand spielt beide Zehnen und Damen und würde in dieser Verteilung fast unglaubliche 62 Augen erhalten.

Abb. 121

s. Abb. 122 Mittelhand spielt mit dem Kreuz- und Pik-Buben sowie Kreuz-As, -Zehn, -Dame, Pik-As, -Zehn, -Dame, Herz- und Karo-As einen Grand Hand mit zweien.
Im Skat liegen Kreuz- und Pik-Acht.
Vorhand besitzt sechsmal Karo, den Karo-Buben, Kreuz-Sieben, -Neun und -König.
Vorhand (A) spielt Karo-Zehn aus, Mittelhand (B) muß mit dem Karo-As übernehmen und Hinterhand (C) sticht mit dem Herz-Buben. C spielt Herz-Zehn aus, A sticht mit dem Karo-Buben und B muß Herz-As zugeben. A spielt den Karo-König aus; alles übrige ergibt sich zwangsläufig. Der Alleinspieler verliert in seiner Position dieses schöne Spiel.

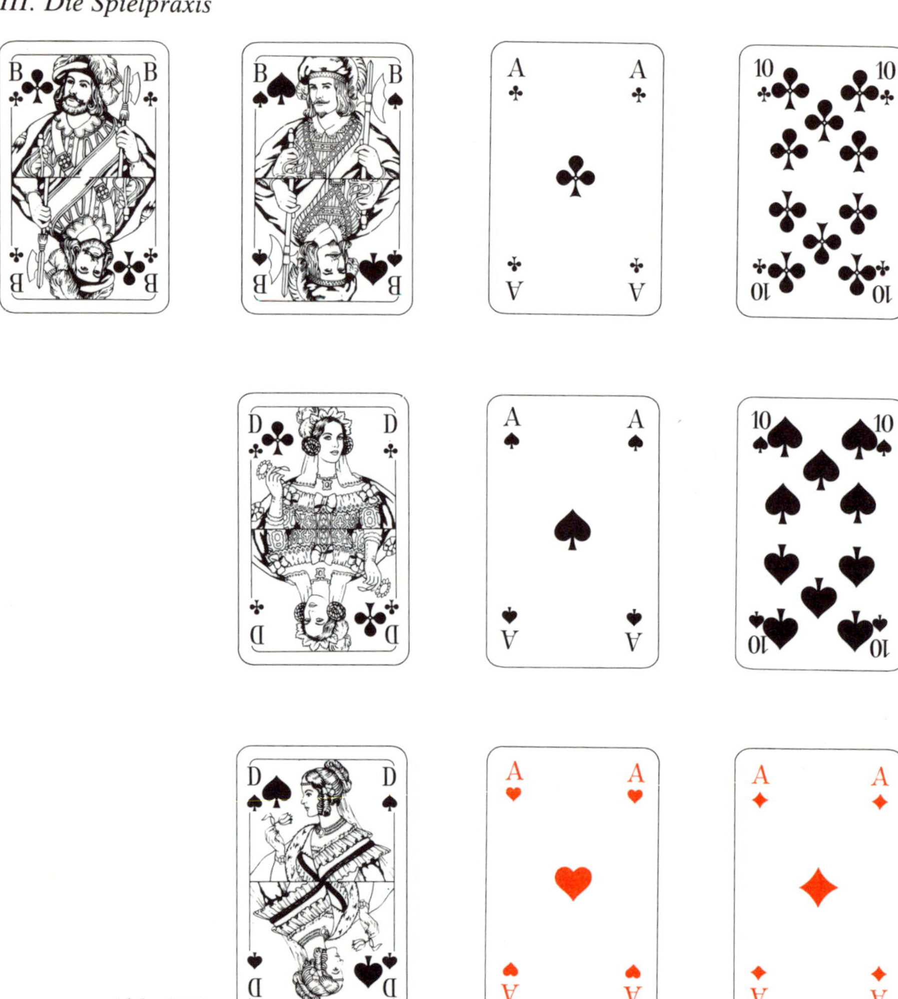

Abb. 122

Hierbei handelt es sich nur um Demonstrationen der vielfältigen Kartenverteilungen. Wobei im ersten Fall die Spielbarkeit des Blattes unmöglich ist und immer Theorie bleiben wird, würde der zweite nur ein Kopfschütteln hervorrufen, wollte man diesen Grand Hand auslassen, unabhängig davon wie unberechenbar auch die Praxis sein kann.

14. Die Abrechnung und die Leistungsbewertung

Der Gewinn und Verlust eines Spiels wird in einer Liste festgehalten (eine Ausnahme wäre der Skat mit Barauszahlung). Für die ordnungsgemäße Führung einer Liste sind alle Beteiligten verantwortlich.

Man unterscheidet einfache Spiellisten und Turnierlisten *s. S. 27, 28* (DSkV-Liste). Die Turnierliste ist die gebräuchliche für den Einheitsskat.

Diese Listen haben Spalten für Namen, Gewinn- und Verlustpunkte sowie für Spielwerte gemeinsam. Alle Gewinn- und Verlustpunkte werden in ihnen unter dem Namen des jeweiligen Spielers sofort addiert bzw. subtrahiert. Zur Kontrolle ist der Spielwert einzutragen.

Beispiel für eine einfache Spielliste:

	Name	Name	Name	Name	Spielwert
	A	B	C	D	
1		+24			+24
2			−72		−72
3	+18				+18
4				+48	+48
5	+41				+23
6			−39		+33
7				+70	+22
8		−12			−36
9			−12		+27
10		+23			+35
11	+137				+96
12				+125	+55
Endstand:	+137	+23	−12	+125	

Die Endzahlen einer Spielliste geben Plus- oder Minuspunkte wieder. Sie sagen noch nichts über Gewinn oder Verlust aus. Die Berechnung erfolgt in der Vergleichsrechnung. Alle Endzahlen werden untereinander verglichen. Bei dem Listenbeispiel würde die Rechnung folgendermaßen aussehen:

	A	B	C	D
	+137	+23	−12	+125
	+114	−114	−149	− 12
	+149	+ 35	− 35	+102
	+ 12	−102	−137	+137
	+275	−181	−321	+227

A zu B = plus 114 für A, minus 114 für B
A zu C = plus 149 für A, minus 149 für C
A zu D = plus   12 für A, minus   12 für D
B zu C = plus   35 für B, minus   35 für C
B zu D = minus 102 für B, plus 102 für D
C zu D = minus 137 für C, plus 137 für D

Diese Vergleichsrechnung ist für die Auszahlung der Spielbeträge untereinander anwendbar, wobei noch die Umrechnung der Punkte in den für die Spielhöhe vereinbarten Satz erfolgen muß. Beim Viertelpfennig sind die Endzahlen durch vier zu teilen; beim Halbpfennig zu halbieren; beim Pfennig in ihrem Stand zu belassen.

Die Spiellisten können verschieden gestaltet sein; prinzipiell erfüllen sie jedoch alle den gleichen Zweck. Sie sagen aber nichts über die Leistung des einzelnen aus.

Für die Erstellung einer Leistungsbewertung zeichnete sich der Berliner Skatfreund Otto Seeger aus (siehe Geschichte des Skat). Das nach ihm benannte Seeger-System findet heute überall gültige Anerkennung und Anwendung.

Spielpunkte und Spielzahl werden zu einer Gesamtleistung vereinigt. Jedes gewonnene Spiel erhält 50 Wertungspunkte hinzugerechnet; jedes verlorene die gleiche Punktzahl abgezogen. Die Summe der Spielwerte (Spielpunkte) aus den Einzelspielen zuzüglich der Wertungspunkte ergeben die Leistung. Sinn dieser Leistungsbewertung war es, das Übergewicht weniger Spiele mit hohen Spielwerten gegenüber vielen kleinen aufzuheben. Leistungsbewertung bedeutet: Anerkennung des Spielerfleißes. Damit wurde ein zusätzlicher Anreiz geschaffen, auch kleine Spiele in Vielzahl zu wagen. Die Entwicklung einer speziellen Spielliste wurde notwendig: Die Turnierliste, die neben dem bereits Genannten Spalten für die Leistungsbewertung beinhaltet. In ihnen wird die Anzahl der gewonnenen oder verlorenen Spiele addiert. Die Grundwerte der Spiele müssen eingetragen werden. Die Gewinnstufen werden vermerkt und die eingepaßten Spiele eingetragen.

14. Die Abrechnung und die Leistungsbewertung

Die Leistungsbewertung ist dem Alleinspieler gegenüber gerecht. Dieses System beinhaltet jedoch kein Honorar an ein einwandfrei geführtes Gegenspiel. Somit wurde 1962 ein erweitertes Seeger-System ins Leben gerufen. Der verdiente Skatfreund Fabian zeigte sich für dessen Entwicklung verantwortlich. Der Skatfreund Liberski prägte den Begriff: Seeger-Fabian-Leistungsbewertung (System). Es spricht für Herrn Fabian, daß er sich in seiner Bescheidenheit gegen diese Bezeichnung wehrte. Skatspieler wollen in dieser Benennung des Systems die Anerkennung an diesen Mann für seine Verdienste gewürdigt wissen. Das in die Praxis umgewandelte Gedankengut der dem Skat so aufgeschlossenen Personen sollte eine Würdigung erfahren.

Das Seeger-Fabian-System erkennt ein gutes Gegenspiel in der Leistungsbewertung an. Den Spielern, einschließlich des Kartengebers, werden je verlorenes Spiel der Gegner 30 Punkte (am Vierer-Tisch), bzw. 40 Punkte (am Dreier-Tisch) gutgeschrieben.

Beispiele zur Leistungsbewertung aus einer Serie mit 48 Einzelspielen, in denen die Unterschiedlichkeit der beiden Systeme auffällig wird. Zunächst die einfache Wertung:

s. a. S. 28

	A	B	C	D
Spielpunkte	+512	+636	+680	−30
gewonnene Spiele	12	12	10	6
verlorene Spiele	0	2	1	5
Placierung	3.	2.	1.	4.

Bei einfacher Wertung unter dem Verzicht der Leistungsbewertung wäre der Spieler C der Sieger.

Wertung nach Seeger-System:

	A	B	C	D
Spielpunkte	+ 512	+ 636	+ 680	−30
Wertungspunkte	600	500	450	50
	+1112	+1136	+1130	+20
Placierung	3.	1.	2.	4.

Mit der systemgerechten Leistungsbewertung wäre der Spieler B der Sieger.

Wertung nach dem Seeger-Fabian-System:

	A	B	C	D
Spiel- und Wertungspunkte	1112	1136	1130	20
Wertungspunkte f. verl. Spiele d. G.	240	180	210	90
	1352	1316	1340	110
Placierung	1.	3.	2.	4.

Nach dem Seeger-Fabian-System, mit der Bewertung des Gegenspiels, wäre der Spieler A der Sieger.

15. Das Skatgericht

Ein Spiel mit derartiger Resonanz und von seinem Beginn an durch praktische Verbreitung, aber mangelnde fachliche Publikation, regional verschiedenen Handhabungen und Regelungen ausgesetzt, verlangte nach einer Vereinheitlichung.

Die jahrelangen Bestrebungen zu diesem Ziel tragen unverkennbare Früchte. Die Maxime ist noch nicht gefunden. Obwohl die Skatordnung ein eindeutiges Regelwerk darstellt, mag ihre Auslegung noch unterschiedlichen Aspekten unterworfen sein. Darin ist die Erklärung zu sehen, daß es neben immer wiederkehrenden Anfragen, die sich unter Zuhilfenahme eines inzwischen vorhandenen Archivs beantworten lassen, auch erstmalig auftretende Meinungsverschiedenheiten in Grundsatzentscheidungen geschlichtet werden müssen.

Die Forderung nach einem Skatgericht wurde schon während des XI. Deutschen Skatkongresses realisiert. Seine Aufgabe ist es, Streitfragen in spieltechnischen Belangen zu klären unter Zugrundelegung der Bestimmungen der Skatordnung.

Der Aufgabenbereich des Skatgerichts ist um eine weitere Notwendigkeit erweitert worden. Es hat die Ausbildung, die Betreuung und die Weiterbildung von Skatschiedsrichtern übernommen. Sein Vorsitzender, Johannes Fabian, hat im Rahmen dieses neuen Aufgabenbereichs während des XXII. Deutschen Skatkongresses darauf hingewiesen, daß es zwischenzeitlich eine Ausbildungsordnung für Schiedsrichter und eine Schiedsrichter-Ordnung gebe.

Drei Beispiele, die der Zusammenstellung von P. A. Höfges »Das Skatgericht entscheidet« entnommen sind, sollen auf die Arbeit dieser Einrichtung hinweisen:

Dezember 1958
Anfrage: Der Spieler in M spielte einen Grand aus der Hand und hatte als letzte Karte noch Karo-König und Pik-Dame. Da Pik-As und -Zehn sowie Karo-As schon gespielt waren, wirft der Alleinspieler die beiden letzten Karten hin in der Annahme, daß er keinen Stich mehr bekommt. Da aber Karo-Zehn und Pik-König im Skat lagen, bitte ich um Auskunft, wem die letzten beiden Stiche gehören.   *H. H.*
Entscheid: Die beiden Reststiche gehören den Gegenspielern.
Begründung: Das Wegwerfen der beiden Restblätter bedeutet hier einwandfrei einen Verzicht des Alleinspielers. Der Spielverlauf setzt Aufmerksamkeit voraus. Da die Hochblätter der beiden Farben noch fehlten, hätte der Alleinspieler, wenn er das Stichrecht wahren wollte, mindestens eine diesbezügliche Erklärung abgeben müssen. Ohne dieselbe aber bedeutet das Wegwerfen einwandfrei den Verzicht.

Februar 1959
Anfrage: Kaum sind die Karten verteilt, da sagt Vorhand – ohne daß gereizt ist – einen Grand Hand an und spielt sogleich den ältesten Jungen aus. Mittelhand protestiert, denn er hatte ein Kreuz ohne fünf, das er ebenfalls aus der Hand spielen wollte. Vorhand bestand auf seinem Grand Hand, obgleich er nicht so hoch reizen konnte wie Mittelhand. Er behauptete Grand Hand gehe immer vor.   *K. W.*
Entscheid: Das Spiel stand Mittelhand zu.
Begründung: Vorhand ist im Unrecht, weil stets der das Spiel bekommen muß, der am höchsten reizt. Das wäre in Ihrem Fall zweifelsohne Mittelhand mit dem Kreuz ohne fünf gewesen.

Juni 1961
Anfrage: Darf ein Gegenspieler seinen Partner darauf aufmerksam machen, wer zum nächsten Stich ausspielt?
Entscheid: Der Gegenspieler ist berechtigt, seinen Partner darauf aufmerksam zu machen, wer das Ausspiel hat, er darf ihn sogar gegebenenfalls am unberechtigten Ausspiel hindern.

Begründung: Die Skatordnung behandelt unter IX 1–4 das Ausspielen, ohne auf die obige Frage einzugehen. Lediglich unter XII 4 ist gesagt, daß während des Spiels über dessen Gang weder gesprochen noch irgendein Zeichen darüber gemacht werden darf. Damit ist gemeint, daß der Partner nicht zum Ausspiel einer bestimmten Karte oder Farbe oder durch die Bemerkung zum Wimmeln oder Zugeben einer Karte von geringem Wert veranlaßt werden darf. Die Frage nach dem Ausspiel oder das Verhindern nichtberechtigten Ausspiels beeinflußt nicht den Gang des Spiels und ist erlaubt. Sie geschieht in Wahrung berechtigter Interessen, ohne gegen die Bestimmungen der Skatordnung zu verstoßen.

16. Abarten des Skatspiels

Die Skatordnung als verbindliches Regelwerk der Skater, die eine Verständigung untereinander fördern wollen, kennt keine Abarten.

Ramsch, Schieberramsch, Bockrunden, Schieberramschrunden, Spitze, Pinke und Revolution, welche Namen die Unzahlen der Abarten auch haben mögen, sie alle haben darin ihre Gemeinsamkeit, daß sie nicht dem fairen und sportlichen Skatspiel dienen. Bestenfalls sind diese – zusätzlich noch regional unterschiedlich gehandhabten Abarten – kulturgeschichtlich interessant. Sie fördern nicht die Verständigung und sind als Fremdspiele nicht zu praktizieren. Außerdem entbehren sie jeglicher Grundlage, in die Vereinheitlichung miteinbezogen zu werden.

Als Folge der Weiterentwicklung gilt heute der vom DSkV propagierte und von seinen Mitgliedern gewünschte Einheitsskat.

Daß sich das abartenfreie und der Skatordnung unterworfene Skatspiel steigender Beliebtheit erfreut, beweist nicht zuletzt die Tatsache, daß die Entwicklung der Mitgliederzahl innerhalb des DSkV kontinuierlich im Wachsen begriffen ist.

Es erübrigt sich, die Abarten, die nunmehr der Vergangenheit angehören, im einzelnen näher zu beschreiben.

Für jeden Skatspieler muß es ein erhebendes Gefühl sein, während eines Großturniers mit 2000 Teilnehmern festzustellen, daß es keiner Rückfragen bedarf, wenn lediglich die

Bekanntgabe erfolgt: Es wird nach der Skatordnung gespielt. Eine fundamentale und überzeugende Werbung für den Einheitsskat wird in Zukunft auch diese Bekanntgabe erläßlich machen.

Eine der verbreitetsten Abarten soll im folgenden beschrieben werden. Diese Beschreibung ist nicht zwingend, da auch diese – wie jede andere Abart – kein Bestandteil der Skatordnung ist. Einige Skatspieler glauben jedoch um deren Existenzberechtigung zu wissen. Diese wünschen die »Würze«, das Pfeffer und Salz im Spiel. Die Skater, die mit Kontra und Re spielen, sind angesprochen. Erfahrungsgemäß und Beobachtungen zufolge wird diese Abart nicht sofort in die Vergangenheit verbannt werden können. Eine dahingehende Bewegung wäre zu begrüßen.

Die Frage, ob es den Betreffenden wirklich nur auf die »Würze« ankommt, sollte offen bleiben; denn sicher werden auch andere Ziele verfolgt. Das Skatspiel mit seinen unendlichen Möglichkeiten und seiner einzigartigen Vielfalt bedarf bestimmt keiner »Würze«.

Das Spiel mit Kontra und Re steht nicht im Einklang mit der Skatordnung. Die nachfolgenden Betrachtungen sollen zum Nachdenken anregen und festhalten, daß das Kontra kein Plus besitzt.

Kontra bedeutet eine Verdoppelung des Spielwertes; Re die Vervierfachung. Ein Kontra wird dann gegeben, wenn einer der Gegenspieler glaubt, ein entsprechend gutes Gegenblatt zu haben, welches die Möglichkeit des Sieges gegen den Alleinspieler beinhaltet. Damit wird eine Aussage über die Kartenverteilung getroffen (Verstoß gegen die Skatordnung). Der Spielverlauf wird in irreguläre Bahnen gelenkt. Kontra gibt der Gegenspieler, der mit seinen Trümpfen mehrere Stiche zu machen gedenkt und eventuell eine Fehlfarbe besitzt. Er beeinflußt seinen Mitspieler dahingehend, daß dieser seine Zählkarten behalten wird, um diese den voraussichtlich sicheren Stichen seines Partners zuzugeben.

Durch den Verrat besteht für den Alleinspieler eine größere und zusätzliche Gefahr, sein Spiel zu verlieren. Die größte Gefahr ist jedoch darin zu sehen, daß diese Abart dem unfairen Spiel und dem Falschspiel Vorschub leistet. Beim Spiel mit Kontra wird ein Blatt oftmals unter Wert gereizt. Das spielerische Grunddenken wird damit verletzt. Eine Vervielfachung des Spielwertes kann das Skatspiel zum Glücksspiel abwerten.

Die ersten Stiche geben den Spielern Aufschlüsse über die Kartenverteilung. Aus ihnen und allen anderen Begleitfaktoren (Reizen, Positionen) werden logische Folgerungen abgeleitet. Dieser Reiz des Skatspiels ist nicht mehr gegeben, wenn ein Spiel kontriert wurde. Für das spielerische Element mit Sicherheit ein Verlust für das Skatspiel überhaupt. Außerdem stellt Kontra eine Verletzung des Gleichheitsprinzips dar; denn Kontra kommt von den Gegenspielern. Der Alleinspieler darf sich kein Kontra geben, wenn er seinen sicheren Sieg voraussieht.

Wieviele Skatrunden sind dem Kontra zum Opfer gefallen, wenn der Alleinspieler in der Aufregung nur eine Karte gedrückt hat? Wie wenig Freude müssen die Gegenspieler an einem solchen Sieg haben?

Ramsch

Hinsichtlich der überregional stark verbreiteten Abart »Ramsch« soll an dieser Stelle darüber eine Aussage, eine Kurzbeschreibung, gemacht werden. So populär, teilweise belustigend, von unterschiedlichem Unterhaltungswert und variationsreich der Ramsch ist und praktiziert wird, wird er immer eine Abart bleiben.

Es geht in dieser Beschreibung auch nicht darum, ob der einzelne auf strenger Einhaltung der Regeln besteht und somit dem Ramsch distanziert gegenübersteht. Die Beschreibung erfolgt überhaupt nur deshalb, um für den Eventualfall eine entsprechende Aufklärung zu erhalten.

Zur Wiederholung: Der abartenfreie Einheitsskat kennt keinen Ramsch. Es ist bereits gesagt, daß, wenn ein Spieler oder die Spieler kein Reizgebot besitzen, das Spiel als »eingepaßt« gilt und der nächstfolgende Kartengeber die Karten zu einem neuen Spiel verteilt.

In Skatrunden glauben die Teilnehmer oftmals, durch das Einpassen um ein spielerisches Moment gebracht zu werden. Sie spielen dann, nachdem keiner der Spieler ein Reizgebot machte, einen sogenannten »Tischramsch«. Auch dabei spielt grundsätzlich Vorhand aus. Der Skat bleibt völlig unberücksichtigt – zunächst. Die Farben der Karten sind untereinander gleich; die Buben bleiben auch hierbei die dominierenden Karten in der Rangfolge ihrer Farben. Der Bedienungszwang ist beim Ramsch nicht aufgehoben. Prinzipiell hat jeder der Spieler das Bestreben, in seinen Stichen so wenig als nur möglich Augen zu erhalten. Also der Spieler, der in seinen Stichen die meisten Augen vereinnahmt hat, ist der Verlierer des Ramsches und erhält zusätzlich die im Skat befindlichen Augen als Verlust verbucht. Als Spielpraktik ist die der Farbspiele im umgekehrten Sinne anzuwenden.

Haben zwei Spieler eine gleich hohe Augenzahl in ihren Stichen und liegen mit ihr über der des Dritten, wird im allgemeinen der als Verlierer betrachtet, der von ihnen den letzten Stich machte. Es wird darüber hinaus auch praktiziert, daß beide Spieler als Verlierer gelten können und jeder jeweils die im Skat befindlichen Augen hinzugerechnet bekommt.

Erhält einer der Spieler keinen Stich, wird von einer »Jungfrau« gesprochen. Diese Jungfräulichkeit erfährt dann oftmals ihre Belohnung darin, daß die Punkte des Verlierers verdoppelt werden.

Die sehr wenig verbreitete Abart die Verlustrechnung für den einzelnen mit zwei Jungfrauen (durchaus möglich) abzurechnen, soll nur erwähnt werden.

Hat ein Spieler alle Stiche für sich vereinnahmt, tritt der Fall ein, daß es zwei Jungfrauen gibt.

In einem solchen Fall wird im allgemeinen der Spieler, der alle Stiche erhielt, als Gewinner erklärt; er gewann einen »Durchmarsch«.

Ramschrunden

Zu den Praktiken einzelner Skatrunden gehört es, nach besonderen Spielen (Grand Hand oder Spielen, die mit 60:60 Punkten verloren wurden oder weiteren Vereinbarungen) eine ganze Ramschrunde zu spielen.

Spätestens an dieser Stelle sollte erwähnt sein, daß diese Abart, nicht nur bei oberflächlicher Betrachtung, einen Spieler um seinen Erfolg bringen kann, da diese außerordentlich durch das Glück und die Fairneß der Mitspieler begünstigt wird.

Denn bei der Durchführung dieser Ramschrunden wird im Normalfall mit Skataufnahme gespielt. Der Spielablauf bleibt der gleiche. Lediglich Vorhand nimmt den Skat auf und gibt zwei für sie unbrauchbare Karten an Mittelhand und diese wiederum zwei Karten an Hinterhand weiter, die dann zwei Karten drückt, damit Vorhand das Spiel eröffnen kann.

Zusätzliche Vereinbarungen beinhalten oft, daß keine Buben weitergegeben oder gedrückt werden dürfen.

Darüber hinaus gehört es zur Praktik einzelner Runden, die sich dem Ramsch verschworen haben und einen gewissen Aspekt von Fairneß in dieser Abart demonstrieren möchten, daß die Karten nach ihrer Verteilung zunächst nicht betrachtet werden. Vorhand nimmt zuerst ihre Karten und den Skat auf und schiebt zwei Karten verdeckt in das Päckchen von Mittelhand, die erst dann Einblick in ihre Karten nehmen darf. Das gleiche geschieht dann zwischen Mittel- und Hinterhand. Damit will man verhindern, daß die einzelnen Spieler aus den zusätzlich erhaltenen Karten Schlüsse über die Absichten der anderen ziehen können.

Schieber-Ramschrunden

Diese dienen mitunter nur zusätzlichen Verdoppelungen, die dann oftmals vorab keine tatsächliche faire Verlustrechnung mehr erstellen lassen. Die Spielpraktik ist die gleiche, die in den beiden vorgenannten Variationen beschrieben wurde. Zusätzlich besteht keine Verpflichtung zur Skataufnahme. Sofern der einzelne Spieler glaubt, mit seinem Blatt nicht zu verlieren, lehnt er die Skataufnahme ab – er schiebt. Das Schieben bedeutet eine Verdoppelung. Theoretisch wäre ein dreimaliges Schieben möglich; rechnet man eine Jungfrau hinzu, wäre eine sechzehnfache Verlustrechnung erstellbar.

Legt man in der Skatrunde einen Abrechnungsbetrag fest, würden in dieser Praktik alle Abrechnungen von vornherein nicht mehr überschaubar bleiben und das Spiel selbst einen spekulativen Charakter erhalten.

Von allem unbenommen bleibt jedoch die Freude des einzelnen über diese Variationen, wenn er sich in objektiver Betrachtung darüber im klaren ist, daß diese mit dem Skatspiel – außer den Karten selbst – nicht viel gemein haben und darin bestenfalls reinen Unterhaltungswert sieht.

Die unterschiedlichen Charaktere, belastet mit Emotionen und sonstigen Regungen stellen hierbei hinsichtlich einer fehlenden klar definierten Regelung das Fairneßgebot erheblich in Zweifel.

Der Praktiker erkennt unter anderem sehr bald die fintenreiche Spielpraxis im geschickten, von den Mitspielern oft unerwartetem Drücken von Karten. Ein oder mehrere Spieler können ein Opfer derer werden, die ihnen Spielkarten mit hohen Werten wimmeln – mitunter völlig unmotiviert, – nur um einen Verlust in bestimmten Bahnen heraufzubeschwören. Die damit verbundenen Gefahren brauchen nicht im besonderen erwähnt zu werden. Durch praktizierte Ramschrunden sind viele Negationen wachgerufen worden, Freundschaften in Brüche gegangen oder die einzelnen Parteien ergingen sich in Auswüchsen.

Der Ramsch ist somit als Bestandteil des Einheitsskates niemals zu bejahen. Er wäre als eigenständiges Spiel durchführbar, allerdings in Einreihung der Kategorie der Glücksspiele. Zweifellos wird eine solche Bemerkung den Befürwortern des Ramsches nicht passen, denn der fortgeschrittene Praktiker wird mit Recht behaupten, daß auch der Ramsch erst einmal spielerisch erlernt werden muß. Vielleicht gerade deshalb ist darin die Aufgabe zu sehen, daraus ein Spiel selbst zu schaffen.

17. Unsitten beim Skatspiel

Es ist nicht zu erwarten, daß alle Skatspieler das Spiel vorbildlich beherrschen. Ein unterschiedliches Niveau in der spielerischen Qualität wird stets erhalten bleiben. Die momentane Verfassung des einzelnen und nicht zuletzt die Erfahrung werden ausschlaggebende Fakten für ein gutes Spielniveau sein. Daß Skat nicht unbedingt ein Spiel des Intellekts ist, beweist immer wieder die Tatsache, daß nicht nur Akademiker die Reihen der Spitzenspieler füllen. In einzelnen Punkten kann man jedoch an alle Skatspieler die gleichen Anforderungen stellen. Das betrifft das ordnungsgemäße Halten der Karten nach der Verteilung durch den Empfänger des Blattes und während der Kartenverteilung durch den Kartengeber. Die Betreffenden sollten in beiden Fällen bemüht sein, Einblicke zu verhindern.

Für den Kartengeber gilt im weiteren, daß er nicht in den Skat einsieht. Diese Befugnis steht ausschließlich dem Alleinspieler zu. Auch sein Blick nach rechts und links in die Blätter der Mitspieler ist nicht gestattet; er muß seine Anteilnahme aus dem Blick in ein Blatt befriedigen können. Gesten und Unwillensbekundungen einzelner Spieler sollten unterbleiben, da zwischen ihnen und den direkten Bemerkungen zum Spielverlauf, die die Skatordnung ohnehin verbietet, der Unterschied oft nur im Ausdruck liegt. Es spricht nicht für den Spieler, wenn er sich zu Unbeherrschtheiten hinreißen läßt. Es ist Sache des Charakters und Anstands, nicht am schlechten Spiel des Mitspielers eine womöglich noch unsachliche Kritik zu üben. Eine Belehrung dürfte die bessere Lösung sein. Der Belehrte sollte seinerseits auch nicht unempfänglich dafür sein, wenn diese zurecht erfolgt ist. Fehler werden gewiß nicht absichtlich begangen. Auch das mögliche Fehlverhalten kann aus einer logischen Überlegung resultieren.

Eine unberechtigte Kritik verunsichert nur den Spieler; und die Harmonie einer Runde, die auch einen Umstand zum guten Spiel darstellt, ist nicht mehr gewährleistet.

Eine Unsitte ist im unbeherrschten Aufwerfen der Karten zu sehen. Es wird immer Spieler geben, die nicht den gewünschten Spielanteil in einer Runde erreichen. Der Verärgerung darüber sollte man keinen Ausdruck verleihen. Es wäre eine Disziplinlosigkeit den anderen gegenüber, denen das Glück des Augenblicks die besseren Karten anbot.

Das Zuschauen bei den Turnieren wird schon durch den Veranstalter verboten. Skatspieler haben es nie gerne, von Außenstehenden mit Ratschlägen bedacht zu werden. Gegen unliebsame Zuschauer in privater Runde muß sich jeder selbst helfen.

18. Gefahren, Verführungen

An anderer Stelle ist auf die Kommunikativität des Spieles hingewiesen worden. Das Spiel selbst ist es auch — was täglich erneut in Klubs, Verbänden, bei Turnieren usw. bewiesen wird.

Bei ordentlichen Veranstaltungen — beispielsweise bei allen vom DSkV oder seinen Verbänden und Gliederungen organisierten und geleiteten Turnieren — sind Startgelder und Abrechnungsbeträge festgelegt, in einer Form, daß jedermann teilnehmen kann. Es stünde im Gegensatz zur Kommunikation, wollte man den Teilnehmern hohe Beträge abverlangen. Eine entsprechende Tendenz wurde von den Geschäftemachern irgendwelcher sogenannter imaginärer Verbände schon aufgezeigt.

In kleinen Gemeinschaften oder einzelnen Skatrunden gehört es zu den Gepflogenheiten, daß nicht nur um die Ehre oder aus einem Prestigedenken gespielt wird. Es wird ein Geldbetrag pro gewonnenen oder verlorenen Punkt vereinbart. Dabei sollten nicht die wirtschaftlichen Verhältnisse eines einzelnen ausschlaggebend sein, nicht zu spielen, wenn seine Partner den vorgeschlagenen hohen Betrag nicht akzeptieren können. Ein hoher Spieleinsatz erhöht niemals den Reiz des Spiels; leistet einem spekulativen Denken

Vorschub. Die Vorsicht und weniger Mut zum Risiko bringen den einzelnen Spieler unter Umständen um die Spielfreude selbst. Es ist auch zweitrangig, darauf hinzuweisen, denn Skat wird in allen Bevölkerungs- und Gesellschaftsschichten gespielt und sehr oft werden Streitigkeiten über Abrechnungsbeträge von vornherein ausgeschlossen, da sie vor Spielbeginn festgelegt werden.

Eine tatsächliche Gefahr für den einzelnen ist wohl eher in der Überschätzung seines Könnens zu sehen. Glaubt ein Skater das fehlende Materielle durch sein spielerisches Können ersetzen zu wollen, wird er alsbald die Erfahrung machen müssen, daß auch gute Karten zum sicheren und garantierten Gewinn gehören.

Der Verlierer ist zwar nicht zum Lächeln gezwungen, aber mit Sicherheit wird er von seinen Mitspielern zum Ausgleich gebeten.

Über die Billigkeit guter Spieler, einen anderen nur zu akzeptieren, weil er in der Lage ist, einen hohen Einsatz zu verkraften, ist es müßig zu sprechen.

Ein guter Spieler ist nicht unbedingt der, der es versteht, seine erhaltenen Karten optimal auszunutzen oder der, der auf den Spiellisten oft in den oberen Regionen rangiert. Es gehört auch eine gewisse Charakterfestigkeit und Selbstkontrolle dazu. Er sollte im Gewinnfalle nicht übermütig werden und seine Überlegenheit demonstrieren, gleichermaßen wird unverhohlener Ärger über einen Verlust von den Mitspielern nicht gutgeheißen.

Kaum ein Skater kann die Belehrungen anderer vertragen. Das Spiel birgt die Gefahr, daß der einzelne zu sehr von seinem eigenen Können überzeugt ist; denn auf ein Erfolgserlebnis wird jeder zurückgreifen können. Nur sollte er nicht um die Ehrlichkeit vor sich selbst zu kämpfen haben, ob nicht doch in diesem Fall der Erfolg vom Glück, von der Unachtsamkeit der Mitspieler oder von der Befähigung eines gegenspielenden Partners begünstigt war.

Erfolg und Mißerfolg stehen bei der Vielfalt des Spiels derart eng beieinander, daß eine »an sich unbedeutende Karte ohne jeglichen Zählwert« im richtigen oder unrichtigen Moment ausgespielt oder gedrückt, darüber entscheiden kann.

19. Erklärungen der Begriffe aus dem Skatspiel

abgeben	Verteilen der Karten zum letzten Spiel
abgeben, einen Stich	Die Gegenpartei erhält einen Stich
abheben	Veränderung der Reihenfolge der Karten, die sie durch das Mischen erhalten haben
abwerfen	eine ungünstige Karte in den Stich der Gegenpartei geben, unter Einhaltung der Bedienungsvorschrift
Alleinspieler	der Spieler, der infolge des höchsten Reizgebots den Anspruch auf die zwei Skatkarten erhielt
anbieten	Karten mit hohen Zählaugen vorspielen
ansagen	der Alleinspieler gibt seine Spielart bekannt
anspielen	zum ersten Stich ausspielen
anziehen	eine Karte ausspielen
As, das	höchste Karte jeder Farbe; Zählwert 11 Augen
Atout	französisches Wort für Trumpf
auf die Dörfer gehen	es werden die Asse und Zehnen der Farben gespielt. Der Begriff betrifft den Alleinspieler, der nicht Trumpf spielt.
Augen	Zählwerte der Karten
Augen schonen	nur Karten mit geringen Zählwerten anspielen
auslosen	Festlegung der Platzordnung
ausreizen	Gebrauch des höchstmöglichen Reizwerts
ausspielen	Eröffnung mit einer Karte zum Stich
austeilen	Kartengeben
baden gehen	verlieren
bedienen	die verlangte Farbe oder Trumpf, bei dessen Verlangen, zugeben
Beikarten	die Karten, die keine Trümpfe sind
bekennen	bedienen
bieten	reizen, Nennen der Reizwerte zur Ermittlung des Alleinspielers
billiges Spiel	Spiel mit geringem Spielwert
blanke Karte	einzige Karte einer Farbe
blank spielen	ausspielen der blanken Karte
blank spielen, sich	ausspielen einer Karte, wenn dadurch die nächste blank wird
Blatt	die Karten eines Spielers
buttern	wimmeln, schmieren; hohe Zählaugen zugeben
drücken	zwei Karten nach Einsicht in den Skat ablegen
einpassen	kein Spieler bietet das Mindestgebot. Der nächste Kartengeber gibt zum neuen Spiel.
Fehlfarbe	eine Farbe, die in einem Blatt nicht vertreten ist
fetter Stich	Stich mit vielen Zählaugen
Flöte	eine lange Farbe
frühstücken	den Mitspielern in die Karten sehen
geben	das Verteilen der Karten zu einem Spiel
Gebot	der genannte Reizwert
Gegenspieler	die beiden Spieler, die bei der Bewerbung um das Alleinspiel übriggeblieben sind
geschlossene Farbe	Kartenfolge einer Farbe in lückenloser Form
Gewinnstufen	Faktoren, die den Spielwert erhöhen
Grand	Großspiel, in welchem nur die Buben Trümpfe sind
Grand ouvert	offenes Grand Handspiel, welches nur in der Gewinnstufe Schwarz gewonnen werden kann. Das höchste und damit erstrebenswerteste Spiel im Skat.

Grundwert	feststehende Zahlen zur Errechnung des Reiz- und Spielwertes
halten	Zustimmung zu einem Reizgebot
Handspiel	Spiel ohne Aufnahme des Skats
Hinterhand	der Spieler, der als Dritter eine Karte zugibt und damit einen Stich komplettiert
hochtreiben	Herausforderung zum höchstmöglichen Reizgebot
Junge	Bube
Kiebitz	ungebetener und unerwünschter Zuschauer und Ratgeber
König zu dritt	König und zwei kleinere Karten der gleichen Farbe
kurze Farbe	Besitz weniger Karten einer Farbe
kurzer Weg	wenn der Alleinspieler unmittelbar hinter dem Ausspielenden sitzt, ist es der kurze Weg
lange Farbe	Besitz vieler Karten einer Farbe
langer Weg	wenn der Alleinspieler vom Ausspielenden in Hinterhand sitzt
Leerkarte	Karte ohne Zählaugen
legen, sich	sich verlorengeben
Lusche	Karte ohne Zählaugen
mauern	ein Spiel nicht ausreizen; unter Wert passen
Mittelhand	der Spieler, der die zweite Karte zu einem Stich gibt
nachbringen	eine gespielte Farbe noch einmal ausspielen
Null ouvert	offenes Nullspiel
Nullspiel	Spielart, in der der Alleinspieler keinen Stich erhalten darf
offene Spiele	es darf kein Stich verdeckt gespielt werden. Vor dem ersten Ausspielen müssen die Karten aufgelegt werden.
ouvert	offen
passen	nicht reizen oder ein Reizgebot ablehnen
Preisskat	Skatturnier mit Preisgestaltung für die Placierten
reinigen	ungünstige Karten abwerfen oder schon zuvor zu drücken
reizen	Vorgang zur Ermittlung des Alleinspielers
Reizfaktor	Anzahl der Spitzen plus Gewinnstufen
Reizwert	der Reizfaktor mit dem Grundwert multipliziert
Runde	Spiele, die der Anzahl der Mitspieler entsprechen
schenken	Vorschlag der Abkürzung zu einem Spiel, der durch die Skatordnung verboten ist
schmieren	wimmeln
schneiden	die angespielte Farbkarte nicht mit dem As übernehmen
Schneider	Gewinnstufe, wenn eine Partei 30 oder weniger Augen erhalten hat
Schreiber	der Listenführer
Schwarz	Gewinnstufe, wenn eine Partei keinen Stich erhalten hat
Seeger-System	Leistungsbewertung beim Skatspiel
Seeger-Fabian-System	erweiterte Leistungsbewertung beim Skatspiel; heute unentbehrliche Praxis bei Skatturnieren jeglicher Art
senken	drücken
sitzenbleiben	ein Spiel mit geringer Gewinnaussicht spielen zu müssen, wenn leichtfertig gereizt wurde
Skatgericht	Schlichtungsstelle in sachbezogenen Fragen
Skatkongreß	alle vier Jahre stattfindende Mitgliederversammlung des Deutschen Skatverbandes e. V. (DSkV). Mitglieder sind durch Delegierte vertreten. Aufgabe: Regelung der skatbezogenen Angelegenheiten. Näheres ist in seiner Satzung niedergelegt
Skatordnung	verbindliches Regelwerk für den Einheitsskat

Skatverband, Deutscher	oberste Instanz der organisierten Skatspieler
Spitzen	Trümpfe in ununterbrochener Reihenfolge, beginnend mit dem Kreuz-Buben
stechen	eine Farbkarte mit einer Trumpfkarte übernehmen
Stich	drei Karten, die in Reihenfolge der Positionen der Beteiligten hinzugegeben werden müssen
taufen	Benennung des Spiels
Trumpf	Karten mit Sonderrechten
übernehmen	beim Bedienen eine ranghöhere Karte zugeben
überreizen	der Spielwert erreicht nicht den Reizwert
überstechen	eine von Mittelhand gestochene Karte in Hinterhand mit einer höheren Trumpfkarte übernehmen
vergeben	falsche Kartenverteilung
verwerfen	nicht Bedienen der verlangten Farbe oder Trumpf oder unberechtigtes Ausspielen
Vorhand	der Spieler, der die erste Karte zu einem Stich ausspielt
vorwerfen	Ausspiel ohne an der Reihe zu sein
wimmeln	in den Stich des Partners hohe Zählaugen geben
Zinken	verbotene Kennzeichnung der Rückseiten der Karten in versteckter Form und betrügerischer Absicht
zugeben	bedienen

20. Ausdrucksvolles aus der Sprache der Skatspieler

Der Skat hat seine eigene Sprache, die für den Spielverlauf unnötig ist. In ihrer Vollständigkeit ließe sich mit ihr ein ganzes Buch füllen. Dem Außenstehenden wird sie wenig sinnvoll erscheinen. Bei Sachkenntnis wird sie ihm jedoch offenbaren, daß sie sich der Gleichnisse bedient und die Wahrheit sagt, ohne zu verletzen. Trotz ihrer frivolen und zuweilen makabren Art und Ausdrucksweise ist sie gesellschaftsfähig; denn diese Sprache wird von allen Schichten der skatspielenden Bevölkerung benutzt.

So ist es möglich, daß ein Spieler aus jedem Dorf einen Hund besitzt oder das Wasser aus der Kiepe verliert. Besitzt er kein Kreuz, muß er den Hintern an der Strippe tragen. Es hilft dem Vater auf die Mutter, wenn er einen Stich zum sicheren Gewinn vereinnahmt. Das genügt, sprach der Staatsanwalt – der Sack ist zu oder die Beerdigung findet vom Trauerhause aus statt, wird der Alleinspieler zu hören bekommen, wenn ihm für sein Spiel der »Totenschein ausgestellt« wird. Schneider sind auch Leute oder Schwarz wie die Füße, drücken eine diesbezügliche Gewinnstufe aus. Der Aufforderung zum Händewaschen braucht nicht nachgekommen zu werden. Die Hosen runter! ist allerdings eine verbindliche Aufforderung, bei offenen Spielen die Karten aufzulegen. »Leichenreden« sind unerfreulich für alle Beteiligten, mit Ausnahme dessen, der sie inszeniert.

Mit dem Stichwort »Leichenreden« beabsichtigt der Verfasser seine Ausführungen über das Skatspiel zu beenden. Der Hoffnung Ausdruck verleihend, dem Anfänger und auch dem Fortgeschrittenen ein ergänzendes Wissen übermittelt zu haben, sind abschließend die Skatordnung und Skatwettspiel-Ordnung auf ihrem neuesten Stand vom Oktober 1978 abgedruckt. Der Abdruck geschah mit freundlicher Genehmigung des Deutschen Skatverbandes e. V.

Inhaltsverzeichnis

Skatordnung

Vorwort zur Skatordnung

Die Skatordnung enthält die Spielregeln und bringt das Skatspiel getreu seiner geschichtlichen Entwicklung in ein geschlossenes System.

Im Jahre 1928 erschien die erste Auflage nach einem Entwurf des Oberlehrers Richard Burckhardt. Als lebendiges Regelwerk berücksichtigt die vorliegende Fassung der Skatordnung alle Änderungen, die durch die bisherigen Skatkongresse beschlossen worden sind.

Zweck der Skatordnung ist die Verbreitung der Spielregeln des Deutschen Skatverbandes, damit der Skat in aller Welt einheitlich gespielt werden kann. Die Skatordnung ist die Grundlage für die Entscheidungen des Deutschen Skatgerichtes.

Wir möchten allen Skatfreunden nahelegen, stets einen sauberen und fairen Skat zu spielen. Nicht ein fadenscheiniges Recht suchen, sondern durch eine sinnvolle Deutung trockenen Paragraphen Leben verleihen, ist unser Anliegen. Die Skatordnung kann dazu nur den Rahmen bilden.

Deutscher Skatverband e. V.
Die Verbandsleitung
Oktober 1978

1.0 Allgemeines

1.1 Begriff des Skatspieles

1.11 Das Skatspiel ist ein Kartenspiel, das von drei oder mehr Personen gespielt wird. Die einzelnen Spiele werden von einem Alleinspieler und zwei Gegenspielern durchgeführt.

1.12 Das Skatspiel ist in Altenburg (Thüringen) im Beginn des 19. Jahrhunderts entstanden und hat sich aus älteren Kartenspielen in seiner heutigen Gestalt zum beliebtesten und verbreitetsten deutschen Kartenspiel entwickelt. Skat wird aber in aller Welt gespielt.

1.13 Zwei verdeckt, gesondert gelegte Blätter, kurz Skat genannt, gaben ihm den Namen.

1.2   Benennung und Zählwert der Karten

Die Skatkarte besteht aus 32 Blättern, und zwar aus je acht
Blättern der nachstehend in ihrer Rangfolge angegebenen Farben:

Kreuz   (Treff, Eicheln)
Pik   (Schippen, Grün)
Herz   (Coeur, Rot)
Karo   (Eckstein, Schellen)

Jede dieser vier Farben hat folgende Blätter:

1. As	= 11 Augen	Abkürzung A
2. Zehn	= 10 Augen	Abkürzung 10
3. König	= 4 Augen	Abkürzung K
4. Dame	= 3 Augen	Abkürzung D
5. Bube	= 2 Augen	Abkürzung B
6.–8. Neun, acht, sieben		ohne Zählwert

1.3   Einteilung der Spiele

1.31   Sämtliche möglichen Spiele teilt man wie folgt ein:

Spiele mit Skataufnahme	Spiele ohne Skataufnahme	offene Spiele mit Skataufnahme	offene Spiele ohne Skataufnahme
a. Gattung: Farbspiele			
Karo	Karo-Hand		Karo offen
Herz	Herz-Hand		Herz offen
Pik	Pik-Hand		Pik offen
Kreuz	Kreuz-Hand		Kreuz offen
b. Gattung: Grands			
Grand	Grand-Hand		Grand offen (ouvert)
c. Gattung: Nullspiele			
Null	Null-Hand	Null ouvert	Null ouvert Hand

1.32   Der Skat steht in allen Fällen dem Alleinspieler zu.

1.33   Bei den Spielen mit Skataufnahme nimmt der Alleinspieler die
beiden Skatblätter (SkO 2.26) auf, legt darauf zwei beliebige
Blätter wieder weg (drückt oder senkt sie oder legt sie in den Skat)
und bestimmt sodann das Spiel

1.34   Bei den Handspielen bleibt der Skat während des Spiels unbe-
nutzt; es stehen also dem Alleinspieler nur seine zehn Handkarten
zur Verfügung.

1.35   Der Alleinspieler kann, gleichviel, ob er den Skat aufnimmt oder
nicht, eine Farbe als Trumpf bestimmen, aber auch einen Grand
oder ein Nullspiel melden.

1.36   Um zu gewinnen, muß der Alleinspieler bei Farb- und Grand-
Spielen mindestens 61 Augen erreichen, bei Null-Spielen darf er
keinen Stich bekommen.

1.37 Ein Stich besteht aus je einer Karte von Vor-, Mittel- und Hinterhand, die auch in dieser Reihenfolge zu spielen sind. Er ist vollendet, wenn alle drei Karten auf dem

demjenigen, von dem bei ausgespielter Farbe die höchste Karte dieser Farbe stammt, aber bei erfolgtem Einstechen unter Beachtung der Vorschriften über das Bedienen (SO 3.21 und 3.22) demjenigen, der die höchste Trumpfkarte hingelegt hat (Trumpf geht über Fehlfarbe). Wird von vornherein Trumpf ausgespielt, so gehört der Stich dem Spieler, der die höchste Trumpfkarte gebracht hat.

1.38 Bei offenen Spielen muß der Alleinspieler noch vor dem ersten Ausspielen seine zehn Karten in ihrer ganzen Größe deutlich sichtbar auflegen, und zwar nach Farben und innerhalb der Farben der Höhe nach geordnet. Geschieht dies nicht, so sind die Gegenspieler berechtigt, die Ordnung selbst herzustellen.

1.39 Bei den offenen Farbspielen und beim Grand ouvert darf der Alleinspieler keinen Stich abgeben, weshalb bei diesen Spielen auch stets »Schwarz angesagt« gerechnet wird.

1.4   Bedeutung der Karten

1.41 Bei den Farbspielen wird immer eine Farbe Trumpf; die anderen Farben stehen dann untereinander im Range gleich

1.42 Höchste Trümpfe sind bei Farb- und Grandspielen die Buben in der Rangfolge ihrer Farben; bei Grandspielen gibt es keine anderen Trümpfe, bei Farbspielen folgen die weiteren sieben Karten der Trumpffarbe im Zählwert ihrer Augen (1.2).

1.43 Bei den Nullspielen gelten auch die Buben als Farbe. Die Reihenfolge lautet: As, König, Dame, Bube (Bildkarten), dann erst die Zehn und endlich Neun, Acht und Sieben.

2.0   Einleitung des Spieles
2.1   Wahl der Plätze

2.11 Die Reihenfolge der Mitspieler wird durch das Los bestimmt. Der erste kann sich dann seinen Platz wählen, der zweite setzt sich ihm zur Linken usw.

2.12 Mit dem Spielen darf nur nach Beendigung einer Runde aufgehört werden, ebenso darf ein einzelner Mitspieler nur am Schluß einer vollen Runde zu spielen aufhören, wenn er dies vor deren Beginn erklärt hat.

2.13 Auch kann nur nach Beendigung einer Runde und nur unter Zustimmung aller Teilnehmer ein neuer Spieler hinzutreten. Falls er nicht für einen Ausscheidenden eintritt, muß er se Platz rechts vom ersten einnehmen, so daß er sofort zu geben hat.

2.2   Verteilung der Karten

2.21 Der erste Mitspieler muß auch zuerst die Karten geben – er gibt an –, d. h. er muß die Karten gehörig durcheinandermischen, diese dann seinem rechten Nachbarn zum einmaligen Abheben hinlegen und, nachdem er den Rest der Karten auf den abgehobenen Teil gelegt hat, die Karten an die drei Mitspieler verteilen.

2.22 Ist bei mehr als drei Teilnehmern der Abheber vorübergehend abwesend, so darf außer dem Kartengeber jeder andere Teilnehmer abheben, es sei denn, der Abwesende hätte sich dies bei einem Weggang vorbehalten. Verzögert sich die Rückkehr, so daß das Spiel stockt, so scheidet der Abwesende so lange aus, bis er wieder am Abheben ist. Ein Recht zu willkürlichem Ausscheiden für eine oder mehrere Runden kann daraus aber nicht abgeleitet werden.

2.23 Beim zweiten Spiel hat der zweite Teilnehmer zu geben usw., so daß also der rechte Nachbar des ersten Mitspielers stets das letzte Spiel einer Runde zu geben hat, mithin auch das letzte Spiel überhaupt (SkO 2.12), er muß daher abgeben.

2.24 Es muß abgehoben werden, und zwar so, daß mindestens vier Karten liegenbleiben oder abgehoben werden.

2.25 Es müssen, beim linken Nachbarn beginnend, jedem Mitspielenden zunächst drei Blätter gegeben werden, dann jedem vier und im letzten Gang wieder jedem drei (SkO 2.26).

2.26 Nach dem ersten Gange sind zwei Blätter – kurz Skat genannt – gesondert zu legen.

2.27 Bei vier Teilnehmern erhält der Kartengeber selbst keine Karten – er sitzt –, bei fünf oder mehr Teilnehmern spielen die beiden linken Nachbarn des Kartengebers und der rechte.

2.28 Wird beim Geben, sei es durch Schuld oder bloße Mitschuld des Kartengebers, eine Karte aufgeworfen, so muß noch einmal gegeben werden.

2.29 Besieht während des Kartengebens ein Spieler den Skat, so ist er vom Reizen auszuschließen (SkO 3.26).

2.210 Wurde eines oder wurden beide Skatblätter nach ordnungsmäßigem Geben aufgeworfen oder vor beendetem Reizen aufgenommen, so ist der Schuldige ebenfalls vom Reizen auszuschließen; auch ist keiner der anderen Mitspieler an sein früheres Gebot gebunden (SkO 2.3).

2.211 Wurden die Karten ordnungsgemäß verteilt, so muß ein gültiges Spiel zustandekommen. Auch ein eingepaßtes Spiel ist ein gültiges Spiel.

2.212 Jeder Teilnehmer muß nach beendetem Geben die Zahl der empfangenen Karten prüfen und eine fehlerhafte Kartenverteilung vor dem Ende des Reizens melden. Wurden die Karten vergeben, d. h. der Zahl nach oder sonstwie unrichtig verteilt, so muß nur dann noch einmal gegeben werden, wenn die Beanstandung rechtzeitig erfolgt ist oder wenn beide Parteien eine fehlerhafte Zahl der Blätter haben.
Andernfalls treten die Bestimmungen von SkO 3.25 bereits vor Spielbeginn in Kraft.

2.213 Hatte ein Teilnehmer gegeben, der nicht an der Reihe war, so ist das gegebene Spiel immer ungültig, selbst wenn es zu Ende gespielt worden ist. Siehe 2.214.

2.214 Bei Feststellung eines solchen Fehlers werden innerhalb der im Gang befindlichen Runde die Spiele vom Eintritt des Fehlers an wiederholt. Ist dieser bereits in vorhergegangenen Runden geschehen oder ist sein Zeitpunkt überhaupt nicht feststellbar, so bleiben alle abgeschlossenen Runden gültig und es ist nur die im Gang befindliche Runde ungültig und zu wiederholen. Sofort nach Aufdeckung des Fehlers hat dann Platz 1 zu geben. Die Spielliste bleibt gültig. Eine Runde ist dann abgeschlossen, wenn deren letztes Spiel beendet ist.

2.3 Reizen

2.31 Nachdem die Karten verteilt worden sind, muß zunächst durch das Reizen oder Bieten festgestellt werden, wer Alleinspieler wird.

2.32 Im Skat wird nach Spielwerten (Punkten) gereizt. Dabei fordert Vorhand (der erste, der Karten erhalten hat) zunächst Mittelhand (den linken Nachbarn) zu reizen auf, d. h. sie veranlaßt diese, ihr zu sagen, welchen Wert das Spiel hat, das sie spielen will. Entsprechend dem niedrigsten Spielwert (Karo mit oder ohne eine Spitze, einfach gewonnen) beginnt dieses Reizen in der Regel mit 18.

2.33 Hat Vorhand nun ein Spiel mit dem gebotenen oder einem höheren Spielwert nicht selbst, so muß sie passen oder verzichten, und Mittelhand wird dann von Hinterhand (dem dritten Mitspielenden) in gleicher Weise gereizt.

2.34 Will jedoch Mittelhand kein Spiel wagen oder hält Vorhand den von Mittelhand gebotenen höchsten Wert, so muß Mittelhand passen; dann reizt Hinterhand Vorhand weiter.

2.35 Der Spieler, der zuletzt den höchsten Wert gehalten hat, wird der Alleinspieler. Er muß ein gleichwertiges oder ein Spiel von höherem Punktwert melden, gleichviel ob er den Skat aufnimmt oder aus der Hand spielt.

2.36 Die Erklärung des Passens ist unwiderruflich, ebenso das Bieten und Halten eines Wertes und das Ansagen eines Spieles.

2.37 Will keiner der Mitspielenden ein Spiel wagen, so wird eingepaßt und der nächste gibt Karten. Niemals darf dann vom gleichen Kartengeber noch einmal gegeben werden.

2.38 Auch wenn der Alleinspieler sofort sein Spiel für verloren erklärt, sich legt (SkO 3.31), muß er ein bestimmtes Spiel ansagen, das dem gebotenen Wert und der Zahl der Spitzen entspricht (SkO 3.34).

2.39 Erreicht ein Handspiel die gereizte Punktzahl nicht, hat sich also der Alleinspieler überreizt, überboten, weil ein Bube oder weitere Spitzentrümpfe im Skat lagen (geringere Gewinnstufe), so gilt das Spiel für ihn verloren, selbst wenn er mehr als 60 Augen hat, und zwar muß er sovielmal den Grundwert des gewählten Spieles bezahlen, daß dadurch die gebotene Punkthöhe mindestens erreicht wird.
Wurden z. B. bei einem Herzhandspiel ohne 3 Spitzen 36 geboten, und liegt der Kreuz Bube im Skat, so ist das an sich gewonnene Spiel nicht mit 36, sondern mit $4 \times 10 = 40$ Punkten zu bezahlen. Den gleichen Betrag müßte er zahlen, wenn er bis 40 gereizt hätte. Wurde also Herz gespielt, muß auch ein Herzspiel bezahlt werden.

2.4 Parteistellung

2.41 Die drei Spielenden bilden zwei Parteien: Alleinspieler (SkO 2.35) und Gegenspieler (Partner). Wer nach beendigtem Reizen das Spiel bestimmt hat, ist der Alleinspieler, die beiden anderen sind die Gegenspieler und als solche mit den übrigen Teilnehmern seine gemeinsamen Gegner.

2.42 Die Gegenspieler bilden somit mit den übrigen Teilnehmern eine Gemeinschaft; sie genießen daher alle gemeinschaftlich den Erfolg ihres Spielens, tragen aber auch gemeinschaftlich den Mißerfolg und die Folgen ihrer Versehen und Verstöße (gemeinsame Haftung).

2.43 Der Alleinspieler bekommt deshalb nicht nur von jedem der beiden Gegenspieler, sondern auch von den übrigen Gegnern den vollen Betrag für sein gewonnenes Spiel, muß aber bei Verlust auch an alle Teilnehmer zahlen.

3.0 Gang des Spieles
3.1 Ausspielen

3.11 Das eigentliche Spiel beginnt damit, daß Vorhand ausspielt (anzicht). Später wird stets von demjenigen ausgespielt, der den vorhergehenden Stich gemacht hat. Ein rechtmäßig ausgespieltes Blatt darf niemals zurückgenommen werden. (Was liegt, liegt.)

3.12 Hat jemand unberechtigt ausgespielt, so ist das Spiel für seine Partei mit den bis dahin eingebrachten Stichen und Augen beendet. Die andere Partei hat, wenn nicht die von ihr bis zum Fehler eingebrachten Stiche und Augen eine höhere Gewinnstufe bedingen, unter Berechnung der vorhandenen oder fehlenden Spitzen, einfach (nicht Schneider oder Schwarz) gewonnen. Beabsichtigt sie aber, eine solche zu erreichen, so kann sie verlangen, daß weitergespielt wird. Dann gilt der Fehler als überhaupt nicht begangen.

Wird unberechtigtes Ausspielen erst gerügt, nachdem der Stich – die drei Blätter von Vor-, Mittel- und Hinterhand – bereits aufgenommen worden ist, so gilt dies als rechtmäßiges Ausspielen.

3.13 Falsches Ausspielen zum letzten Stich eines Spiels ist unerheblich. (SkO 3.11, Satz 2 gilt aber auch in diesem Fall.)

3.2 Bedienen

3.21 Ist ausgespielt worden, so hat zunächst der linke und sodann der rechte mitspielende Nachbar des Ausspielenden eine Karte zuzugeben. Dabei muß stets, soweit dies möglich ist, Farbe oder Trumpf bekannt – bedient – werden, d. h. stets irgendein Blatt der ausgespielten Farbe oder, wenn Trumpf gezogen – gefordert – wurde, ein Trumpfblatt, gleichviel ob höher oder niedriger, zugegeben werden.

3.22 Wer die ausgespielte Farbe nicht hat, kann entweder Trumpf zugeben – stechen – oder auch ein Blatt einer anderen Farbe abwerfen, brocken oder wimmeln. Ebenso darf jedes beliebige Blatt zugegeben werden, wenn beim Fordern Trumpf nicht mehr bekannt werden kann.

3.23 Wurden vorstehende Regeln über das Bedienen verletzt, wurde also der geforderte Trumpf oder die verlangte Farbe, obwohl es möglich war, nicht zugegeben, mithin verleugnet, so gilt dies als falsches Bedienen.

3.24 Falsches Bedienen beendet grundsätzlich, auch wenn es während des Spieles nachträglich festgestellt wird, das Spiel für die schuldige Partei mit den von ihr bis zum Begehen des Fehlers eingebrachten Stichen und Augen. Die Bestimmungen des Absatzes SkO 3.12 über Bewertung und mögliches Weiterspiel gelten entsprechend.

3.25 Hat jemand trotz regelrechter Kartenverteilung (SkO 2.2) im Laufe des Spiels zuwenig oder zuviel Blätter, sei es, daß doppelt oder gar nicht zugegeben, zuviel oder zuwenig weggelegt, eins oder mehrere Blätter verloren wurden, dann gilt das Spiel auf jeden Fall für die Partei mit der richtigen Zahl der Blätter als einfach gewonnen, unbeschadet des etwaigen Anspruchs auf eine höhere Gewinnstufe, wenn diese bereits erreicht war oder nachgewiesen werden kann, daß sie bei regelrechtem Spiel sicher erreicht worden wäre.

3.26 Besieht während des Spieles ein Mitspielender den Skat oder wird er von einem Teilnehmer aufgedeckt, so gilt das Spiel als beendet und für die andere Partei als einfach (nicht Schneider oder Schwarz) gewonnen, doch kann diese, wenn sie eine höhere Gewinnstufe erreichen will, verlangen, daß weitergespielt wird. Dann aber gilt das Versehen als überhaupt nicht begangen. Hatte jedoch die schuldige Partei das Spiel bereits gewonnen, so gelten für diese die bis dahin eingebrachten Stiche und Augen.

3.3 Abgekürztes Spiel

3.31 Im allgemeinen ist jedes Spiel zu Ende zu spielen, doch kann der Spieler sofort oder nach dem ersten Stich sein Spiel verloren geben, sich strecken oder legen; das Spiel gilt dann als mindestens dem Reizwerte entsprechend verloren (SkO 2.39).
Eine spätere Aufgabe des Spieles kann nur mit Zustimmung der Gegenspieler erfolgen.

3.32 Durch das Auflegen oder Vorzeigen der Karten ohne Abgabe einer Erklärung zeigt der Alleinspieler an, daß er alle weiteren Stiche macht. Trifft dies nicht zu, so gehören alle Reststiche der Gegenpartei.

3.33 Ein Gegenspieler darf nur dann offen spielen, wenn er selbst, sein Partner und der Alleinspieler mögen spielen, wie sie wollen, alle weiteren Stiche macht. Trifft das nicht zu, so gehören alle Reststiche dem Alleinspieler.

3.34 Bei einem Spiel mit Skataufnahme ist das Legen mit dem gebotenen Spielwert nicht gestattet, vielmehr muß vor dem Strecken stets ein bestimmtes Spiel angesagt werden.

3.35 Schenkt eine Partei der anderen ein Spiel, so können nach Einsicht in die Kartenverteilung und in den Skat nachträglich keinerlei rückwirkende oder das Schenken aufhebende Ansprüche geltend gemacht werden (siehe aber Spielbedingungen 5). Verlangt eine Partei bei Schenkungsangebot trotzdem Durchführung des Spiels, so ist dem ohne weitere Verpflichtung für den Spieler stattzugeben.

3.4 Grundregeln

3.41 Wer die nachstehenden Grundregeln verletzt, kann im Wiederholungsfalle nach voraufgegangener Verwarnung vom Weiterspiel ausgeschlossen werden. Der durch diese Regelverletzungen bedingte Verlust eines Spieles gemäß den Bestimmungen der Abschnitte SkO 3.1–3.3 bleibt dadurch unberührt.

3.42 Das Geben (Mischen, Abheben und Verteilen) hat so zu geschehen, daß keinem Teilnehmer die Innen-(Vorder-)seiten der Kartenblätter sichtbar werden. Wird von einem Kartengeber die Karte beim Mischen gestochen oder geblättert, so ist sie vor dem Abheben noch einmal durchzumischen.

3.43 Jeder Mitspielende ist verpflichtet, seine Karten so aufzunehmen, daß keiner der anderen Spieler hereinsehen kann, wie es andererseits auch nicht gestattet ist, in die Karten anderer hineinzusehen oder sich deren Karten verraten zu lassen. Ebenso hat sich jeder Teilnehmer aller Äußerungen zu enthalten, die geeignet sind, die Verteilung der Karten zu verraten.

3.44 Der Skat darf nur von dem dazu Berechtigten (SkO 1.32; 2.29) angesehen werden, keinesfalls von den nicht spielenden Teilnehmern.

3.45 Während des Spiels darf über dessen Gang weder gesprochen noch irgendein Zeichen darüber gemacht werden; den Parteien ist auch das laute Zählen der Trümpfe und Augen nicht gestattet.

3.46 Vorwerfen, das heißt eher bedienen als der erste Gegenspieler oder das herausfordernde Vorherziehen ist dem zweiten nicht gestattet.

3.47 Das Wegnehmen der Stiche darf nur in einer Weise erfolgen, daß auch die zuletzt zugegebene Karte von allen Mitspielern deutlich gesehen und erkannt werden kann. Andernfalls muß der letzte Stich auch dann noch einmal gezeigt werden, wenn bereits wieder ausgespielt worden ist, während sonst der letzte Stich nur vor dem neuen Ausspielen nachgesehen werden darf bzw. auf Verlangen vorgezeigt werden muß.

3.48 Nachdem zum ersten Stich ausgespielt worden ist, darf der Skat nicht mehr eingesehen werden. Während des Spiels dürfen die abgelegten Stiche weder aufgedeckt und betrachtet noch vermischt werden.

3.49 Der Alleinspieler und die Gegenspieler müssen ihre Stiche selbst einziehen.

3.410 Jeder Teilnehmer ist verpflichtet, alle Bestimmungen der Skatordnung zu beachten und zu befolgen.

4.0 Bewertung der Spiele

4.1 Grundwerte

4.11 Jede Spielgattung außer den vier Nullspielen, die einen beständigen Spielwert haben, hat einen bestimmten Einheits- oder Grundwert.

4.12 Der Grundwert beträgt für:

Karo	9	Kreuz	12
Herz	10	Grand	24
Pik	11	Grand offen	36

4.13 Der Spielwert beträgt für:

Null	23	Null offen	46
Null Hand	35	Null offen, Hand	59

4.2 Gewinnstufen

4.21 Man unterscheidet – außer bei Nullspielen – folgende Gewinnstufen:

Stufenzahl	**Klasse I**	Spiele mit Skataufnahme
1	Spiel einfach	gewonnen oder verloren
2	Schneider	gewonnen oder verloren
3	Schwarz	gewonnen oder verloren

Stufenzahl	**Klasse II**	Handspiele Spiele ohne Skataufnahme (Sie haben gegenüber Spielen mit Skataufnahme von vornherein die Ge- winnstufe »Hand« voraus.)
2	Spiel einfach	gewonnen oder verloren
3	Schneider	gewonnen oder verloren
4	Schn. angesagt	gewonnen oder verloren
5	Schwarz	gewonnen oder verloren
6	Schw. angesagt	gewonnen oder verloren
7	Offen	gewonnen oder verloren

4.22 Der Alleinspieler hat sein Spiel einfach gewonnen, wenn er einschließlich des Wertes der Skatblätter (SkO 1.32; 2.26) 61 Augen erlangt hat.

4.23 Schneider wurde die Partei, die nur 30 oder weniger Augen erreichte.

4.24 Schwarz wurde die Partei, die keinen Stich erhielt; bei einem einzigen Stich, auch ohne jedes Auge, wurde die Partei nur Schneider.

4.25 Der Alleinspieler kann bei allen Spielgattungen der Handspielklasse außer den Nullspielen vor dem ersten Ausspielen Schneider und Schwarz ansagen. Er meldet damit die zu erreichende Gewinnstufe vorher an. Erreicht er diese dann nicht, so gilt für ihn das Spiel mindestens in der gemeldeten Gewinnstufe verloren. Verliert er in einer höheren Gewinnstufe (wird er selbst Schneider oder Schwarz), so gilt für die Berechnung die höhere. Erreicht der Spieler aber eine höhere Gewinnstufe als die angesagte, so gilt diese bei der Berechnung (SkO 4.4).

4.26 Die Gewinnstufen »Schneider angesagt« und »Schwarz angesagt« werden nur dann gewertet, wenn die Ansage tatsächlich erfolgt ist.

4.3 Spitzen

4.31 Trümpfe in ununterbrochener Reihenfolge vom Kreuz-Buben an heißen Spitzen.

4.32 Hat der Alleinspieler den Kreuz-Buben selbst, so kommen seine Spitzen (er spielt mit Spitzen), hat er ihn nicht, so kommen seine fehlenden Spitzen in Betracht (er spielt ohne Spitzen). Farbspiele sind also höchstens mit oder ohne elf Spitzen (vier Buben und sieben Farbblätter), Grandspiele höchstens mit oder ohne vier Spitzen (vier Buben) durchführbar.

4.33 Farb- und Großspiele mit Spitzen haben bei gleicher Gewinnstufe denselben Wert wie Spiele ohne dieselbe Spitzenzahl.

4.4　Spielwerte

4.41　Die Spielwerte der Einzelspiele werden in Wertpunkten, kurz Punkten, errechnet. Diese richten sich nach Klasse, Gattung und unveränderlichem Grundwert des Spiels, ferner nach Gewinnstufen und Anzahl der in der Hand des Alleinspielers (einschließlich Skat) befindlichen oder fehlenden Spitzen.

4.42　Spitzen und Gewinnstufen werden zusammengezählt und ergeben die Summe der Fälle. Die durch Klasse und Gattung bestimmten Grundwerte werden mit der Anzahl der Fälle malgenommen und ergeben den Spielwert in Punkten. Alle Nullspiele haben unveränderliche Spielwerte (SkO 4.13).

4.43　Alle Gewinne und Verluste sind sofort nach dem Spiel in die Spielliste einzutragen. Einwendungen irgendwelcher Art sind nur noch während des folgenden Spiels zulässig.

4.44　Jedes verlorene Spiel mit Skataufnahme muß mit verdoppelten Punkten in die Spielliste eingetragen bzw. zum doppelten Preise bezahlt werden. Bei verlorenen Handspielen werden die Punkte nicht verdoppelt.

4.45　Sämtliche Spielwerte aller in Einheitsskat gewonnenen Einzelspiele sind nach Abschnitt SkO 4.5 zu ermitteln.

4.5　Ermittlung der Fälle

1. Klasse	Spiel mit Skataufnahme 2. Klasse	Handspiele
a) Spitzen	1–11	1–11
+b) Gewinnstufen	1– 3	2– 7
=Summe der Fälle	2–14	3–18

4.6　Aufrechnung

4.61　Sämtliche gewonnenen und verlorenen Spiele werden in die Spielliste eingetragen, die für jeden Teilnehmer eine Postenreihe enthält. Neue Spiele werden nach ihren Punktwerten sofort zu- oder abgerechnet, so daß der Stand der Teilnehmer zueinander jederzeit einzusehen ist.

4.62　Bei Preisskaten und Wettspielen hingegen sind die Einzelspiele unter genauer Bezeichnung einzeln in besondere Listen einzutragen und laufend für jeden Teilnehmer aufzurechnen (Gewinn- punkte – Verlustpunkte).

4.63　Der Spieleinsatz wird vorher vereinbart; üblich liegt er zwischen $^1/_{10}$ bis 1 Pfennig je Wertpunkt. Bruchteile werden in der Regel nach oben aufgerundet. Bei Bargeldskat mit sofortiger Auszahlung wird der Betrag für verlorene Spiele mit Skataufnahme erst nach der Aufrundung verdoppelt.

4.64　Nach Beendigung der Partie sind Gewinn und Verlust durch Vergleichsrechnung zu ermitteln. Einfach und schnell ist die Ermittlung des Endergebnisses nach dem Quersummenverfahren. Das erste Beispiel wird angewandt, wenn die Endzahlsumme aller Teilnehmer ein Plus ergibt, das zweite, wenn die Minuspunkte überwiegen.

A, B, C und D sind die vier Teilnehmer. In der ersten Querreihe stehen die Endzahlen der Spielliste, während die zweite Querreihe (unter dem Strich) die vierfachen Endzahlen (bei vier Teilnehmern) nennt. In der dritten Querreihe wird die Endzahlsumme (Summe aller Plus abzüglich aller Minus) abgezogen oder zugezählt. In der letzten Querreihe ergeben die Minuspunkte die zu zahlenden, die Pluspunkte die zu empfangenden Beträge.

	A	B	C	D
1. Beispiel:	+196	+ 33	− 12	+ 85
	+784	+132	− 48	+340
	−302	−302	− 302	−302
	+482	−170	− 350	+ 38
2. Beispiel:	+ 44	+ 33	− 420	+130
	+176	+132	−1680	+520
	+213	+213	+ 213	+213
	+389	+345	−1467	+733

Im 1. Beispiel sind die 302 Punkte (Endzahlsumme) gewissermaßen Schulden, die jeder einzelne an die drei anderen hat, die darum sein Guthaben vermindern und abgezogen werden müssen. Im 2. Beispiel jedoch sind die Minuspunkte (−213) nicht belastende Schulden, sondern gewinnerhöhende Forderungen, die darum praktisch zuzuzählen sind. Bei einem Spielsatz von ¼ Pf müssen selbstverständlich die Endzahlen der Spielliste vor der Abrechnung erst auf ein Viertel gebracht werden.

Skatwettspiel-Ordnung

1.0 Allgemeines

1.0 Skatwettspiele sind Veranstaltungen von Verbänden, Klubs oder einzelnen Unternehmern. Sie bezwecken die Sammlung und Vereinigung weitester Skaterkreise zu friedlichem Wettkampf im Skat.

1.2 Sie sind ein vortreffliches Mittel, das Skatspiel vor Auswüchsen und Verwilderungen zu bewahren, abweichende Spielgebräuche zurückzudrängen und den Einheitsgedanken im Skatspiel wirksam zu fördern.

1.3 Am Skattisch sind Alters- und Berufsunterschiede aufgehoben. Die Auswirkung von Wettspielbedingungen und Einzelspielverlauf verbindet stets wechselnd Personen und Parteien untereinander. Freude am Gelingen schwieriger Züge, Erkennen eigener und fremder Denkfehler lassen lust- und unlustbetonte Gefühle aufklingen, gesellschaftlicher Takt regelt das Maß für ihre Äußerung. So fördern und festigen Skatwettspiele Charakter und Persönlichkeit und setzen den Gemeinschaftsgedanken in die Tat um.

1.4 Skatwettspiele sind entweder offen für alle Skater oder geschlossene Veranstaltungen für begrenzte Teilnehmerkreise (Verbände, Klubs – Ausscheidungs- und Endspiele).

1.5 Je nach Ausschreibung werden nach Leistungen Ehren-, Bargeld- oder Sachpreise für Einzelteilnehmer und ggf. Mannschaften ausgespielt.

2.0 Rechtsfragen

2.1 Skatwettspiele unterstehen dem öffentlichen Recht.

2.2 Ein Spielplan regelt Rechte und Pflichten der Beteiligten. Er ist einem Vertrage wesensgleich und für Veranstalter und Teilnehmer gleicherweise bindend.

2.3 Die Durchführung von Wettspielen erfolgt durch den verantwortlichen Veranstalter und durch eine von ihm zu bestimmende Spielleitung.

2.4 Skatwettspiele richten sich nach der Gewerbeordnung.

3.0 Veranstalter

3.1 Der verantwortliche Veranstalter eines Skatwettspiels muß in Ausschreibung und Spielplan als solcher genannt sein und ist ggf. zur Anmeldung bei der örtlichen Steuerbehörde verpflichtet.

3.2 Die Durchführung im einzelnen kann der Veranstalter einer Spielleitung übertragen. Hierfür sind Personen zu bestimmen, die mit den Spielgesetzen, insbesondere mit der Skatordnung genügend vertraut sind, rasch und richtig zu denken und zu handeln vermögen, Verantwortungsgefühl besitzen und in jeder Weise vertrauenswürdig sind.

3.3 Veranstalter und Spielleitung haben die genaueste Innehaltung der Bestimmungen der Skatordnung zu sichern. Sie stellen Wettspielbedingungen und Preispläne auf, führen die Gesamtveranstaltung durch, überwachen sie und sind verpflichtet, am Ende der Veranstaltung Rechnung zu legen. Der Veranstalter ist allein für die Ausgabe der Preise verantwortlich.

3.4 Müssen Skatwettspiele vorzeitig eingestellt werden oder erweisen sie sich als undurchführbar, sei es durch zu geringe Teilnahme, sei es aus anderen Gründen, so bleiben Veranstalter und Spielleitung auch für die Teilveranstaltung verantwortlich, d. h. es müssen entweder die Einsatzgelder zurückerstattet oder Teilpreise prozentual ausgezahlt werden.

4.0 Teilnehmer

4.1 Das Recht zur Teilnahme wird durch Lösung einer nicht übertragbaren Teilnehmerkarte oder Aufnahme in die Teilnehmerliste erworben. Erst die Bezahlung berechtigt und verpflichtet die Parteien.

4.2 Jeder Teilnehmer ist verpflichtet, die Skatordnung und die Bestimmungen des Spielplans genau zu befolgen. Er muß sich mit dem Wettspielplan vertraut machen und sich so verhalten, daß eine Störung der Veranstaltung vermieden wird.

4.3 Veranstalter und Spielleitung haben das Recht, bei nachweisbar willkürlichen Verstößen Teilnehmer ohne weiteres vom Weiterspiel auszuschließen. Die Teilnehmergebühr ist alsdann verfallen. Jede erneute Beteiligung kann versagt werden. Ebenso ist der Veranstalter berechtigt, die Teilnahme am Wettspiel ohne Angabe von Gründen zu verweigern.

4.4 Die Teilnehmer sind verpflichtet, jede Liste bis zu Ende mitzuspielen; sie dürfen sich selbst in Einzelspielen nicht vertreten lassen. Bei böswilligem Ausscheiden eines Teilnehmers und in Notfällen kann die Spielleitung einen Beauftragten bestimmen, der rechtmäßig und selbstverantwortlich einen vorzeitig ausgeschiedenen Teilnehmer ersetzt.

4.5 Veranstalter und Personen der Spielleitung dürfen sich unter gleichen Pflichten und Rechten wie alle übrigen Teilnehmer am Wettspiel beteiligen, doch muß die Überwachung der Veranstaltung immer gesichert sein.

5.0 Leistungsbewertung

5.1 Die Leistungen der Teilnehmer werden nach folgendem Verfahren gewertet:
Spielzahl und Spielpunkte jedes Teilnehmers aus einer Liste werden zu einer Gesamtleistung vereinigt. Für jedes gewonnene Spiel werden dem Alleinspieler 50 Wertungspunkte zugeschrieben, für jedes verlorene Spiel 50 Wertungspunkte abgezogen. Die Gegenpartei (am Dreiertisch die beiden Gegenspieler, am Vierertisch die beiden Gegenspieler und der Kartengeber) erhalten bei einem verlorenen Spiel des Alleinspielers eine Gutschrift, die am Dreiertisch je 40 Punkte für die beiden Mitglieder der Gegenpartei und am Vierertisch je 30 Punkte für die drei Mitglieder der Gegenpartei beträgt.

Die Summe der Punkte aus den Einzelspielen, zuzüglich der den Mitgliedern der Gegenpartei für verlorene Spiele des Alleinspielers gutzuschreibenden Wertungspunkte und der Wertungspunkte für die eigenen gewonnenen Spiele, vermindert um die Wertungspunkte für die eigenen verlorenen Spiele, ergibt die Leistung. Sie bestimmt den Platz in der Reihe der Preisträger.

Wertungsformel: Spielpunkte + Spielzahl + verlorene Spiele der Mitspieler = Leistung.

Bei gleicher Leistung hat die höhere Zahl der gewonnenen Spiele den Vorrang; ist auch diese gleich, entscheidet die geringere Zahl der verlorenen Spiele für den günstigeren Platz.

Beispiel für den Vierertisch:
Spieler A: 937 Spielpunkte, 18 Spiele gewonnen, 3 Spiele verloren. Spieler B, C und D: zusammen 14 Spiele verloren.

Berechnung der Gesamtpunktzahl von Spieler A:

Spielpunkte		937
Spiele gewonnen	18	
− Spiele verloren	3	
	15 × 50	750
+ verl. Spiele der Partner	14 × 30	420
Gesamtpunktzahl		2107

5.2 Die Bewertung bei Skatturnieren, bei denen man die Reihenfolge der Preisträger nur nach der Höhe der von ihnen erreichten Punktzahl bestimmt hat, ist durch diese Leistungsbewertung überholt. Bei diesem Verfahren entscheiden nicht nur einige große Spiele über den Ausgang, sondern die vielen kleinen gewonnenen Farbspiele finden eine gerechtere Bewertung, die den Ausgang entscheidend beeinflussen kann. Durch die Gutschrift bei verlorenen Spielen findet die gute Leistung der Gegenspieler Anerkennung; daneben erhalten sie auch punktmäßig einen Ausgleich für ein ihnen entgangenes Spiel, wenn der Alleinspieler sein Spiel verliert, weil er seine Karte über ihren Wert gereizt (abgereizt) hat.

6.0 Wettspielplan

6.1 Der Wettspielplan soll kurz, aber vollständig sein, mit der Skatordnung im Einklang stehen, keine Widersprüche enthalten und klar und eindeutig in schlichten Sätzen abgefaßt sein.

6.2 Er muß als Angaben enthalten:
A. Allgemeines: a) Veranstalter, b) Einsätze, Gebühren, c) Umfang des Wettspiels (Serien), d) Spielzahl je Tisch, e) Verwendung der Gelder, f) Aufschlußrecht des Veranstalters, g) Streitschlichtungsstelle (Deutsches Skatgericht, Sitz Bielefeld), h) Unterschriften.
B. Spielbedingungen: a) Bezugnahme auf die Skatordnung und Skat-Wettspielordnung (ersetzt Einzelbestimmungen über das Spiel an sich), b) Überwachungsbestimmungen, c) Strafbestimmungen, d) Listenführung, e) Spielsatz (je Punkt), f) Spielgerät

(nur die vom Veranstalter gereichte, grundsätzlich neue Spielkarte).

6.3 Der Wettspielplan muß während der Dauer der Veranstaltung
öffentlich ausliegen und allen Beteiligten jederzeit zugänglich sein.

7.0 Gang des Wettspiels

7.1 *Tischordnung:*

7.11 Die Verteilung der Plätze erfolgt durch die Spielleitung oder durch
Auslosen von Tischplatzkarten. Jeder Tisch hat vier Plätze,
höchstens drei Tische dürfen mit je drei Personen besetzt werden.

7.12 Der Tischplatz darf bei Gefahr des Ausschlusses nicht gegen einen
anderen vertauscht werden. Nur die Spielleitung kann Auswechse-
lungen vornehmen.

7.13 Der Platz am Tisch wird für die Dauer einer Serie eingehalten.

7.14 Die Tischplatzkarte hat nur Gültigkeit für die Serie, für die sie
ausgegeben oder gezogen wurde.

7.15 Am Spieltisch nehmen nur die vier Spieler Platz. Nichtspielern
(Kiebitzen) ist der Aufenthalt am Spieltisch untersagt.

7.2 *Spielliste:*

7.21 Die Einzelspiele werden in Spiellisten eingetragen. Die Einträge
müssen richtig, vollständig und eindeutig sein (Spiellisten des
Deutschen Skatverbandes e. V.).

7.22 Der Teilnehmer von Platz 1 führt in der Regel die Liste. Diese muß
während der gesamten Spielzeit für alle Teilnehmer einsehbar sein.
In Ausnahmefällen kann auch ein anderer Mitspieler, notfalls mit
Zustimmung der Spielleitung, die Liste führen. Alle Spieler am
Tisch aber bleiben für die Führung der Liste verantwortlich. Sie
haben die Einträge laufend zu prüfen. Besonders der Kartengeber
soll stets nachprüfen, ob das vorhergehende Spiel richtig und in die
richtige Spalte eingetragen ist.

7.23 Die Listen erhalten Urkundenwert durch die Unterschrift aller vier
Teilnehmer.

7.24 Die Spielleitung ist berechtigt,
a) die Spiellisten jederzeit einzusehen,
b) mangelhaft geführte, unleserliche oder unvollständige Spiellisten für ungültig zu erklären.

7.25 Fehlerhafte Spiellisten können durch die Spielleitung mit der
Maßgabe berichtigt werden, daß stets die niedrigste Punktzahl
zugrunde zu legen ist.

7.3 *Wettspielverlauf:*

7.31 Der Wettspielverlauf wird geregelt durch die Skatordnung und die
Skat-Wettspielordnung.

7.32 In Zweifels- und Streitfällen muß stets die Spielleitung angerufen
werden. Sie entscheidet nach den Bestimmungen der Skatordnung
endgültig.

7.33 Einsprüche gegen die Entscheidung der Spielleitung können beim
Deutschen Skatgericht, Sitz Bielefeld, schriftlich erhoben werden.
Es entscheidet nur in spieltechnischen Fragen. Die Austragung von
Streitfällen vor den öffentlichen Gerichten bleibt davon unberührt.

7.4   *Abschluß des Wettspiels:*

7.41   Nach Beendigung des Wettspiels sind die ordnungsgemäß abgeschlossenen Listen zusammen mit den Startkarten der Spielleitung zu übergeben. Nur damit können begründete Preisansprüche erhoben werden.

7.42   Teilnehmern, die das Wettspiel beendet haben, ist es nicht gestattet, bei noch spielenden Teilnehmern zu kiebitzen.

7.43   Nach Ermittlung der Wettspielergebnisse erfolgt die Preisverteilung. Bei Zusendung eines Preises muß der Empfänger die Gebühren tragen.

7.44   Alle Listen, Startkarten, Unterlagen und Abrechnungen verbleiben nach Abschluß des Wettspiels dem Veranstalter.

8.0   Spielregeln

8.1   Es wird streng nach der **Skatordnung** gespielt.

8.2   Die Kartenverteilung muß 3, Skat, 4, 3 erfolgen.

8.3   Es muß abgehoben werden, und zwar so, daß mindestens vier Blätter liegenbleiben oder abgehoben werden.

8.4   Es wird scharf gespielt, d. h. unberechtigtes Ausspielen oder falsches Bedienen beenden sofort das Spiel – sofern das Spiel noch nicht entschieden ist – zugunsten der Gegenpartei.

8.5   Der Skat darf nicht vom Kartengeber eingesehen werden. Ebenso ist es ihm verboten, in die Karten seines linken **und** rechten Nachbarn hineinzuschauen; er darf dies nur nach einer Seite tun.

8.6   Das Nachsehen und Vermischen der Stiche ist verboten. Jeder Stich muß eingezogen werden.

8.7   Null zählt 23, Null Hand 35, Null ouvert 46 und Null ouvert Hand 59 Punkte. Der Grand hat den Grundwert 24, zählt also in seinem niedrigsten Falle 48 Punkte. Der Grundwert für den **Grand ouvert** beträgt 36, mit allen vier Buben rechnet er 360 Punkte.

8.8   In allen Fällen sind 30 Augen Schneider, auch für die Gegenpartei.

8.9   Bei allen **offenen Spielen** muß der Alleinspieler alle zehn Karten **offen** auf den Tisch legen. Es wird kein Stich verdeckt gespielt.

8.10   Bei Spielen mit **Aufnahme des Skats** gibt es nur die drei Gewinnstufen »Spiel gewonnen«, »Schneider« und »Schwarz«. Jedes verlorene Spiel wird doppelt abgeschrieben. Bei Handspielen gibt es die sieben Gewinnstufen »Spiel gewonnen«, »Hand«, »Schneider«, »Schneider angesagt«, »Schwarz«, »Schwarz angesagt« und »Offen«. Verlorene Handspiele werden jedoch nur einfach abgeschrieben.

8.11   Nach jedem Spiel sind die Punkte in der Spielliste den bisher erzielten Punkten zuzuzählen oder von ihnen abzuziehen, so daß sich nach dem letzten Spiel bei jedem Teilnehmer die erreichte Punktzahl ohne weiteres ergibt.

8.12   Nach Abschluß der Serie werden jedem Spieler zu seinen erzielten Spielpunkten für jedes von ihm gewonnene Spiel 50 Wertungspunkte zugeschrieben, für jedes von ihm verlorene Spiel 50 Wertungspunkte abgezogen. Außerdem erhält jeder Spieler je verlorenes Spiel seiner Spielpartner eine Gutschrift, die am Vierertisch 30 Punkte, am Dreiertisch 40 Punkte beträgt.

Beispiel für den Vierertisch:

Spieler A: 937 Spielpunkte, 18 Spiele gewonnen, 3 Spiele verloren. Spieler B, C und D: zusammen 14 Spiele verloren.

Berechnung der Gesamtpunktzahl von Spieler A:

Spielpunkte		937
Spiele gewonnen	18	
− Spiele verloren	3	
	15 × 50	750
+ verl. Spiele der Partner	14 × 30	420
Gesamtpunktzahl		2107

9.0 Spielbedingungen

9.1 Zum Spiel muß die an den Tisch gegebene neue Spielkarte Verwendung finden.

9.2 Gespielt wird um ¼ Pfennig. Nur mit Zustimmung aller vier Spieler kann der Einsatz geändert werden.

9.3 Der Inhaber von Platz 1 hat in der Regel die Liste zu führen. Nach Vereinbarung am Tisch kann auch ein anderer Spieler die Listenführung übernehmen.

9.4 Will keiner der drei Spieler ein Spiel wagen, wird in die Spielliste »Eingepaßt« eingetragen. Der nächste Kartengeber hat dann die Karten zu verteilen. Niemals darf der gleiche Kartengeber noch einmal geben. Es wird kein »Ramsch« gespielt. Alle Spieler an einem Tisch, an dem die Karten bei eingepaßten Spielen nochmals vom selben Kartengeber verteilt wurden, und jeder Spieler, der bei eingepaßten Spielen auch nur das bloße Ansinnen der nochmaligen Kartenverteilung durch denselben Kartengeber stellt, werden ausgeschlossen.

9.5 Jedes Spiel muß durchgeführt werden. Es darf nicht geschenkt werden.

9.6 **Der jeweilige Kartengeber ist verpflichtet, die Eintragungen in der Spielliste auf ihre Richtigkeit zu überprüfen, denn alle vier Teilnehmer haften für einwandfreie Listenführung.**

9.7 In Vertretung eines anderen zu spielen ist unstatthaft und kann auch in einem einzelnen Fall nicht zugelassen werden.

9.8 Die Spielleitung ist jederzeit berechtigt, die Spiellisten an den Tischen einzusehen.

9.9 **Kiebitzen ist streng verboten.** Die Spielleitung kann keine Ausnahme zulassen.

9.10 Entstehende Streitfälle werden durch die Spielleitung geschlichtet. Einsprüche dagegen müssen nach Beendigung der Serie dem Schiedsgericht unterbreitet werden. Dieses entscheidet dann endgültig.

9.11 Die Spielliste ist nach Beendigung der Serie von allen vier Teilnehmern zu unterschreiben. Mangelhaft geführte, unleserliche oder unvollständige Spiellisten verlieren die Anwartschaft auf einen Preis.

9.12 Nach Beendigung der Serie erhält der Listenführer die benutzte Spielkarte für seine Tätigkeit.

9.13 Nach Beendigung des Turniers sind die Startkarten (für Einzelspieler und Mannschaften) ausgefüllt abzugeben. **Die Nichtabgabe schließt von der Preisverteilung aus.**

Wissenswertes für Skatspieler

Handspiele

Leider gibt es noch immer Gegenden, in denen die Handspiele doppelt berechnet werden, wenn sie verlorengehen. Für diese sog. Außenseiter sind die nachstehenden Zeilen geschrieben.

Grundsätzlich kann man zwei verschiedene Spielarten im Skatspiel unterscheiden. Die eine Spielart sind die Spiele mit Skataufnahme. Die zweite sind die Handspiele, also alle Spiele ohne Skataufnahme (SkO 1.3).

Der Alleinspieler verzichtet bei einem Handspiel bewußt auf die Verbesserung seiner beim Geben erhaltenen zehn Handkarten. Wegen der dadurch schwierigeren Durchführung eines solchen Spiels wird ihm dieses nicht doppelt berechnet, wenn es verlorengehen sollte. Das verleiht ja gerade dem Skatspiel einen besonderen Reiz, daß es darin diese beiden verschiedenen Arten von Spielen gibt.

Würde man die verlorenen Handspiele auch mit doppelten Punkten berechnen, dann könnte man sie ebensogut fortfallen lassen, denn lediglich der zu berechnende Fall »aus der Hand« wäre oft gegenüber den Spielen mit Skataufnahme doch ein zu geringer Anreiz, ein Handspiel zu wagen. Außerdem tritt dann bei der Berechnung eines verlorenen Handspiels mit doppelten Punkten der Fall ein, daß durch die Doppelwertung des Falles »Hand« ein verlorenes Handspiel teurer ist als das gleiche verlorene Spiel mit Aufnehmen des Skates. Das kann doch unmöglich richtig sein.

Den geübten Skater kann man schon daran erkennen, daß er häufiger als der weniger geübte ein Handspiel durchführt. Er tut dies einerseits, um im Gewinnfalle den Fall »Hand« mitbezahlt zu bekommen, andererseits deswegen, damit im Verlustfalle sein Spiel nicht doppelt gewertet wird. Man darf die Feinheiten des Skatspiels nicht verwässern, indem man verlorene Handspiele wie solche »mit Skataufnahme« bewertet.

Da es bei den »Spielen mit Skataufnahme« nur 3 Gewinnstufen gibt, und zwar »Spiel gewonnen«, »Schneider« und »Schwarz«, bei den Handspielen hingegen deren 7 (Spiel gewonnen, Hand, Schneider, Schneider angesagt, Schwarz, Schwarz angesagt, Offen), ist bewiesen, daß die Handspiele eine andere Spielart sind als die »Spiele mit Skataufnahme«. Also: Verlorene Handspiele werden nicht doppelt berechnet.

Nullspiele und Grand

Die Nullspiele sind erst nachträglich ins System der übrigen eingebaut worden. Sie sind, wie die Kobolde im Märchen, Eindringlinge und stellen das Spielverfahren geradezu auf den Kopf. Will man beim Farbspiel und beim Grand möglichst viel Stiche und Augen einheimsen, so gilt es bei den Nullspielen umgekehrt, sie erfolgreich abzuwehren. Da besondere Gewinnstufen fehlen, setzte man bei den Nullspielen von Anfang an nur unveränderliche Spielwerte ein. Ihre endgültige Einfügung in den

Systembau der »Skatordnung« ist nur aus ihrer geschichtlichen Entwicklung verständlich.

Geht man nun auf den geschichtlichen Ausgangspunkt der Einreihung der Nullspiele zurück, so erweist sich, daß man die beiden »Nullspiele mit Skataufnahme« (Null und Null ouvert) mit 23 und 46 zwischen Pik und Kreuz mit je 2 und 4 Fällen einsetzte. Was lag nun näher, als auch die zwei Handspiele (Nullhand und Null ouvert-Hand) nach gleichem Gesichtspunkte einzureihen, also zwischen Pik und Kreuz mit je 3 und 5 Fällen. Es stehen nunmehr:

Null mit 23
   zwischen 22 und 24
   (Pik-Kreuz mit 2 Fällen)

Nullhand mit 35   Null ouvert mit 46
   zwischen 33 und 36   zwischen 44 und 48
   (Pik-Kreuz mit 3 Fällen),   (Pik-Kreuz mit 4 Fällen)

Null ouvert-Hand mit 59
   zwischen 55 und 60
   (Pik-Kreuz mit 5 Fällen).

Man erhielt so eine Spielwertsteigerung innerhalb der 4 Nullspiele, die derjenigen aller übrigen entspricht und sich harmonisch ins System des Skates einfügt. Damit ist auch endlich der sonst nie ruhende Streit um die Einreihung aus der Welt geschafft.

Bei allen Nullspielen ist die Reihenfolge der Karten: 7, 8, 9, 10, Bube, Dame, König, As. Bei Null ouvert und Null ouvert-Hand muß der Alleinspieler seine zehn Karten sofort auflegen, der 1. Stich wird also nicht verdeckt gespielt (SkO 1.37). Unlösbar mit dieser neuen Eingliederung der Nullspiele war aber allerdings auch die Neufestsetzung des Grundwertes für Grand mit 24 verbunden. Der Grand soll seinem Namen nach das alles beherrschende Spiel sein. Bei einem Grundwert von nur 20 aber erreicht er in seinem niedrigsten Falle nur einen Wert von 40 Punkten und kann von jedem Null ouvert abgereizt werden. Er ist dann aber nicht das »große Spiel«. Dieses Mißverhältnis war sofort beseitigt durch Erhöhung des Grundwertes auf 24, wodurch der niedrigste Fall für einen Grand 48 Punkte ist, und damit der einfache Grand jeden Null ouvert abreizt.

Der »Grand ouvert«

Der »Grand ouvert« ist das höchste und teuerste Spiel, das es im Skat gibt. Sein Grundwert beträgt 36. Im Höchstfalle rechnet er mit allen 4 Buben 10 Fälle, und zwar: Mit 4, Spiel 5, Hand 6, Schneider 7, Schneider angesagt 8. Schwarz 9, Schwarz angesagt 10 = 10 × 36 = 360 Punkte. Er ist immer ein Handspiel, der Skat bleibt also uneingesehen liegen. Wie bei allen Spielen im Skat spielt auch hier Vorhand aus. Der Alleinspieler muß seine zehn Handkarten vor Beginn des Spiels, also bevor Vorhand ausspielt, auflegen. Er muß alle zehn Stiche machen, um zu gewinnen, es genügen nicht nur 120 Augen. Es ist eine falsche Meinung, daß ein

Grand ouvert nur dann gespielt werden darf, wenn er, die Gegner mögen spielen, wie sie wollen, in jedem Fall gewonnen wird. Im Skat kann jedes Spiel sowohl gewonnen als auch verloren werden, mithin auch der Grand ouvert.

Schneider- und Schwarz-Ansage

Schneider und Schwarz können nur bei Handspielen angesagt werden. Schwarz zählt auch bei Handspielen nur einen Fall. Während es bei »Spielen mit Skataufnahme« 3 Gewinnstufen gibt, gibt es bei den Handspielen deren sieben (SkO 4.21), weil hier die Gewinnstufen »Hand«, die beiden Gewinnstufen »Schneider angesagt« und »Schwarz angesagt« und schließlich die Gewinnstufe »Offen« hinzukommen.

Das 61. Auge gewinnt

Mit dem Erreichen des 61. Auges ist jedes Spiel unwiderruflich für den Alleinspieler gewonnen, mit 60 Augen für die beiden Gegenspieler. Das Weiterspielen auf Schneider oder Schwarz bedeutet nur den Versuch, eine Steigerung des erworbenen Spielwertes zu erreichen. Verstößt die gewinnende Partei im Weiterspiel gegen eine Spielregel, so wird dadurch nur die Wertsteigerung unmöglich, das Spiel selbst aber bleibt gewonnen. Wie bei einem Rennen mit dem Zerreißen des Zielbandes der Sieg unwiderruflich feststeht, so ist es auch hier mit dem 61. Auge für den Alleinspieler. Ein Spiel, das bereits gewonnen ist, kann nie mehr verloren werden.

Überreizte Spiele

Überreizte Spiele können sowohl Handspiele als auch solche »mit« Skataufnahme sein. Es ist selbstverständlich, daß der Alleinspieler bei einem überreizten Kreuz-Handspiel auch ein solches bezahlen muß, wenn es zum Teil oder zu Ende gespielt worden ist. Er muß dann sovielmal den Grundwert von Kreuz (12) bezahlen, bis seine Reizhöhe mindestens erreicht ist, bei gereizten 40 mithin 48.
Anders hingegen ist es bei überreizten Spielen »mit Skataufnahme«. Hier kann der Alleinspieler sofort nach Aufnahme des Skates feststellen, daß er sich überreizt hat. Nimmt er z. B. bei gebotenen 28 den Skat auf, um ein Pikspiel ohne 2 zu spielen, und findet im Skat den Kreuz-Buben, dann kann er versuchen, seine Gegner in Pik Schneider zu machen. Er kann sich aber auch zu einem Grand entschließen. Erscheint ihm beides nicht möglich, dann kann er sich sofort legen oder strecken, d. h. er gibt sein Spiel auf. Nun werden ihm keinesfalls nur 28 zu verdoppelnde Punkte abgeschrieben, sondern er muß erst ein Spiel ansagen, das ihm dann verdoppelt abgeschrieben wird. Da er 28 geboten oder gehalten hatte, käme er am billigsten weg mit einem Herzspiel mit 30, verloren 60.
Spielte aber der Alleinspieler ein Herz-Handspiel ohne 2, das er bei einem Gebot von 40 erhalten hatte, und das Spiel wird durch

einen Fehler (z. B. Nichtbedienen der Gegenpartei) vorzeitig beendet, wobei sich beim Ansehen des Skates herausstellt, daß der Kreuz-Bube im Skat liegt, dann hat er sein Spiel trotzdem gewonnen. Voraussetzung ist, daß die Gegenspieler in den bis zum Begehen des Fehlers von ihnen eingebrachten Stichen und Augen noch nicht aus dem Schneider waren. Hatten sie jedoch bereits mehr als 30 Augen erreicht, so hatten sie das Spiel damit schon gewonnen. Dieses Gewinns können sie auch nicht mehr durch das nachträgliche Begehen eines Fehlers verlustig gehen; denn ein Spiel, das bereits gewonnen ist, kann nie mehr verloren werden.

Offene Spiele

Zu den offenen Spielen gehören der »Grand ouvert«, die beiden Nullspiele »Null ouvert« und »Null ouvert-Hand« und die »Offenen Farbhandspiele«. Bei allen offenen Spielen muß der Alleinspieler seine zehn Karten sofort auflegen, bevor Vorhand das erste Blatt ausgespielt hat. Es wird also kein Stich verdeckt gespielt.

Der Alleinspieler muß beim Grand ouvert und bei allen Farbhandspielen seine Gegner Schwarz machen, d. h. alle zehn Stiche bekommen. 120 Augen genügen allein nicht. Diese Spiele müssen ohne Skataufnahme durchgeführt werden. Bei allen offenen Spielen spielt wie immer Vorhand aus.

Die »Offenen Farbspiele« sind leider noch zu wenig bekannt. Sie wurden durch den XIV. Deutschen Skatkongreß neu eingeführt. Sie sind eine weitere logische Feinheit im Skatspiel. Man kann einen Grand offen spielen (Grand ouvert), man kann zwei Nullspiele offen spielen (Null ouvert), folglich muß man auch ein Farbspiel »offen« spielen können. Von dieser Logik ließ sich der Skatkongreß 1937 leiten, als er die offenen Farbhandspiele einführte. Sie sind selbstverständlich selten.

Hat z. B. ein Spieler außer den vier Buben noch Kreuz-Dame, -9, und -8, dazu Pik-As, -10 und König, dann wird er in Vorhand ein »Offenes Kreuzhandspiel« spielen und seine Gegner unbedingt Schwarz machen. Ein Grand geht leicht verloren, denn wenn in Hinterhand alle anderen vier Karten von Kreuz sitzen und Mittelhand 32 Augen wimmeln kann, ist so ein Grand verloren, da der Alleinspieler die Kreuz-Dame zugeben muß. Hätte er in Kreuz nur 7, 8 und 9, wäre ein Grand unverlierbar.

Abgekürzte Spiele

Jedes Spiel, das nicht zu Ende gespielt wird, ist ein abgekürztes Spiel. Zu den abgekürzten Spielen gehören diejenigen, die vom Alleinspieler sofort oder nach dem ersten Stich als verloren aufgegeben werden. Eine spätere Aufgabe von seiten des Alleinspielers ist nur mit Zustimmung der beiden Gegenspieler möglich. Diese aber werden ihre Zustimmung nur dann geben, wenn für sie keine Aussicht besteht, den Alleinspieler Schneider oder gar Schwarz zu machen.

Zu den abgekürzten Spielen gehören weiter diejenigen, die durch einen Fehler einer Partei (Nichtbedienen, falsches Ausspielen usw.) vorzeitig beendet werden.

Eine dritte Art der abgekürzten Spiele ist die, wenn der Alleinspieler seine Karten auflegt, um das Spiel abzukürzen. Durch das Auflegen oder Vorzeigen der Karten ohne Abgabe einer einschränkenden Erklärung zeigt der Alleinspieler an, daß er alle weiteren Stiche macht. Trifft dies nicht zu, so gehören alle Reststiche der Gegenpartei.

Ein Gegenspieler darf nur dann offen spielen, wenn er selbst alle weiteren Stiche macht bzw. sich bei offenen Spielen der Verlust des Spieles für den Alleinspieler ohne weiteres ergibt.

Auch die sogenannten geschenkten Spiele, die mancherorts noch gespielt werden, gehören zu den abgekürzten Spielen.

Zahlenwunder

Wenn man an jemanden die Frage richten würde, auf wie vielerlei Weise man beim Skatspiel die 32 Karten – zehn an jeden Spieler und zwei in den Skat oder Talon – verteilen könnte, bis die Spieler dieselben Karten wieder bekommen, so wird man dies für eine einfache Rechnung halten und die Frage als lächerlich empfinden. Die Wahrscheinlichkeit jedoch, daß die drei Spieler genau die gleichen Karten wiederbekommen, ist so gering, daß der Fall sich vielleicht nie ereignet hat und sich möglicherweise auch in einigen tausend Jahren nicht ereignen wird. Diese sonderbar scheinende Behauptung wird sofort glaubhaft werden, wenn man erfährt, daß die errechnete Zahl der möglichen Kartenverteilungen 2 753 294 408 504 640 beträgt. Anders sieht es mit der Zahl der möglichen Spiele aus. Um sie zu errechnen, braucht man keinen Rechenschieber oder gar Computer, man kann sie der Reihe nach aufzählen, und viele eifrige Skatspieler werden in ihrem Leben den größten Teil selbst gespielt haben:

Grand mit einem	1	
Grand mit einem Hand	1	
Grand mit einem Schneider	1	
Grand mit einem Hand Schneider	1	
Grand mit einem Hand Schneider angesagt	1	
Grand mit einem Schwarz	1	
Grand mit einem Hand Schwarz	1	
Grand mit einem Hand, Schneider angesagt, Schwarz	1	
Grand mit einem Hand Schwarz angesagt	1	
Grand mit einem ouvert	1	
zusammen	10	10

Dieselben Möglichkeiten gibt es beim	
Grand mit zweien	10
Grand mit dreien	10
Grand mit vieren	10

Grand ohne einen	1	
Grand ohne einen Hand	1	
Grand ohne einen Schneider	1	
Grand ohne einen Hand Schneider	1	
Grand ohne einen Hand Schneider angesagt	1	
zusammen	5	5
Dieselben Möglichkeiten gibt es beim		
Grand ohne zweien		5
Grand ohne dreien		5
Grand ohne vieren		5
Kreuz mit einem	1	
Kreuz mit einem Hand	1	
Kreuz mit einem Schneider	1	
Kreuz mit einem Hand Schneider	1	
Kreuz mit einem Hand Schneider angesagt	1	
Kreuz mit einem Schwarz	1	
Kreuz mit einem Hand Schwarz	1	
Kreuz mit einem Hand, Schneider angesagt, Schwarz	1	
Kreuz mit einem Hand Schwarz angesagt	1	
Kreuz mit einem offen	1	
zusammen	10	10
Dieselben Möglichkeiten gibt es beim		
Kreuz mit zweien		10
Kreuz mit dreien		10
Kreuz mit vieren		10
Kreuz mit fünfen		10
Kreuz mit sechsen		10
Kreuz mit sieben		10
Kreuz mit achten		10
Kreuz mit neunen		10
Kreuz mit zehnen		10
Kreuz mit elfen		10
Kreuz ohne einen	1	
Kreuz ohne einen Hand	1	
Kreuz ohne einen Schneider	1	
Kreuz ohne einen Hand Schneider	1	
Kreuz ohne einen Hand Schneider angesagt	1	
zusammen	5	5
Dieselben Möglichkeiten gibt es beim		
Kreuz ohne zwei		5
Kreuz ohne drei		5
Kreuz ohne vier		5
Kreuz ohne fünf		5
Kreuz ohne sechs		5
Kreuz ohne sieben	1	
Kreuz ohne sieben Hand	1	
zusammen	2	2

Dieselben Möglichkeiten gibt es beim

Kreuz ohne acht	2
Kreuz ohne neun	2
Kreuz ohne zehn	2
Kreuz ohne elf	2

Das bedeutet, daß es bei den Farbspielen insgesamt 150 Möglichkeiten gibt, mithin auch bei den

Pik-Farbspielen	150
Herz-Farbspielen	150
Karo-Farbspielen	150

Jetzt kommen nur noch die Nullspiele hinzu:

Null	1
Null Hand	1
Null ouvert	1
Null ouvert Hand	1

insgesamt	664

Somit gibt es beim Skat 664 Spielmöglichkeiten, wobei es klar ist, daß eine große Zahl der hier aufgeführten Möglichkeiten nur in der Theorie bestehen.

Unsitten beim Skatspielen

Leider gibt es immer noch Skater, die keinen einwandfreien Skat spielen. Das fängt bereits bei jedem Spiel mit dem schlechten Halten der Karten an, so daß der eine Nachbar in dessen Karten hineinsehen kann.

Auch beim Kartengeben muß jeder bestrebt sein, die zu verteilenden Karten so auszugeben, daß keiner die Innenseiten sehen kann. Der Kartengeber ist nicht berechtigt, den gelegten Skat anzuschauen, ebenso ist es ihm nicht erlaubt, die Karten seines rechten und linken Nachbarn zu betrachten, dies darf er nur nach einer Seite tun.

Daß jede Bemerkung über den Spielverlauf, den Kartensitz, die erhaltenen Augen usw. streng verpönt ist, braucht nicht besonders erwähnt zu werden. Geschieht es dennoch, und wird dadurch das Spiel verraten, dann hat die Gegenpartei das Spiel sofort einfach gewonnen, wenn sie es nicht aus bestimmten Gründen fortsetzen will.

Der faire Skater macht während des Spiels keine Bemerkung zum Spielverlauf, er gibt auch nicht durch Gesten seinen Unwillen kund, wenn sein Partner mal nicht so spielte, wie er es erwartet hatte. Er hält nach dem Spiel keine sogenannten Leichenreden, macht höchstens eine kurze Bemerkung darüber, wie das abgelaufene Spiel anders hätte gespielt werden müssen.

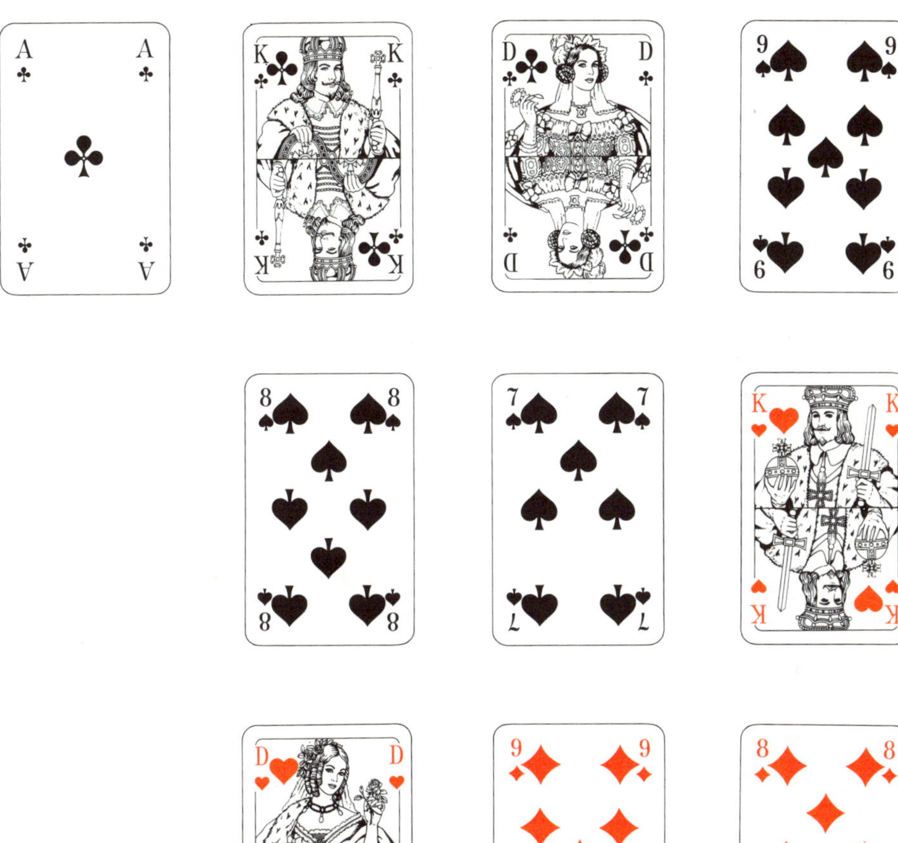

Abb. 123

Die unglaubliche Kartenverteilung

Es ist schon oft die Frage gestellt worden, ob es wohl wahr sei, daß es im Skatspiel eine Kartenverteilung gibt, bei welcher der Alleinspieler alle Spiele gewinnen muß, die möglich sind. Nachstehend sei die Kartenverteilung bekanntgegeben, wobei Mittelhand, also der ungünstigste Platz für den Alleinspieler, das Spiel durchführen soll.

s. Abb. 123   Vorhand:
    Kreuz-As, -König, -Dame;
    Pik-Neun, -Acht, -Sieben;
    Herz-König, -Dame,
    Karo-Neun, -Acht.

Abb. 124

Mittelhand:
 Kreuz-, Pik-, Herz-, Karo-Bube;
 Herz-As, -Zehn, -Sieben;
 Karo-As, -Zehn, -Sieben.

Skat:
Kreuz -Zehn,
Pik -Zehn.

   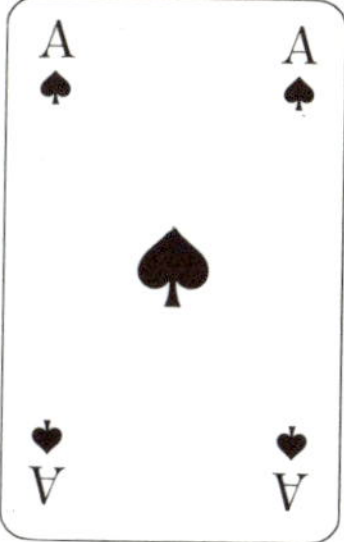

Abb. 125

Hinterhand:
    Kreuz-Neun, -Acht, -Sieben;
    Pik-As, -König, -Dame;
    Herz-Neun, -Acht;
    Karo-König, -Dame.

Bei dieser Kartenverteilung gewinnt der Alleinspieler, sei er nun
Vor-, Mittel- oder Hinterhand, alle Farbspiele mit Schwarz, ebenso
Grand mit Schwarz, folglich auch Grand ouvert. Er gewinnt aber
auch alle Nullspiele.

Man legt am besten die 32 Skatkarten nach der angegebenen
Verteilung vor sich hin, um eine bessere Übersicht zu gewinnen.
Daß der Alleinspieler M einen Grand mit Schwarz gewinnen muß,
ist sofort aus der Kartenverteilung ersichtlich, da sowohl V als auch

235

H je 2 Blatt von Herz und Karo führen, mithin kein König bzw. Dame in diesen beiden Farben zu dritt steht. M gewinnt daher auch einen Grand ouvert.

Würde M ein Farbspiel in Herz oder Karo spielen, hätte er in beiden Farben sieben Trümpfe und als Beikarte As, Zehn und Sieben der zweiten Farbe. Da der König davon nicht zu dritt steht, auch nicht die Dame, bekommt er sämtliche Stiche, und die Gegner werden Schwarz. M kann aber auch ein Farbspiel in Kreuz oder Pik spielen. Spielt V eine Fehlfarbe an, sticht M sofort mit Karo-Bube ein, fordert dreimal Trumpf, bekommt von V und H je drei Trümpfe (der elfte Trumpf liegt im Skat) und alle Reststiche gehören wiederum ihm. Auch hier gewinnt er mit Schwarz.

Spielt M aber Null ouvert-Hand, legt also seine zehn Handkarten sofort auf, dann müssen seine beiden Gegner feststellen, daß die Kartenverteilung für den Alleinspieler M die denkbar günstigste ist. Da sowohl V als auch H in jeder Farbe die gleiche Anzahl Blätter besitzen, kann sich keiner eine Farbe freimachen, beide (V und H) müssen immer gleichzeitig bedienen. Die beiden am meisten gefährdeten Karten von M sind Kreuz- und Pik-Bube, da aber V in Kreuz die drei höchsten Karten (As, König und Dame) führt, während H die gleichen Karten in Pik besitzt, kann M in diesen beiden Farben keinen Stich bekommen. In Herz und Karo sitzen entweder bei V oder bei H König und Dame, während der Partner dann 9 und 8 der gleichen Farbe führt, M kann mit 7 und 10 dann immer darunter bleiben und gewinnt so auch jedes Nullspiel.

Turnierordnung und Wettspielplan

**des Deutschen Skatverbandes e. V. und seiner
Gliederungen
(Fassung vom: 20. 1. 1978)**

1 Gespielt wird nach der Skatordnung und der Wettspielordnung. Die darin enthaltenen Spielregeln und Spielbedingungen werden angewandt.

2 Der Veranstalter hat während des Turniers Skatordnungen in genügender Anzahl zur Einsichtnahme bereitzuhalten.

3 Geldpreise sind unzulässig. Der Gewinnplan der Ehrenpreise ist allen Teilnehmern vor Beginn des Turniers bekanntzugeben.

4 Jedem Teilnehmer muß vor Beginn des Turniers eine Startkarte ausgehändigt werden. Die Startkarte muß die Tischnummer aller Serien enthalten.

5 Zum Spiel muß die an den Tisch gegebene neue Spielkarte für eine Serie von 48 Spielen des DSKV Verwendung finden.

6 Die Spielkarte verbleibt nach Ablauf der Serie beim Listenführer.

7 Zum Anschreiben der Spielergebnisse ist nur die durch den DSKV zu beziehende Spielliste zu verwenden. Die Liste ist durch den Veranstalter mit Serien- und Tischnummer zu versehen.

8 Die Spiellisten mit den Ergebnissen der einzelnen Wettbewerbe sind vom Veranstalter bis zu sechs Monaten nach Abschluß der einzelnen Wettbewerbe aufzubewahren.

9 Als Schiedsrichter sind nur die Skatfreunde mit Ausweis des DSKV einzusetzen. Die Anstecknadel ist sichtbar zu tragen.

10 Das Schiedsgericht, bestehend aus drei Skatfreunden, ist vor Beginn des Turniers bekanntzugeben.

11 Gespielt wird an Vierertischen. Nur drei Resttische dürfen mit drei Spielern(innen) besetzt sein. Zur Erreichung von Vierertischen können bei Qualifikationsturnieren (nur im Einzelkampf) bis zu drei Ersatzspieler herangezogen werden.

12 Die Einteilung durch die Spielleitung ist so vorzunehmen, daß Spieler eines Vereins nicht an einem Tisch spielen. Reicht zu dieser Forderung die Zahl der Tische nicht aus, so ist dies vor Beginn des Turniers durch die Spielleitung bekanntzugeben.

13 Die Anfangszeiten der einzelnen Serien sind vor Beginn des Veranstaltungstages den Teilnehmern bekanntzugeben.

14 Verspätung zu Beginn des Turniers auf Qualifikationsebene (der ersten Serie) schließt von der Teilnahme aus. Bei Verspätungen zu weiteren Serien können die betreffenden Spieler (eventuell Mannschaften) erst nach Beendigung der im Gang befindlichen Runde mitspielen, sofern dies noch möglich ist.

15 Bei Begrenzung der Spieldauer der Serien (Zeitlimit) in der Ausschreibung sind Beginn und Ende vor Beginn der Serien bekanntzugeben. Die Spielleitung hat dann das Recht, die Spiellisten nach Erreichung der vorgesehenen Zeit einzuziehen. Die im Gang befindliche Runde ist zu Ende zu spielen. Die Spielliste ist zu kennzeichnen.

16 Hat ein Spieler innerhalb einer Serie das fünfte Spiel verloren, so muß die Spielleitung an den Tisch gerufen werden. Bei nachweislichem Abreizen ist der betreffende Spieler zu verwarnen.

17 Die Spielleitung hat das Recht bei willkürlichen Verstößen Teilnehmer ohne weiteres vom Weiterspiel auszuschließen. Als Verstöße gelten: Verletzung der Grundregeln, Abreizen nach Verwarnung, Alkoholmißbrauch u. ä.

18 Die Spielleitung hat das Recht, die Spiellisten auf Fehler zu kontrollieren und zu berichtigen. Wenn die Überprüfung erst nach dem Turnier stattfindet, so hat diese Berichtigung keinen Einfluß auf evtl. verliehene Ehrenpreise. Für eine weitere Qualifikation ist jedoch die berichtigte Punktzahl maßgebend.

Wettspielplan
**für die Veranstaltungen des Deutschen Skatverbandes e. V.
und seiner Gliederungen**

1   **Allgemeines**
Der Deutsche Skatverband e. V. (DSKV), die Landesverbände (LV) und die Verbandsgruppen (VG) führen jährlich zwei Meisterschaften durch.
Es sind dies die Einzelmeisterschaft für Damen, Herren und Jugendliche sowie die Mannschaftsmeisterschaft.
Außerdem können der DSKV und seine Gliederungen jährlich offene Veranstaltungen durchführen. Alle Veranstaltungen müssen zeitlich und sachlich voneinander unabhängig sein.
An den Meisterschaften kann nur teilnehmen, wer die vorgesehene Qualifikationsstufe bewältigt hat. Ein Teilnehmer kann für einen Wettbewerb über alle Stufen nur für einen Klub (Vereinigung) starten. Auf jeder Ebene ist aus der vorgeschalteten Qualifikationsstufe mindestens ein Vertreter (Einzelspieler bzw. Mannschaft) zuzulassen.
Alle Veranstaltungen werden nach der Turnierordnung (TO) des DSKV durchgeführt.
Alle Angaben in bezug auf die Anzahl der Spieler beziehen sich auf Vierertische.
Für alle Qualifikationsmeisterschaften, die in Berlin ab 1976 durchgeführt werden, sind nur Spieler startberechtigt, die einen gültigen Spielerpaß am jeweiligen Veranstaltungstag vorweisen können.

2   **Einzelmeisterschaft für Damen, Herren u. Jugendliche**
Diese Meisterschaften werden auf vier Ebenen durchgeführt. Die Teilnehmer jedes Wettbewerbs sollen nach Möglichkeit unter sich spielen. Alle erreichten Ergebnisse sind personenbezogen. Auf erreichte Qualifikationen kann nicht zugunsten bestimmter Personen verzichtet werden.

2.1   **Klubmeisterschaft**
Die Klubbesten qualifizieren sich innerhalb eines Spieljahres für die Einzelmeisterschaft auf VG-Ebene. Über die Art der Ermitt-

lung der Klubbesten und über die Anzahl der Spiele bzw. Spieltage werden für die Vereinigungen keine Richtlinien erlassen.

2.2 Einzelmeisterschaft der VG

Die für diese Meisterschaften angegebenen Punkte sind Rahmenrichtlinien. Weitere Einzelheiten sind unter ihrer Berücksichtigung von den VG zu erarbeiten. Sie müssen dem zuständigen LV und allen Vereinigungen der VG schriftlich bekanntgegeben werden.

2.2.1 Termin

Der Termin ist von den VG rechtzeitig festzulegen und ihrem LV sowie allen Vereinigungen der VG mitzuteilen.

Die Qualifikation der Einzelmeisterschaft innerhalb der VG muß bis 31. März eines jeden Jahres durchgeführt sein.

Nach Feststellung der Ergebnisse aus der Vorrunde der VG müssen innerhalb von 14 Tagen Teilnehmerzahl und -name dem LV Berlin gemeldet sein. Bei Verzicht eines Qualifizierten rückt automatisch der nächstplacierte Teilnehmer innerhalb der jeweiligen VG nach.

2.2.2 Veranstalter und Ausrichter

Für die Veranstaltung ist die VG zuständig. Ihr Vorstand muß einen reibungslosen Ablauf gewährleisten. Die Ausrichtung kann an Vereinigungen übertragen werden.

2.2.3 Kosten

Zur Finanzierung der Ehrenpreise und Unterstützung der Teilnehmer bei den LV- und DSKV-Meisterschaften kann ein Startgeld von maximal DM 10,00 je Teilnehmer (Jugendliche maximal DM 5,00) zuzüglich Kartengeld erhoben werden. Die VG des LV Berlin haben anteilmäßig Startgelder an den LV Berlin zu entrichten. Höhe und Umfang werden jährlich vom erweiterten LV-Vorstand festgelegt.

2.2.4 Spielleitung, Schiedsrichter u. Schiedsgericht

Die Spielleitung hat der VG-Vorstand. Für Schiedsrichter und Schiedsgericht gelten die Bestimmungen der Turnierordnung des DSKV.

2.2.5 Teilnehmerzahl und Teilnahmeberechtigung

Die Teilnehmerzahl der Herren ergibt sich daraus, daß jede Vereinigung für je angefangene fünf erwachsene männliche Mitglieder einen Teilnehmer entsenden darf.

Darüber hinaus dürfen die VG-Meister des Vorjahres und die zur VG gehörenden Silbernadelträger des DSKV teilnehmen. Für Damen und Jugendliche (unter 21 J.) wird die Teilnahme durch die VG geregelt.

2.2.6 Meldung und Meldeschluß

Die Einzelheiten sind von der VG festzulegen.

2.2.7 Anzahl der Spiele bzw. Serien

Es müssen mindestens 192 Spiele durchgeführt werden. In Berlin werden 6 × 48 = 288 Spiele durchgeführt.

2.2.8 Titel, Ehrenpreise und Urkunden

Die Punktbesten sind Meisterin, Meister bzw. Jugendmeister der VG. Ehrenpreise werden an ca. 3% der Teilnehmer und Urkunden maximal an alle zu den LV-Meisterschaften Qualifizierten vergeben.

2.2.9 Reklamationen

Sie werden vor der Siegerehrung durch Spielleitung und Schiedsgericht behandelt. Spätere Ergebniskorrekturen haben nur Einfluß auf die Qualifikation zu den LV-Meisterschaften.

2.2.10 Kommt ein gemeldeter Spieler seiner Startverpflichtung nicht nach, so wird er bzw. sein Verein mit einem Bußgeld von DM 20,– belegt. Gezahlte Startgelder werden in keinem Fall zurückerstattet. Verläßt ein Spieler während einer angesetzten Meisterschaft vorzeitig das Turnier, so wird auch dieser Spieler mit einem Bußgeld von DM 20,– belegt. Dieses mutwillige Ausscheiden wird nicht nur mit einem Bußgeld geahndet, sondern kann auch mit einer Spielsperre bestraft werden.

2.3 Einzelmeisterschaft des LV

Die für diese Meisterschaften angegebenen Punkte sind ebenfalls Rahmenrichtlinien. Weitere Einzelheiten sind unter ihrer Berücksichtigung von den LV zu erarbeiten. Sie müssen der Verbandsleitung und allen zum LV gehörenden VG schriftlich bekanntgegeben werden.

2.3.1 Termin

Der Termin ist von LV etwa ein Vierteljahr vorher festzulegen. Er kann im »Skatfreund«, muß aber im Skat-Journal Berlin veröffentlicht werden.

2.3.2 Veranstalter und Ausrichter

Für die Veranstaltung ist der LV zuständig. Sein Vorstand muß einen reibungslosen Ablauf gewährleisten. Die Ausrichtung kann an eine VG vergeben werden. Ihr obliegt dann die Vorbereitung.

2.3.3 Kosten

Zur Finanzierung der Ehrenpreise und Unterstützung der Teilnehmer bei der DSKV-Meisterschaft kann ein Startgeld von maximal DM 10.00 je Teilnehmer (Jugendliche maximal DM 5.00) zuzüglich Kartengeld erhoben werden.

2.3.4 Spielleitung, Schiedsgericht u. Schiedsrichter

Die Spielleitung hat der LV-Vorstand. Für Schiedsrichter und Schiedsgericht gelten die Bestimmungen der Turnierordnung des DSKV.

2.3.5 Teilnehmerzahl und Teilnahmeberechtigung

An jedem Wettbewerb können vier- bis sechsmal soviel Spieler und Spielerinnen teilnehmen, wie der LV zur jeweiligen Deutschen Einzelmeisterschaft entsenden darf. Teilnahmeberechtigt sind die aus den VG-Meisterschaften Qualifizierten, die LV-Meister des Vorjahres und die zum LV gehörenden Goldnadelträger des DSKV. Die Anzahl aus den zugehörigen VG wird entsprechend dem Mitgliederstand durch den LV errechnet und bekanntgegeben.

2.3.6 Meldung und Meldeschluß

Die Einzelheiten sind vom LV festzulegen.

2.3.7 Anzahl der Spiele bzw. der Serien

Es müssen mindestens 192 Spiele durchgeführt werden. In Berlin werden $8 \times 48 = 384$ Spiele durchgeführt.

2.3.8 Titel, Ehrenpreise und Urkunden

Die Punktbesten erhalten den Titel Einzelmeisterin, Einzelmeister bzw. Jugendeinzelmeister in Verbindung mit dem Namen des LV.

Ehrenpreise werden an ca. 3% der Teilnehmer und Urkunden maximal an alle zur Deutschen Einzelmeisterschaft Qualifizierten vergeben.

2.3.9 Reklamationen

Sie werden vor der Siegerehrung durch Spielleitung und Schiedsgericht behandelt. Spätere Ergebniskorrekturen haben nur Einfluß auf die Qualifikation zur Deutschen Einzelmeisterschaft.

2.3.10 Kommt ein gemeldeter Spieler seiner Startverpflichtung nicht nach, so wird er bzw. sein Verein mit einem Bußgeld von DM 20.00 belegt. Gezahlte Startgelder werden in keinem Fall zurückerstattet. – Verläßt ein Spieler während einer angesetzten Meisterschaft vorzeitig das Turnier, so wird auch dieser Spieler mit einem Bußgeld von DM 20.00 belegt. Dieses mutwillige Ausscheiden wird nicht nur mit einem Strafgeld geahndet, sondern kann auch mit einer Spielsperre bestraft werden.

3 Mannschaftsmeisterschaften

Diese Meisterschaften werden auf drei Ebenen durchgeführt. Damen, Herren und Jugendliche spielen in Mannschaften gemeinsam. Die Mannschaften bestehen aus vier Personen, die dem gleichen Klub angehören müssen.

Die erreichten Ergebnisse des abgeschlossenen Wettbewerbs sind mannschaftsbezogen. Mannschaftszusammenstellungen dürfen während der LV- und der Deutschen Mannschaftsmeisterschaft nicht geändert werden.

3.1 Mannschaftsmeisterschaft der VG.

Die für diese Meisterschaften angegebenen Punkte sind Rahmenrichtlinien. Weitere Einzelheiten sind unter ihrer Berücksichtigung von den VG zu erarbeiten. Sie müssen dem zuständigen LV und allen Vereinigungen der VG schriftlich bekanntgegeben werden.

3.1.1 Termin

Der Termin ist von den VG rechtzeitig festzulegen und ihrem LV sowie allen Vereinigungen der VG mitzuteilen.

3.1.2 Veranstalter und Ausrichter

Für die Veranstaltung ist die VG zuständig. Ihr Vorstand muß einen reibungslosen Ablauf gewährleisten. Die Ausrichtung kann an Vereinigungen übertragen werden.

3.1.3 Kosten

Es kann ein Startgeld pro Mannschaft zuzüglich eines Kartengeldes erhoben werden.

3.1.4 Spielleitung, Schiedsrichter und Schiedsgericht

Die Spielleitung hat der VG-Vorstand. Für Schiedsrichter und Schiedsgericht gelten die Bestimmungen der Turnierordnung des DSKV.

3.1.5 Teilnehmerzahl und Teilnahmeberechtigung

Es können alle von den Vereinigungen der VG gemeldeten Mannschaften teilnehmen, sofern sie nicht bereits in der Landesliga spielen.

3.1.6 Meldung und Meldeschluß

Die Einzelheiten sind von der VG festzulegen.

3.1.7 Anzahl der Spiele bzw. Serien

Es müssen mindestens 192 Spiele durchgeführt werden. In Berlin werden $12 \times 48 = 576$ Spiele durchgeführt.

3.1.8 Titel, Ehrenpreise und Urkunden

Die punktbeste Mannschaft ist Skatmannschaftsmeister der VG. Ehrenpreise erhalten die im Vorderfeld placierten Mannschaften und Urkunden maximal alle zu den LV-Meisterschaften qualifizierten Mannschaften.

3.1.9 Reklamationen

Sie werden vor der Siegerehrung durch Spielleitung und Schiedsgericht behandelt. Spätere Ergebniskorrekturen haben nur Einfluß auf die Qualifikation zu den LV-Meisterschaften.

3.1.10 Aufstieg in die Landesliga

In die Landesliga werden nur Mannschaften aufgenommen, die sich in den Vorrundenkämpfen der Verbandsgruppen qualifiziert haben. Die Gesamtzahl der aufstiegsberechtigten Mannschaften, $33^{1}/_{3}\%$ der Landesliga, wird entsprechend der Teilnehmer der letzten Runde der Verbandsgruppenmeisterschaften durch den Vorstand des Landesverbandes festgesetzt und vergeben.

Die Aufstellung zur Mannschaftsmeisterschaft in der Verbandsgruppe kann zu jeder Runde beliebig verändert werden.

3.1.11 Ersatzspieler – Vereinswechsel

Hat ein **Ersatzspieler** innerhalb einer Meisterschaftsdistanz dreimal in der Landesliga gespielt, so ist er für die Verbandsgruppenliga auf die Dauer dieser Meisterschaft gesperrt.

Wechselt ein Bezirksliga-Spieler innerhalb der Bezirksliga-Runden von einem Verein zum anderen, so ist er für die Dauer der bestehenden Saison gesperrt. Bei festgestellter Zuwiderhandlung wird der betreffende Spieler im nächsten Jahr für die ersten 3 Spieltage dieses Wettbewerbs gesperrt.

Außerdem wird das Mannschaftsergebnis der Runde, in der der gesperrte Spieler eingesetzt wurde, gestrichen.

3.1.12 Strafgelder

Tritt ein zur Runde der Mannschaftsmeisterschaft gemeldeter Spieler nicht an, so hat der Verein, dem der Spieler angehört, DM 20.00 Strafgeld zu zahlen. Dieses Strafgeld entfällt, wenn ein Ersatzmann gestellt wird. Dieses Strafgeld ist bis zur nächsten Runde unaufgefordert beim Kassenwart bzw. bei der Spielleitung einzuzahlen. Wird das Strafgeld nicht eingezahlt, so werden die Ergebnisse der Mannschaft gestrichen, der der fehlende Spieler angehört.

Alle zu Beginn der Meisterschaft gemeldeten Mannschaften sind verpflichtet, bis zur letzten Runde durchzuspielen. Bei Verstoß gegen diese Verpflichtung entscheidet die verantwortliche Spielleitung.

3.1.13 Auswechselspieler in der Bezirksliga

Ein Auswechseln ist nur möglich, wenn ein berechtigter bzw. erkennbarer Grund vorliegt. Mindestens drei Mitglieder der Turnierleitung haben darüber zu beschließen. Das gilt aber **nicht** für Spieler, die wegen Alkoholmißbrauchs vom Spiel ausgeschlossen werden. Der Auswechselspieler ist dann zur nächsten Serie spielberechtigt. Ein Auswechseln innerhalb einer Serie ist grundsätzlich nicht möglich.

3.2 Mannschaftsmeisterschaft des LV-Berlin

Die für diese Meisterschaft angegebenen Punkte sind Rahmenrichtlinien. Weitere Einzelheiten sind unter ihrer Berücksichtigung vom LV zu erarbeiten. Sie müssen dem DSKV und allen Vereinigungen des LV schriftlich bekanntgegeben werden.

3.2.1 Termin

Der Termin ist vom LV etwa ein Vierteljahr vorher festzulegen. Er kann im »Skatfreund«, muß aber im Skat-Journal Berlin veröffentlicht werden.

3.2.2 Veranstalter und Ausrichter

Für die Veranstaltung ist der LV zuständig. Sein Vorstand muß einen reibungslosen Ablauf gewährleisten. Die Ausrichtung kann an eine VG vergeben werden. Ihr obliegt dann die Vorbereitung.

3.2.3 Kosten

Zur Finanzierung der Ehrenpreise und Unterstützung der Teilnehmer bei den LV- und DSKV-Meisterschaften kann ein Startgeld pro Mannschaft zuzüglich Kartengeld erhoben werden.

3.2.4 Spielleitung, Schiedsgericht und Schiedsrichter

Die Spielleitung hat der LV-Vorstand. Für Schiedsrichter und Schiedsgericht gelten die Bestimmungen der Turnierordnung des DSKV.

3.2.5 Teilnehmerzahl und Teilnahmeberechtigung

An den LV-Meisterschaften können vier- bis sechsmal soviel Mannschaften teilnehmen, wie der LV zur Deutschen Mannschaftsmeisterschaft entsenden darf. Teilnahmeberechtigt sind die aus den VG-Meisterschaften qualifizierten und die in der Landesliga verbliebenen Mannschaften.

3.2.6 Meldung und Meldeschluß

Die Einzelheiten sind vom LV in einer Ausschreibung festzulegen.

3.2.7 Anzahl der Spiele bzw. Serien

Es müssen mindestens 192 Spiele durchgeführt werden. In Berlin werden $12 \times 48 = 576$ Spiele durchgeführt.

3.2.8 Titel, Ehrenpreise und Urkunden

Die punktbeste Mannschaft erhält nach Abschluß der Meisterschaft den Titel: Skatmannschaftsmeister in Verbindung mit dem Namen des LV. Die im Vorderfeld placierten Mannschaften erhalten Ehrenpreise, und maximal alle zur Deutschen Mannschaftsmeisterschaft qualifizierten Mannschaften erhalten Urkunden.

3.2.9 Reklamationen

Sie werden vor der Siegerehrung durch Spielleitung und Schiedsgericht behandelt. Spätere Ergebniskorrekturen haben nur Einfluß auf die Qualifikation zur Deutschen Mannschaftsmeisterschaft.

3.2.10 Abstieg aus der Landesliga

Nach dem Ende der Jahresmeisterschaft steigen $33^{1}/_{3}\%$ der Mannschaften aus der Landesliga ab.

3.2.11 Landesliga-Spieler

Die Teilnehmer an der LV-Mannschaftsmeisterschaft sind vor Beginn der Mannschaftsmeisterschaft jedes Jahr für die gesamte Distanz zu melden. Die als Landesliga-Spieler gemeldeten Skatfreunde müssen mindestens viermal zum Einsatz kommen. Über Sonderfälle entscheidet die Turnierleitung.

Die Meldung der Landesliga-Spieler ist für die laufende Saison mannschaftsbezogen und darf nicht verändert werden.

Die Landesliga-Spieler sind für die gesamte Saison für die Spiele in der Verbandsgruppenliga gesperrt. Bei festgestellter Zuwiderhandlung wird der betreffende Spieler für das nächste Spieljahr an den ersten drei Spieltagen dieses Wettbewerbs gesperrt. Außerdem wird das Mannschaftsergebnis in der VG-Runde, in der der gesperrte Spieler eingesetzt wurde, gestrichen.

3.2.12 Auswechseln von Spielern in der Landesliga

Ein Auswechseln ist nur möglich, wenn ein berechtigter bzw. erkennbarer Grund vorliegt. Mindestens drei Mitglieder der Turnierleitung haben darüber zu beschließen. Das gilt **nicht** für Spieler, die wegen Alkoholmißbrauchs vom Spiel ausgeschlossen werden.

Der Auswechselspieler ist dann zur nächsten Serie spielberechtigt. Ein Auswechseln innerhalb einer Serie ist grundsätzlich nicht möglich.

3.2.13 Vereinswechsel

Wechselt ein Landesliga-Spieler innerhalb der Landesliga-Runden von einem Verein zum anderen, so ist er für die Dauer der bestehenden Saison gesperrt. Er darf auch nicht an den Spielen der Bezirks-Liga teilnehmen. Bei festgestellter Zuwiderhandlung wird der betreffende Spieler im nächsten Spieljahr für die ersten drei Spieltage dieses Wettbewerbs gesperrt. Außerdem wird das Mannschaftsergebnis in der Runde, in der der gesperrte Spieler eingesetzt wurde, gestrichen. Eine Landesliga-Mannschaft, aus der ein gemeldeter Spieler ausscheidet, weil er den Verein in der lfd. Spielzeit verlassen hat, muß sofort durch einen nachzumeldenden Spieler ergänzt werden.

3.2.14 Strafgelder

Tritt ein zur Runde der Mannschaftsmeisterschaft gemeldeter Spieler nicht an, so hat der Verein, dem der Spieler angehört, DM 20.00 Strafgeld zu zahlen. Dieses Strafgeld entfällt, wenn ein Ersatzmann gestellt wird, sofern die Bedingungen 3.2.11 erfüllt sind.

Dieses Strafgeld ist bis zur nächsten Runde unaufgefordert beim Kassenwart bzw. bei der Spielleitung einzuzahlen. Wird das Strafgeld nicht eingezahlt, so werden die Ergebnisse der Mannschaft, der der fehlende Spieler angehört, gestrichen.

20. 1. 1978   Deutscher Skatverband e. V.